TANQUES E TOGAS
O STF E A DITADURA MILITAR

TANQUES E TOGAS
O STF E A DITADURA MILITAR

COLEÇÃO ARQUIVOS DA REPRESSÃO NO BRASIL

FELIPE RECONDO

COORDENADORA DA COLEÇÃO
HELOISA M. STARLING

4ª reimpressão

COMPANHIA DAS LETRAS

Copyright © 2018 by Felipe Recondo

Grafia atualizada segundo o Acordo Ortográfico da Língua Portuguesa de 1990, que entrou em vigor no Brasil em 2009.

PROJETO GRÁFICO E CAPA
Kiko Farkas e Ana Lobo/Máquina Estúdio

FOTO DE CAPA
Acervo Supremo Tribunal Federal — STF

PREPARAÇÃO
Officina de Criação

ÍNDICE REMISSIVO
Luciano Marchiori

REVISÃO
Isabel Cury
Ana Maria Barbosa

Dados Internacionais de Catalogação na Publicação (CIP)
(Câmara Brasileira do Livro, SP, Brasil)

Recondo, Felipe

Tanques e togas : o STF e a ditadura militar / Felipe Recondo. — São Paulo : Companhia das Letras, 2018. — (Coleção Arquivos da Repressão no Brasil / coordenadora Heloisa M. Starling)

Bibliografia
ISBN: 978-85-359-3075-7

1. Brasil – Política e governo 2. Brasil. Supremo Tribunal Federal – História 3. Direito e política 4. Ditadura militar 5. História do Brasil 6. Poder Judiciário e questões políticas – Brasil – História I. Starling, Heloisa M. II. Título. III. Série.

18-12516   CDU – 347.991 (81) (09)

Índice para catálogo sistemático:
1. Brasil : Supremo Tribunal Federal : História   347.991 (81) (09)

Todos os direitos desta edição reservados à
EDITORA SCHWARCZ S.A.
Rua Bandeira Paulista, 702, cj. 32
04532-002 – São Paulo – SP
Telefone: (11) 3707-3500
www.companhiadasletras.com.br
www.blogdacompanhia.com.br
facebook.com/companhiadasletras
instagram.com/companhiadasletras
twitter.com/cialetras

para
Adriana

INTRODUÇÃO 9
1. O GOLPE 24
2. O CASO MAURO BORGES 60
3. AS CHAVES DO STF 76
4. AI-2 102
5. CASSAÇÕES 124
6. HISTÓRIA DE UMA RENÚNCIA 186
7. A TOGA DE ADAUCTO 204
8. CHICO PINTO 235
9. SUPREMO EM OBRAS 254
CONCLUSÃO 277
NOTAS 281
ENSAIO BIBLIOGRÁFICO 283
REFERÊNCIAS BIBLIOGRÁFICAS 286
CRÉDITOS DAS IMAGENS 319
ÍNDICE REMISSIVO 321

INTRODUÇÃO

OS TANQUES ESTAVAM NAS RUAS. Os militares comandavam o Brasil em um clima típico de guerra fria. O "Comando da Revolução" depusera um presidente legítimo. Garantias fundamentais foram suspensas. Prisões políticas, efetuadas. Cassações, tortura, censura, desaparecimentos e mortes marcaram a ditadura. A Constituição foi substituída por atos de exceção. Em meio a tudo isso encontrava-se o Supremo Tribunal Federal (STF). Um tribunal desconhecido da população. Fechado para a imprensa. Discreto. Uma corte que viu seu presidente, o ministro Ribeiro da Costa, legitimar e apoiar o golpe de Estado em 1964. Uma corte ameaçada, diluída e, cinco anos depois de coonestar o golpe, violada pela cassação de três de seus integrantes.

O Supremo de 2018 é visível, acompanhado pela imprensa e assistido ao vivo pela TV por qualquer cidadão. Há cinquenta anos a missão era inglória. Pouquíssimos tinham acesso às informações do tribunal, conseguiam acompanhar seu dia a dia e estavam capacitados para analisar como as forças internas se ajustavam.

Descrever o Supremo daquele tempo exigiu acesso a correspondências, petições, pareceres e acórdãos de julgamento, documentos produzidos pelos militares e mantidos sob sigilo, entrevistas e a transcrição de três cadernos de capa dura com uma caligrafia apressada, mas detalhada, do período entre 1964 e 1975. Os diários do deputado e depois ministro do Supremo Aliomar Baleeiro dão a este relato um acesso privilegiado aos segredos do tribunal.

Um material rico que ajuda a encaixar uma peça no período que separa o Supremo dos primeiros anos da República e o superpoderoso STF dos dias de hoje. Compreendê-lo exige distanciamento do momento atual — em que os ministros quase tudo podem ou fazem nas suas decisões — mas, ao mesmo tempo, demanda uma visão global para constatar que a instituição não nasceu pronta. Sua legitimidade e seu enquadramento no jogo de poderes de hoje são resultado de décadas de atuação. E o percurso foi acidentado.

O caminho do Supremo Tribunal Federal brasileiro, desde os primeiros dias, foi vacilante, ao sabor de golpes e mudanças de regime, de ameaças e violências institucionais. Forjado aos moldes da Suprema Corte dos Estados Unidos, o STF principiou sua vida republicana tendo de se adequar a novas funções, muito distintas daquelas exercidas durante o Império. Por um decreto anterior à Constituição de 1891, o Supremo foi criado com quinze juízes nomeados "dentre os cidadãos de notável saber e reputação, elegíveis para o Senado". Mulheres não se enquadravam na regra. Da primeira composição do STF faziam parte os ministros do extinto tribunal do Império, o Supremo Tribunal de Justiça.

Ao longo dos anos esses juízes atuaram conforme as regras restritas com as quais estavam acostumados. Suas competências, durante o período imperial, eram limitadas diante da existência de um Poder Moderador exercido por d. Pedro II. Lidar com a nova realidade e com competências mais alargadas foi um desafio para os ministros — na maioria septuagenários ou sexagenários —, que nunca deram provas de amor ao regime republicano. O símbolo mais evidente dessa resistência estava expresso ao lado do nome de alguns dos integrantes da corte. Apesar de a Constituição estabelecer que a "República não admite privilégios de nascimento, desconhece foros de nobreza e extingue as ordens honoríficas existentes e todas as suas prerrogativas e regalias, bem como os títulos nobiliárquicos e de conselho", os ministros mantiveram os títulos de nobreza que ostentavam durante o Império. Assim, o Supremo nasceu com um visconde e três barões em sua composição.

No ano seguinte, 1892, em meio aos conflitos políticos na República recém-proclamada, o STF foi submetido a um severo teste. O advogado Rui Barbosa, um dos responsáveis por dar contornos ao tribunal na primeira Constituição republicana, enviou à instituição uma petição de habeas corpus (HC 300) em favor de generais que haviam se rebelado contra a deposição de governadores pelo presidente da República, o marechal Floriano Peixoto, e que por isso estavam presos. Algumas das detenções ordenadas pelo presidente ocorreram antes de decretado o estado de sítio e depois de vencido o prazo da suspensão das garantias constitucionais — portanto, fora do período de exceção. Barbosa atacava exatamente esse ponto: eram ilegais as prisões efetuadas antes de decretado o estado de sítio, assim como a manutenção do desterro dos inimigos do governo depois de restabelecida a normalidade.

Apesar dos sólidos argumentos, o relator do caso, ministro Costa Barradas, concluiu que o Supremo não poderia intervir numa questão essencialmente política. Iniciada a tomada de votos, acompanharam o relator os ministros Anfilófio, Macedo Soares e Barros Pimentel. Em seguida, Pisa e Almeida divergiu dos colegas e votou por conceder o habeas corpus. A seu ver, não se tratava de uma questão política que não pudesse ser submetida ao Supremo. Recordava aos colegas que, mesmo durante o Império, a legislação previa que o governo só poderia mandar prender e conservar alguém preso sem processo judicial enquanto perdurasse o estado de sítio. E argumentou:

> Se a Constituição da República estabelece que no estado de sítio as garantias constitucionais só podem ser suspensas por tempo determinado, quando o exigir a segurança do Estado nos casos de comoção interna ou agressão estrangeira, sendo esta disposição idêntica à da Constituição do Império, não se pode admitir que a Constituição republicana seja interpretada e executada de modo menos liberal, e menos garantidor dos direitos e liberdades individuais, do que o foi a do Império.

Foi efusivamente aplaudido, manifestação que o tribunal não admite — mesmo nos dias atuais — e que o presidente do STF, Freitas Henriques, conteve a muito custo. Mas Pisa e Almeida, por mais que seu voto tivesse o aplauso dos presentes, ficou isolado. Os demais ministros consideraram que o tribunal não tinha competência para julgar o ato do presidente.

Rui Barbosa lamentou o que classificou como "estado rudimentar da consciência do direito" que emanava do Supremo e que não condizia com os "altos intuitos" da Constituição brasileira ao desenhar as competências do tribunal nos moldes da Suprema Corte americana.

Certo dia, depois desse julgamento, Barradas encontrou Rui Barbosa no bonde, na praia do Flamengo. O ministro fora informado de que Barbosa entraria com outro habeas corpus contra atos de Floriano Peixoto. E perguntou se era possível confrontar no Judiciário as decisões do presidente e a Constituição.

— É que no regime de agora, não só os atos administrativos, mas até os legislativos, em sendo contrários à lei constitucional, são nulos, e a Justiça é o poder competente para declarar a nulidade, pronunciando-lhes a inconstitucionalidade — respondeu Rui.

Apesar de ser "notavelmente versado nas letras jurídicas", como registrou Rui Barbosa, Barradas percebeu que sua extensa cultura jurídica, talhada na Faculdade de Direito do Recife conforme a tradição coimbrã e com incursões nas literaturas francesa e alemã, não o preparara para o Supremo do novo regime. Para suprir essa falha, Barradas pediu a Rui Barbosa, dos poucos familiarizados com a doutrina americana, a referência da obra que poderia lhe dar suporte. O livro, respondeu Rui, fora publicado em 1892 na Filadélfia, Estados Unidos, em comemoração ao centenário da Suprema Corte daquele país. Barradas pediu-lhe a referência para adquirir um exemplar. Rui Barbosa foi à livraria e comprou para dar de presente ao ministro do STF o livro *The Supreme Court of the United States: Its History*, escrito por Hampton Carson.

A prova material do episódio sobreviveu ao tempo e permanece guardada no cofre de um sobrado na rua Corte Real, 716, bairro de Petrópolis, em Porto Alegre. Por lá chegou, num golpe de sorte, oitenta anos depois de travada a conversa entre Rui e Barradas. O advogado, político e futuro ministro do Supremo Paulo Brossard costumava vascular catálogos da livraria Kosmos em busca de preciosidades para acrescentar à sua enorme biblioteca. Numa dessas procuras, interessou-se por um lote. A livraria não informava os nomes de todos os livros constantes do pacote. Mesmo assim, pelo pouco que viu, Brossard decidiu comprá-lo. Quando a encomenda chegou à sua casa, abriu a caixa para analisar os livros que acabara de adquirir. No fundo dela, servindo de base para os demais, havia um exemplar da obra de Hampton Carson. Quando abriu a capa para assinar seu nome, Brossard viu a dedicatória: "À sua excelência o sr. conselheiro Barradas, tenho a honra de oferecer. Rui Barbosa".

Naqueles primeiros anos da República, o tribunal sofreu as primeiras ameaças de sua história. Dias antes do julgamento do novo habeas corpus impetrado por Rui Barbosa, correu como verdadeira a notícia de que o presidente da República, Floriano Peixoto, teria se antecipado a uma improvável derrota e vaticinado que os juízes que votassem a favor do pedido de HC precisariam, posteriormente, também de um habeas corpus. O governo venceu com folga, e é muito provável que assim teria sido com ou sem ameaça.

Em 1893, Floriano constrangeu o Supremo e o encurralou de duas formas. Depois de aposentar-se o ministro Barradas, o presidente indicou para a vaga o médico Barata Ribeiro. A Constituição não falava expressamente que o ministro do Supremo deveria deter notável saber jurídico — estabelecia apenas "notável saber". Naquela época, a pessoa indicada pelo presidente era empossada e só depois o Senado votava seu nome. Assim, Barata Ribeiro integrou o tribunal por quase um ano, até que os senadores rejeitassem a nomeação do médico para o STF. Além disso, para as vagas que se sucederam, o presidente simplesmente deixou de escolher nomes para completar o tribunal. Com cadeiras desocupadas, o Supremo ficou impedido por meses de realizar sessões, pois não havia quórum mínimo para iniciar os julgamentos.

Seis anos mais tarde, nova crise. O Supremo julgou caso semelhante ao analisado em 1892 no habeas corpus 300, impetrado por Rui Barbosa. Mais uma vez tratava-se de saber se garantias constitucionais poderiam ser suspensas mesmo depois de cessado o período do estado de sítio. Nesse segundo caso, o STF alterou sua jurisprudência. Ao contrário da postura de 1892, dessa vez os ministros não se esquivaram da decisão sob o argumento de que aquela seria uma questão política. A tese defendida por Rui Barbosa venceu. O governo foi derrotado pela nova composição do Supremo — dos ministros que julgaram o HC 300 em 1892, apenas três permaneciam na corte seis anos depois. O presidente da República, Prudente de Morais, protestou em mensagem enviada ao Congresso Nacional. Ele, que decretou o estado de sítio após sofrer um atentado que provocou a morte do então ministro da Guerra, Machado Bittencourt, ressaltou que o tribunal rompera com seus precedentes. "Esta decisão [...] abalou a harmonia indispensável entre os poderes", criticou. E não ficou sem resposta. Duas semanas depois de enviada a mensagem presidencial, parte dos ministros da corte assinou uma nota para rebater as críticas a sua decisão. Acusaram o presidente da República de "completo desconhecimento das relações que hão de existir entre os supremos agentes dos poderes públicos e a flagrante violação do respeito que o chefe do Estado deve a juízes competentes para julgá-lo".

De coadjuvante e submisso no episódio transcorrido no governo Floriano, o tribunal passou a exercer seus poderes no conturbado governo de Prudente de Morais. Essa mudança foi notabilizada na chamada "doutrina brasileira do habeas corpus". Disputas políticas da Primeira República, como duplicidade das assembleias legislativas, fenômeno gerado por eleições fraudadas, desembocavam no Supremo por meio de habeas corpus. O STF deu-lhes um escopo original, ampliando as garantias fundamentais do cidadão e buscando encontrar remédio para dilemas e conflitos que antes não encontravam instrumento para a proteção judicial adequada. Contudo, em 1930, quando estourou a revolta militar que pôs fim à República Velha, com a deposição do presidente Washington Luís, o Supremo seria pela primeira vez vitimado pelas aposentadorias compulsórias. Estavam à frente do movimento que traduzia a insatisfação com as fraudes eleitorais e com a situação econômica pós-quebra da Bolsa de Nova York os militares revoltosos de 1922 que, no STF, foram condenados à prisão. À vitória e à consequente assunção ao poder seguiu-se o "humaníssimo sentimento de vingança", como reconheceu o ministro Pires e Albuquerque, que, sendo procurador-geral da República, havia acusado os revoltosos de 1922.

A vindita comandada pelo chefe do governo provisório, Getúlio Vargas, viria em 1931. Foram reduzidos os salários dos ministros do Supremo e seis deles acabaram demitidos por decreto. "Considerando que imperiosas razões de ordem pública reclamam o afastamento de ministros que se incompatibilizaram com as suas funções por motivo de moléstia, idade avançada e outros de natureza relevante", o governo aposentou o presidente do tribunal, ministro Godofredo Cunha (que completaria 71 anos), Edmundo Muniz Barreto (prestes a completar 67), Pires e Albuquerque (66), Pedro Mibielli (64), Pedro dos Santos (64) e Geminiano da Franca (61). O tribunal passaria a ser composto de onze ministros. Não houve reação institucional do Supremo ao afastamento dos seis membros, incluindo o presidente — fosse porque o clima era de incerteza diante das mudanças políticas, fosse porque não é da tradição nem da função do Judiciário fazer protestos, fosse porque os ministros entenderam que deveriam apenas cumprir a lei. O que o tribunal fez depois de ser submetido aos sabores do governo provisório foi apenas e imediatamente marcar a sessão para a eleição do novo presidente. Ao final dela, os ministros aprovaram um "voto de saudade" pela saída — compulsória — dos colegas. O ministro Hermenegildo de Barros foi o único a protestar. Em plenário, em meio aos colegas, acentuou que o Supremo, a partir daquele dia, perdera sua independência e passaria a viver "exclusivamente da magnanimidade" do governo:

— De minha parte, declaro que não tenho honra nenhuma em fazer parte deste tribunal, assim desprestigiado, vilipendiado, humilhado, e é com vexame e constrangimento que ocupo esta cadeira de espinhos, para a qual estarão voltadas as vistas dos assistentes, na dúvida de que aqui esteja um juiz capaz de cumprir com sacrifício o seu dever.

Só não requisitava sua aposentadoria, acrescentou, para que não dissessem que ele desertou por causa da redução do salário.

A Constituição de 1934 promoveu novas alterações na conformação do STF. Os ministros, até então vitalícios, passariam a ser compulsoriamente aposentados quando completassem 75 anos de idade. A principal mudança foi na escolha do presidente e vice-presidente. Com a Constituição de 1934, os ministros deixaram de eleger aqueles que comandariam o tribunal. A tarefa passou para as mãos do presidente da República, em mais um avanço sobre a independência da corte.

Em 1937, Getúlio Vargas outorgou a nova Constituição. As competências e a conformação do Supremo permaneceram basicamente as mesmas, com uma alteração relevante: o texto vedou ao Poder Judiciário conhecer e julgar "questões exclusivamente políticas". Adicionalmente, restringiu o controle de constitucionalidade exercido pelo STF. Se o Supremo declarasse inconstitucional uma lei, o Executivo poderia, quando considerasse necessário para o bem-estar do povo e para atender o interesse nacional, submeter a decisão ao Congresso. Com o apoio de dois terços das duas câmaras, ao presidente seria permitido anular as decisões do STF. O tribunal via ruir os esforços que fizera durante a Primeira República para se firmar como terceiro poder. A alteração do texto constitucional reduzia seu papel e o deixava a reboque do Executivo e do Legislativo.

Como o Congresso foi dissolvido em 1937, Vargas não precisaria nem sequer do apoio de dois terços no Congresso. Bastava confirmar a aplicação de seus decretos-lei. Foi o que fez quando os ministros do Supremo deferiram mandados de segurança contra a incidência de imposto de renda sobre os salários de magistrados e servidores públicos. Vargas considerou que o entendimento do Supremo não ia ao encontro do interesse nacional e, por meio de decreto-lei, cassou a decisão. Por fim, a Constituição de 1937 reduziu a idade da aposentadoria compulsória dos ministros de 75 para 68 anos. Cinco deles foram automaticamente atingidos pela mudança estratégica, dentre eles o presidente Edmundo Lins, o vice-presidente Hermenegildo de Barros e Ataulpho de Paiva. A reação do Supremo? Seu presidente agradeceu, muito emocionado, o elogio feito a ele por Vargas. E Carlos Maximiliano pediu que fosse registrado nos documentos do STF o inteiro teor dos telegramas protocolares, mas elogiosos, que Vargas enviou para Edmundo Lins e Hermenegildo de Barros após assinar o decreto de aposentadoria.

Em 1945 o Brasil enfrentaria mais uma mudança institucional promovida pelos militares. Getúlio Vargas e sua ditadura eram depostas, encerrando o Estado Novo e restabelecendo, na Constituição de 1946, um sistema liberal democrático, representativo e federativo, baseado no equilíbrio e na independência dos três poderes. O Supremo, por sua vez, veria restabelecida sua autonomia. Com a queda de Vargas, assumiu provisoriamente o governo o presidente do STF, ministro José Linhares. Um de seus primeiros atos foi extinguir o Tribunal de Segurança Nacional criado por

Vargas em 1936, transferindo o julgamento de crimes contra a segurança do Estado de volta para a Justiça comum. Começava assim a desmontar o aparato repressivo do Estado Novo. Pela nova Constituição, democrática e liberal, o Supremo retomava a prerrogativa de eleger seu presidente e seu vice. O tribunal ganhou um alívio ao transferir para o recém-criado Tribunal Federal de Recursos a competência de julgar, em grau de apelação, as causas em que a União participasse como autora ou ré. Ao se desvencilhar dessa competência infraconstitucional, o Supremo via reforçado seu papel de árbitro dos conflitos políticos da federação e de guardião da Constituição. Essa estrutura constitucional permanecia no Supremo de 1964.

Adicione-se a esse quadro formal, porém, o que a realidade política, conturbada desde os primeiros anos da República, reservou ao tribunal — como situações-limite, em que as armas falavam mais alto que as leis. Não foram poucas as vezes em que "razões de Estado", como disse Barradas em 1892, ou a "nudez rude da verdade", citação lembrada pelo ministro Nelson Hungria em 1956, se sobrepuseram à legislação e encontraram guarida num Supremo cujos poderes e competências estavam muito aquém do que a Constituição de 1988 viria a lhe reservar — algo visível, diariamente, nas manchetes dos jornais. Em 1930, o governo provisório de Vargas foi reconhecido pelo STF: seu presidente, Godofredo Cunha, transmitiu ao chefe de Estado os "melhores votos para o governo de fato, que se instalara". No ano seguinte, o ministro foi cassado. O acontecimento deixou para o tribunal uma lição que seria lembrada nos anos de chumbo. Apeado do poder em 1945, Getúlio Vargas candidatou-se ao comando do país em 1950 e foi eleito presidente da República, tendo como vice João Café Filho, numa aliança entre o Partido Social Progressista (PSP) e o Partido Trabalhista Brasileiro (PTB). Mas a escolha de Café Filho como vice na chapa havia enfrentado resistência. A Igreja católica denunciava seu "ranço vermelho" e fez campanha contra seu nome. Anos antes, Café Filho havia se posicionado contra a cassação do registro do Partido Comunista Brasileiro (PCB), determinada pelo Tribunal Superior Eleitoral. Depois, como deputado federal, votou contra a cassação dos mandatos dos parlamentares que haviam sido eleitos pelo PCB. Somou-se a isso a desconfiança dos militares.

O segundo governo constitucional de Vargas, iniciado em 1951, enfrentou forte oposição, em especial da UDN, de grupos empresariais e de setores das Forças Armadas. O jornalista Carlos Lacerda, que ainda não havia migrado para a política, notabilizou-se pela oposição a Vargas no jornal *Tribuna da Imprensa*. E foi um atentado contra ele, Lacerda, que agravou a situação política já conturbada do governo Vargas. Em agosto de 1953, quando voltava de um comício no Rio de Janeiro, Lacerda foi alvejado na porta de sua casa, na rua Toneleros, em Copacabana. No atentado, foi morto o major-aviador Rubens Florentino Vaz, um dos integrantes de um grupo de oficiais da Aeronáutica responsável pela proteção permanente do jornalista, que sofreu apenas um ferimento no pé. As investigações policiais mostraram que o atentado foi cometido por um dos membros da guarda pessoal de Vargas, Climério Euribes de Almeida. Na semana seguinte, Lacerda encontrou-se secretamente com Café Filho no hotel Serrador e propôs ao vice-presidente que pressionasse Vargas a renunciar e assumisse a presidência da República. A escalada da crise e a pressão cada vez mais intensa dos militares pela renúncia do presidente culminaram na decisão dramática de Vargas. No dia 24 de agosto de 1954, ele se matou com um tiro no peito. Café Filho assumiu o governo, formando um ministério identificado com as posições da UDN. Em 1955 o clima no país voltou à conflagração. Disputariam e venceriam as eleições presidenciais Juscelino Kubitschek e o vice João Goulart, com o apoio de 36% do eleitorado.

A reação seguiu-se à divulgação dos resultados das urnas. A UDN deflagrou campanha contra a posse dos candidatos eleitos, argumentando que o presidente da República precisaria de maioria absoluta dos votos para assumir o cargo. O movimento se aprofundou quando o coronel Bizarria Mamede — um dos expoentes dos militares que haviam se oposto a Vargas e que viam na eleição de Juscelino-Goulart o risco do retorno das forças que o apoiavam — proferiu um discurso em nome do Clube Militar contra a tachada "vitória da minoria". O ministro da Guerra, Henrique Lott, defendia o cumprimento rigoroso das regras, inclusive com a posse de JK, regularmente eleito, e por isso reagiu de imediato ao discurso do coronel Mamede. Mas, para puni-lo, Lott precisava do aval do presidente da República. Mamede era do corpo permanente da Escola Superior de

Guerra, hierarquicamente ligada à presidência da República e não ao Ministério da Guerra. Quando telefonou para o palácio do governo, Lott soube que o presidente Café Filho sofrera um ataque cardíaco e estava hospitalizado. Quatro dias depois, o chefe de Estado transmitiu ao presidente da Câmara dos Deputados, Carlos Luz, o exercício do cargo. Quando estivesse recuperado, Café Filho voltaria à presidência. Henrique Lott pediu uma audiência com o presidente em exercício para despachar o caso Bizarria Mamede. Ao ser recebido, foi informado de que caberia apenas a Carlos Luz a decisão de devolver Mamede ao Exército, tirando-o da Escola Superior de Guerra. Luz baseou-se no parecer que lhe fora entregue pelo consultor-geral da República, Temístocles Cavalcanti, que viria depois a ser ministro do Supremo. Lott renunciou ao cargo, humilhado. E, convencido de que Carlos Luz tramava um golpe para impedir a posse de JK, armou um contragolpe. Dirigiu-se com o general Odílio Denys, seu vizinho, para o Ministério da Guerra, ambos determinados a derrubar o governo e a garantir a continuidade do processo democrático. No dia seguinte, 11 de novembro de 1955, Carlos Luz viu-se obrigado a se refugiar no cruzador *Tamandaré* com seu ministério. Em seguida, renunciou ao comando da Câmara. Nessa cadeia de acontecimentos, assumiu o governo o vice-presidente do Senado, Nereu Ramos.

Quando Café Filho recebeu alta, anunciou que reassumiria suas funções de presidente da República. Porém, Lott e sua tropa cercaram o prédio em que Café Filho morava. Avisaram que de lá ele não poderia sair. O Congresso, concomitantemente, declarou estado de sítio e aprovou o impedimento do presidente da República. Café Filho buscou salvaguarda no Supremo. Em um mandado de segurança, argumentou que tinha o direito líquido e certo de retornar ao cargo. A tese foi derrotada. Os votos dos ministros Ribeiro da Costa e Nelson Hungria marcaram o debate.

Certa vez, Ribeiro da Costa comentou, enquanto caminhava para a sala de sessões do Supremo, ainda no Rio de Janeiro:

— Meu pai era general. Não tenho medo de generais. Esta noite sonhei que, estando de beca e capa, acompanhado de todos os colegas assim paramentados, me dirigi ao Ministério da Guerra para falar com o marechal Henrique Teixeira Lott.

O sonho do ministro parecia expresso em seu voto na sessão de 14 de dezembro de 1955. Ele afirmou, inicialmente, que estava em jogo — "num lance de cara e de coroa" — a sorte do regime democrático. Nessas ocasiões, afirmou, o "medo não deve subsistir". E acrescentou: "O direito que o presidente da República tem de exercer o mandato a ele conferido pela nação soberana é líquido e certo. Está apoiado no artigo 36 da Constituição, que veda a subordinação do Executivo de maiores congressais". As palavras foram registradas no acórdão do mandado de segurança 3557.

Na corrente oposta estava o ministro Nelson Hungria. Sem meias palavras, disse que a realidade imposta pelas armas era inexorável e que a decisão do Congresso de impedir o retorno de Café Filho à presidência era incontornável:

— Afastado "o manto diáfano da fantasia sobre a nudez rude da verdade", a resolução do Congresso não foi senão a constatação da impossibilidade material em que se acha o sr. Café Filho de reassumir a presidência da República, em face da imposição dos tanques e baionetas do Exército, que estão acima das leis, da Constituição e, portanto, do Supremo Tribunal Federal.

O tribunal estava diante de uma "situação de fato criada e mantida pela força das armas". Uma decisão do Supremo pela imediata recondução de Café Filho à presidência da República seria inexequível, ressaltou Nelson Hungria.

— A insurreição é um crime político, mas, quando vitoriosa, passa a ser um título de glória, e os insurretos estarão a cavaleiro do regime legal que infligiram; sua vontade é que conta, e nada mais — acrescentou, para então concluir: — Jamais nos incalcamos leões. Jamais vestimos, nem podíamos vestir, a pele do rei dos animais. A nossa espada é um mero símbolo. É uma simples pintura decorativa — no teto ou na parede das salas de Justiça. Não pode ser oposta a uma rebelião armada.

O que decidiu afinal o Supremo? Nem Ribeiro da Costa, nem Nelson Hungria — a saída encontrada pela maioria dos ministros foi suspender o julgamento até que cessasse o estado de sítio e fossem restabelecidas as garantias constitucionais. Em termos práticos, o Supremo decidiu nada decidir.

O golpe de 1964 criaria nova situação de fato. E se em 1955 Ribeiro da Costa defendera enfaticamente o respeito ao regime democrático, em 1964 sua postura foi diferente. Quando o Congresso declarou vago o cargo de presidente da República, derrubando João Goulart, Ribeiro da Costa acompanhou a sessão do Legislativo e ainda dirigiu-se para o Palácio do Planalto de madrugada, para legitimar a posse do presidente da Câmara, Ranieri Mazzili.

A ditadura atingiu o Supremo de diversas maneiras. A mais contundente delas ocorreu em 1968. Amparado pelo ato institucional nº 5, o governo militar aposentou três ministros: Evandro Lins e Silva, Victor Nunes Leal e Hermes Lima. Gonçalves de Oliveira e Lafayette de Andrada, também ameaçados pela ditadura, anteciparam-se e pediram aposentadoria. No plenário, não haveria clima para protestos durante esses anos.

> Respeitamos os que, inspirados no bem da pátria, são impelidos, por motivos inelutáveis, a fazer com que se ouça o ruído das armas. Será um dever seu, em circunstâncias excepcionais. Mas também temos nós, juízes, o dever de não ficar como aquele de quem disse Montaigne "que o ruído das armas o impedia de ouvir a voz das leis". (Ministro Luiz Gallotti, ao assumir a presidência do Supremo em 1966)

Olhar o STF de então com olhos de hoje levaria o observador a conclusões embaçadas. O Supremo, até 1988, era um poder que, na realidade política do país, se encontrava abaixo dos demais. Não havia equilíbrio entre os três. Executivo e Legislativo, nessa ordem, sempre preponderaram sobre o Judiciário. É com essa régua que se deve medir a atuação do Supremo nos anos de chumbo ou nos primeiros anos da República. O tribunal conviveu com a ditadura militar. Não tinha capacidade para fazer sua agenda. E não foram os casos de liberdade civil que dominaram a pauta do STF de 1964 a 1974. Esses processos esporádicos chegaram ao tribunal pela via do habeas corpus e mostraram os suspiros de uma corte apertada pelo torniquete da ditadura.

No início do governo militar, com a Constituição de 1946 em vigor, mas com o ato institucional na praça, o Supremo julgou que a competência para processar ex-governadores era da Justiça comum, e não da dos militares. Também concedeu decisões para garantir direitos fundamentais, como a liberdade de expressão e de cátedra. Essas decisões gerariam conflito com os militares. O governo Castelo Branco, pressionado pela linha dura das Forças Armadas, promoveu algumas alterações para ampliar os poderes do Executivo, manter o controle sobre as propostas legislativas e empacotar o Judiciário. Por meio de uma emenda constitucional, em 1965 o Supremo passou a ter a prerrogativa de julgar a representação contra a inconstitucionalidade de lei federal ou estadual. O detalhe fundamental: apenas o procurador-geral da República, escolhido pelo presidente e demissível a qualquer momento, poderia acionar o Supremo. O governo tinha o monopólio de contestar a inconstitucionalidade das normas. Quase ao mesmo tempo, o governo baixaria o ato institucional nº 2, que ampliou o número de ministros do Supremo e permitiu que o presidente da República nomeasse livremente mais cinco integrantes para se juntarem àqueles que haviam chegado ao tribunal pelas mãos de presidentes anteriores. Vargas havia reduzido o tamanho do tribunal; aqui, tratava-se de aumentar. Mas o objetivo era o mesmo: a tentativa de aparelhar o Supremo e torná-lo mais dócil. Sem o sucesso esperado e em virtude da pressão contínua da linha dura, o STF voltaria à pauta do governo militar, dessa vez de forma radical. O ato institucional nº 5, baixado pelo presidente Costa e Silva, suspendeu a garantia constitucional da vitaliciedade dos magistrados, permitiu ao presidente da República cassar direitos políticos e mandatos eletivos e fechou as portas do Supremo para os habeas corpus nos casos de crimes políticos, contra a segurança nacional e contra a ordem econômica e social.

Para completar o quadro ditatorial, o governo cassou três ministros do STF nomeados por Juscelino Kubitschek e João Goulart: os já citados Victor Nunes Leal, Hermes Lima e Evandro Lins e Silva. Com a aposentadoria de outros dois ministros — Lafayette de Andrada e Gonçalves de Oliveira — também ameaçados pelos militares, a ditadura editou o ato institucional nº 6 e reduziu novamente os ministros para onze. Encerrava o jogo normativo da ditadura a emenda constitucional nº 1, de 1969. O texto enxertou na Constituição a previsão de que atos excepcionais, como o ato institucional nº 5, permaneceriam em vigor. A partir daí, contando com um único ministro não indicado pelos militares — Luiz Gallotti —, o tribunal ficou absolutamente comprometido. A permanência de Gallotti servia para dar um ar de normalidade institucional. A partir de então, o Supremo tornou-se espectador. Os ministros assistiam ao aumento dos casos de tortura nos governos Médici, de 1969 a 1974, e Geisel, de 1974 a 1979. Incrédulos — alguns deles passivos —, buscavam saídas laterais, como argumentar excesso de prazo das investigações, para reverter prisões arbitrárias sem com isso confrontar os militares. Mas nunca cobraram a responsabilidade do governo nem determinaram, como garantidores da Constituição, a abertura de inquéritos para atribuir responsabilidades. Poderiam fazê-lo? Sim. Estavam dispostos a fazê-lo? Tinham instrumentos ou liberdade para tal? Essas são algumas das questões que este livro pretende, se não responder, ajudar a discutir.

O Supremo de 1964 não é o STF pós-1988, muito menos o tribunal de 2017, cujos ministros concedem entrevistas, são figuras públicas reconhecidas nas ruas e opinam sobre temas da agenda nacional. O Supremo de hoje autoriza o casamento de pessoas do mesmo sexo, libera a interrupção da gravidez no caso de anencefalia, discute a descriminalização do porte de drogas e do aborto, derruba a Lei de Imprensa, interrompe um processo de impeachment da presidente Dilma Rousseff, anula a nomeação de um ministro de Estado. Avança sobre temas essencialmente políticos, dos quais o Congresso e o Executivo não assumem a liderança. "Ativismo judicial", "ditadura do Judiciário" e "Supremocracia" são termos relativamente recentes no Brasil. Não eram pronunciados em 1964. Se hoje o debate está centrado na possível interferência do Supremo em assuntos que não são de sua seara, no passado o tribunal não era visto por atores políticos como árbitro capaz de fazer cumprir sua missão de resguardar a Constituição. Enxergar o STF pelo retrovisor exige, inicialmente, esse enquadramento, sob pena de projetar no passado os vícios e as virtudes do tribunal inventado pela Constituição de 1988 e por seus integrantes.

1. O GOLPE

> ... Chega ao golpe de 1964. E a partir daí,
> para quem vivia em Brasília, a sensação
> de que tudo acabara.
>
> Sepúlveda Pertence

À SAÍDA DA CÂMARA DOS DEPUTADOS, o presidente da casa, Ranieri Mazzilli, acomodou-se num carro de cor creme, particular, ao lado do presidente do Senado, Auro de Moura Andrade, e de dois seguranças. Era madrugada e tempo de chuva na desértica capital, Brasília. Assistindo àquela cena estava o presidente do Supremo Tribunal Federal, ministro Ribeiro da Costa, convidado, como agente externo, para acompanhar os desdobramentos da sessão extraordinária do Congresso naquela madrugada. Ribeiro da Costa emprestava a legitimidade do Poder Judiciário ao golpe contra o presidente João Goulart.

Adaucto Lúcio Cardoso, deputado udenista e um dos apoiadores do movimento político que se desenvolvia naquela noite, vendo os presidentes da Câmara e do Senado dentro do carro e o presidente do Supremo de fora, sozinho e a pé, intercedeu. O ministro Ribeiro da Costa foi convidado a se acomodar no banco de trás para acompanhar os presidentes da Câmara e do Senado ao Palácio do Planalto.

A pé, uma comitiva de setenta a cem pessoas faria o curto trajeto entre o prédio da Câmara e o Palácio do Planalto. Minutos depois, e menos de quatrocentos metros vencidos sob chuva, parlamentares se depararam com a porta cerrada do Planalto. Alguém sugeriu que ela fosse arrombada, mas um parlamentar lembrou que o grupo poderia entrar pela garagem. Os homens se puseram a caminhar para contornar o prédio, porém dois soldados que faziam a segurança do palácio apontaram as armas para o grupo.

O deputado Carvalho Sobrinho (PSP-SP) quis avançar na direção de ambos, mas outro parlamentar gritou ao fundo: — Menino, vá chamar o seu comandante!

Os soldados deram a volta e falaram com o capitão que estava no comando aquela noite. Sem relutância, ele deu passagem aos deputados e senadores. O grupo adentrou o prédio e encontrou todos os elevadores bloqueados. O mesmo capitão que lhes abrira a porta indicou a escada estreita de serviço, por onde poderiam subir ao terceiro andar, onde ficava o gabinete da presidência.

Eram 3h45 da madrugada do dia 2 de abril de 1964 quando Ranieri Mazzilli foi empossado presidente da República, amparado pelo movimento dos militares e na presença dos presidentes do Senado e do Supremo. Os três poderes, juntos, decretaram o fim do governo João Goulart e o início de uma nova fase na República.

Ribeiro da Costa não negava sua simpatia pela intervenção dos militares. Ao contrário, franqueou publicamente seu apoio e, naquele exato momento, ali estava para emprestar a força de seu cargo à consumação institucional do golpe de 1964. Uma conduta distinta das palavras proferidas no julgamento de 1955, depois que os militares impediram o retorno de Café Filho ao cargo de presidente da República. Naquele momento, Ribeiro da Costa afirmou estar em jogo o futuro do regime democrático. Como admitir, ele questionou, que o presidente da República fosse impedido pelo Congresso de exercer uma função para a qual fora legitimamente eleito? Em 1964, seu comportamento foi inverso. O movimento de então não era liderado por um militar mais identificado com a esquerda, como o era o marechal Henrique Lott, que comandou a reação a Café Filho em 1955. Certamente isso influenciou a diferença de ação do ministro do Supremo.

Depois de apeado o presidente João Goulart, Ribeiro da Costa explicou aos colegas os detalhes de sua participação nos fatos de abril de 1964. Relatou que foi chamado a acompanhar a posse de Mazzilli e ressaltou que não houve como consultá-los quanto a seu comparecimento:

Rapidamente fiz o meu exame de consciência e de dever profissional e não podendo na hora, naquele instante de madrugada, consultar os meus eminentes colegas, como é regra e estilo nesta casa sobre todos os atos que o presidente deve praticar, principalmente atos dessa magnitude, resolvi eu mesmo assumir a responsabilidade de praticá-lo. [...] Fi-lo numa conjuntura extrema e decisiva onde se expunha o país às incertezas inconciliáveis com a ordem legal, a partir daquele momento, não fosse o cargo da presidência da República ocupado, desde logo, por seu detentor constitucional.

O presidente do STF repetia a versão de que João Goulart havia abandonado o Brasil. E dizia que, em razão disso, era preciso que Mazzilli assumisse de imediato a presidência da República para "propiciar a estabilidade constitucional, legítima e incontestável" e pavimentar o caminho para a escolha do sucessor de Jango. Apesar desse apoio ao golpe, o Supremo logo viveria os primeiros atritos com os militares. O presidente da corte passaria a enfrentar as tentativas do governo, pressionado pela linha dura, de domar o Judiciário.

Ao longo de seu governo, João Goulart enfrentou crises militares. A primeira delas foi deflagrada em 1961, com a renúncia de Jânio Quadros. Sendo vice-presidente, Goulart deveria assumir o cargo. Mas houve resistência por parte da direita e dos militares. Em 1963, houve um levante contra uma decisão do STF. Em setembro, o Supremo confirmou decisão do Tribunal Regional Eleitoral do Rio Grande do Sul, negando posse ao sargento Aimoré Zoch Cavalheiro para exercer o mandato de deputado estadual. O tribunal eleitoral baseou-se no que era previsto na Constituição de 1946: militares graduados não poderiam exercer mandato político eletivo.

Na madrugada do dia seguinte à decisão do STF, cerca de seiscentos graduados da Aeronáutica e da Marinha se apoderaram, em Brasília, dos prédios do Departamento Federal de Segurança Pública (DFSP), da Estação Central da Rádio Patrulha, do Ministério da Marinha, da Rádio Nacional e do Departamento de Telefones Urbanos e Interurbanos.

Os sargentos também tomaram as pistas que davam acesso ao aeroporto e à Base Aérea de Brasília. Esse era o caminho obrigatório do ministro Victor Nunes Leal. Ele morava, em 1963, na Península dos Ministros, no Lago Sul, hoje uma das áreas mais nobres de Brasília. Naquela região, conforme planejamento inicial, morariam os onze ministros do Supremo. Ocorre que não havia, à época, as três pontes que hoje fazem a ligação entre o Lago Sul, onde fica a Península, e a área central de Brasília. E isso desencorajou os ministros do STF a ocupar a área. Apenas Victor Nunes, Evandro Lins e Silva e Hermes Lima se aventuraram. Assim, quando iam para as sessões no Supremo, os ministros percorriam aproximadamente 22 quilômetros pelas pistas desertas que contornavam o lago Paranoá, artificialmente criado durante a construção de Brasília, para chegar até o Supremo.

Victor Nunes Leal, particularmente, fizera um acordo com seu motorista. Como não havia transporte público eficiente onde morava seu auxiliar, o ministro muitas vezes o dispensava e ia ele mesmo dirigindo o carro oficial até a corte ou para sua casa. No dia 12 de setembro, um sábado, Nunes Leal seguia do tribunal para casa quando foi parado pelo grupo de sargentos no Balão do Aeroporto, por onde necessariamente deveria passar. Quando se identificou como ministro do STF, fez a alegria dos rebelados. Se a revolta fora motivada por uma decisão do Supremo, a prisão de um dos integrantes da corte era um troféu. Foi detido e levado para a Base Aérea de Brasília.

Durante toda a manhã, Nunes Leal permaneceu detido. Só foi liberado depois que um grupo de parlamentares foi à base aérea negociar com os rebelados. Um dos deputados da comitiva, Neiva Moreira, ao ser levado até o ministro do Supremo, disse que o tribunal fora inábil ao declarar inelegíveis os sargentos. "Se culpa existe, foi do legislador", rebateu Victor Nunes Leal. Neiva Moreira recomendou então que o ministro voltasse ao tribunal e se conformasse com o bloqueio imposto pelos rebelados. "Eu sou ministro do Supremo Tribunal Federal e desejo passar. Se não permitem, pelo menos completem a arbitrariedade, prendendo-me", respondeu ele. Neiva Moreira entrou em contato com um dos sargentos que comandavam o movimento para negociar a liberação do ministro. Por telefone, o militar perguntou: "O homem é bom? É limpo?". O deputado respondeu, conforme relatou posteriormente: "Aquele tribunal é uma cloaca, mas o ministro Victor Nunes Leal é um homem limpo". Foi dada a ordem, então, para o que magistrado passasse pelo bloqueio.

À tarde, o Exército sufocou o levante. O líder do movimento — o sargento da Aeronáutica Antônio de Prestes Paula — e outros 536 prisioneiros foram mandados para o Rio de Janeiro. Em 19 de março de 1964, os dezenove sargentos indiciados em inquérito policial-militar (IPM) foram condenados a quatro anos de prisão. Saldo da batalha: um fuzileiro morto e dois feridos.

Na mais aguda das crises, e que prenunciou o golpe, Jango desagradou aos oficiais das Forças Armadas ao contemporizar a insubordinação de militares, liderados por José Anselmo dos Santos, o cabo Anselmo,[1] que organizaram uma entidade sindical de marinheiros — a Associação dos Marinheiros e Fuzileiros Navais, considerada ilegal. Não se sabe exatamente se naquela época, ou se depois do golpe de 1964, o cabo Anselmo foi recrutado pelo Centro de Informações da Marinha (Cenimar) e se tornou agente duplo.

Nos dias que se seguiram, os militares deixaram os quartéis e marcharam para derrubar o presidente da República. De Juiz de Fora (MG), o general Olympio Mourão Filho determinou que a 4ª Divisão de Infantaria, que ele comandava, descesse para ocupar o Rio de Janeiro.

Em Minas Gerais, o governador Magalhães Pinto declarou guerra ao governo:

> Se por influência de inspirações subversivas são comprometidas a hierarquia e a disciplina sem as quais elas não sobrevivem, têm as Forças Armadas o direito e o dever de pugnar pela sua própria integridade, pois de outra maneira não cumprirão o pesado e glorioso destino que a Constituição lhes assinala.

À noite, o governador de São Paulo, Adhemar de Barros, fez o mesmo. Em Brasília, os deputados da UDN já sabiam de todos os planos e passos para a derrubada de Goulart. Um deles, Aliomar Baleeiro, lembrou que, ansiosos, os políticos udenistas quase falavam abertamente sobre o porvir:

Houve um momento de angústia. Nesse momento, observou-se que um helicóptero descia na Praça dos Três Poderes. Subiu a bandeira no Palácio do Planalto, indicando que João Goulart lá estava. Duas ou três horas depois, o helicóptero levantava o voo com ele.

No Rio e em São Paulo, a oposição já proclamava vitória. Mas Brasília continuava em poder de Jango, e as rádios da capital federal apelavam para que o povo fosse receber armas e munição no Teatro Nacional, para resistir aos militares. O apelo teve início de manhã e continuou à noite. O jovem advogado Sepúlveda Pertence, que viria a se tornar ministro do Supremo Tribunal Federal 25 anos mais tarde, atendeu ao chamado. Ele e alguns dos amigos permaneceram por horas no estacionamento vazio do teatro, a apenas quatro quilômetros do Congresso Nacional. As armas prometidas, ele relembra, nunca chegaram a Brasília.

Foi perto da meia-noite que o presidente do Senado, Auro de Moura Andrade, convocou a sessão do Congresso realizada uma hora depois, para consumar a deposição de João Goulart. O presidente do Supremo, Ribeiro da Costa, que a tudo assistira, vinha de uma família de militares e estudara no Colégio Militar do Rio de Janeiro. Seu pai era o general de divisão Alfredo Ribeiro da Costa. Seu irmão Orlando Ribeiro da Costa foi ministro do Superior Tribunal Militar entre 1963 e 1967. Não era mistério para os colegas do Supremo seu olhar crítico ao presidente João Goulart e à esquerda.

Os ministros se recordavam, em conversas internas, de que, em 1959, Ribeiro da Costa propôs ao plenário do Supremo um pedido de providências a ser encaminhado ao presidente da República contra o Clube Militar, cujos integrantes se solidarizaram com o governador do Rio Grande do Sul, Leonel Brizola. Na chefia do estado, Brizola retirara do comando da Companhia de Energia Elétrica Rio-Grandense a empresa norte-americana Bond and Share. Ribeiro da Costa classificou o ato dos militares como indisciplina. O Supremo negou apoio à proposta, lembrando que o tribunal só atuava em casos concretos protocolados no tribunal. Mantendo a tradição, os ministros consideraram que manifestações políticas não eram cabíveis.

Por todo esse histórico familiar e de vida, Ribeiro da Costa foi considerado, pelo Comando-Geral dos Trabalhadores (CGT), um potencial substituto de João Goulart se o golpe fosse bem-sucedido. Embora essa fosse mera suposição da entidade, que dera sustentação a Goulart, mereceu resposta oficial do Supremo por meio dos jornais. Ribeiro da Costa negou tal possibilidade.

Confirmado o golpe militar, o ministro afirmou publicamente que "o desafio feito à democracia foi respondido vigorosamente". A derrubada de João Goulart "tornou-se legítima através do movimento realizado pelas Forças Armadas, já estando restabelecido o poder do governo pela forma constitucional". Mais tarde, quando o Congresso elegeu Castelo Branco presidente da República, Ribeiro da Costa afiançou seu apoio pessoal e, como porta-voz do Supremo, o suporte institucional. "Sem ele a democracia vai embora. É imprescindível que todos nós democratas emprestemos apoio ao presidente Castelo Branco", afirmou.

A eleição indireta do novo presidente, com o aval tácito do Supremo, consolidou formalmente a nova ordem constitucional. O primeiro ato institucional foi redigido em segredo e promulgado oito dias após o golpe. Vinha assinado pelo autoproclamado "Comando Supremo da Revolução" — formado pelo general Costa e Silva, pelo almirante Rademaker e pelo brigadeiro Correia de Mello. O texto tinha onze artigos e colocava de pé a legalidade de exceção: transferia parte dos poderes do Legislativo para o Executivo, limitava o Judiciário, suspendia as garantias individuais e permitia ao presidente da República cassar mandatos, cancelar os direitos políticos dos cidadãos pelo prazo de dez anos e demitir funcionários públicos civis e militares. E para legitimar esse instrumento com algum grau de embasamento legal, os militares concederam a si próprios poderes constitucionais: "A revolução vitoriosa se investe no exercício do poder constitucional. Este se manifesta pela eleição popular ou pela revolução. Esta é a forma mais expressiva e mais radical do poder constituinte".

Em relação às competências ou atribuições do Supremo, não houve de imediato nenhuma alteração. A roupagem de legalidade que os militares quiseram vestir no golpe, porém, provocou dificuldades, incompreensões e atritos entre o governo e o STF. Em pouco tempo, o apoio explícito de Ribeiro da Costa ao golpe daria lugar aos primeiros conflitos com o governo e com os militares. Uma das razões, diriam anos mais tarde os próprios ministros do Supremo, era a base legal do golpe: uma mistura de Constituição democrática com atos excepcionais.

Nomeado procurador-geral da República em abril de 1964 e ministro do Supremo em novembro de 1965, Oswaldo Trigueiro reconheceu que o governo Castelo Branco era peculiar ao tentar conciliar o processo revolucionário com a manutenção do Congresso, com a ampla liberdade de imprensa e a plena vigência do habeas corpus. "Nas nações em estágio de desenvolvimento político equivalente ao do Brasil, existe sempre um hiato entre o país legal e o país real. Esse desajustamento é mais acentuado nas transições de caráter revolucionário", explicou o ministro. Os conflitos entre o governo e o Supremo foram gerados, na essência, por essa separação a que Trigueiro fez referência. A chamada "legalidade revolucionária" não se confundia com o estado de direito. O Supremo julgava seus processos tendo como premissas as leis e o direito vigentes. Os militares não haviam reformado o arcabouço legal que lhes permitisse atingir seus objetivos. Assim, o Supremo julgava de uma forma e o Executivo pensava de outra.

Não havia, portanto, oposição explícita do Supremo ao governo militar recém-empossado. Não havia nem sequer reação pública contra o golpe por parte dos ministros. O STF não praticava o antigoverno, diria anos mais tarde Hermes Lima, nomeado por João Goulart e cassado durante a ditadura. As decisões da corte, da mesma maneira que as políticas do Executivo, faziam parte da missão do Estado de preservar a cidadania, as liberdades e a estrutura jurídica do país.

Victor Nunes Leal, também cassado pela ditadura, mediu as palavras para falar dos atritos entre STF e Executivo: "Não houve propriamente conflito entre Supremo Tribunal Federal e Executivo-Revolucionário, mas incompreensão, em alguns casos, do Executivo".

A explicação de Nunes Leal coincidia com a visão de Hermes Lima e de Oswaldo Trigueiro. O Supremo aplicou o direito vigente. E as leis ainda não atacadas pelos militares nos primeiros anos da ditadura estabeleceram essa distância entre o país real e o país de fato. Daí a incompreensão.

O ministro Temístocles Cavalcanti, nomeado pelo presidente Costa e Silva, expôs visão semelhante, mas buscou nas decisões do governo Castelo Branco os fundamentos do conflito entre Executivo e Judiciário. Sua avaliação condizia com a percepção dos militares da linha dura das Forças Armadas, que apoiaram a candidatura de Costa e Silva para a presidência da República em 1966: a de que Castelo fora liberal *demais* no início. Os oficiais que deram cabo do governo João Goulart pecaram pela "tibieza" ao preservar o Supremo das mudanças promovidas em abril de 1964, criticou o ministro Cavalcanti. O "governo revolucionário" deveria ter baixado nos primeiros dias do golpe o ato institucional nº 2, que ampliou o número de ministros do STF para tentar anular aqueles indicados por João Goulart e Juscelino Kubitschek.

Ou seja: mesmo que não fizesse oposição aos militares ou ao golpe, o Supremo continuava a julgar conforme a legislação em vigor e dentro de suas competências. Se o tribunal decidisse que uma prisão era ilegal ou que os militares não tinham competência para investigar um ex-governador, por exemplo, concedia habeas corpus. E os militares não se conformavam com isso. Costa e Silva admitiria, em 1968, que esse foi um dos principais erros dos militares: pensar que o Supremo era inatingível.

CONFLITOS

Um desses embates em que figurou o Supremo envolveu o governador da Guanabara, Carlos Lacerda. O caso tomou as páginas dos jornais em novembro de 1964, logo depois da batalha judicial contra a ameaça de deposição do então governador de Goiás, Mauro Borges. O Supremo julgaria a representação 602 — de iniciativa da Assembleia Legislativa mas formalmente movida pela Procuradoria-Geral da República — contra Lacerda por ter o governador sancionado duas leis sem que os respectivos projetos fossem votados e aprovados pelos deputados estaduais. A primeira das leis criava uma taxa de obras e empreendimentos; a segunda dispunha sobre a organização dos quadros de pessoal.

Antes que o Supremo decidisse a questão, Carlos Lacerda manobrou para afastar cinco ministros do julgamento. Para isso, arguiu a suspeição de Evandro Lins e Silva, Hermes Lima, Victor Nunes Leal, Vilas Boas e Gonçalves de Oliveira. Argumentou que todos eles tinham exercido cargos de confiança em governos anteriores. Hermes Lima e Lins e Silva haviam sido chefes do gabinete civil no governo João Goulart; Victor Nunes e Gonçalves de Oliveira foram consultores-gerais da República no governo JK (ambos) e Café Filho (apenas Gonçalves). Vilas Boas não fizera parte dos governos JK e Jango, mas fora nomeado para o STF por Juscelino.

O que Carlos Lacerda queria de fato dizer é que esses ministros serviram a governos de esquerda e/ou que fariam oposição no Supremo ao regime militar. Mas o objetivo dele era impedir o julgamento e a consequente derrota no STF, disparou o ministro Luiz Gallotti no início da sessão de 30 de novembro. Gallotti, que substituía Ribeiro da Costa na presidência do Supremo naquele momento, recebeu os pedidos de suspeição e imediatamente os rejeitou. O ardil de Lacerda foi considerado uma tentativa absurda e desrespeitosa de atacar cinco ministros do Supremo.

Entretanto, o recado dado por Gallotti em sua decisão foi ignorado pelo procurador do Estado, Eugenio Sigaud. Ele recorreu ao plenário da corte. Lacerda insistia no ataque. Essa insistência, afirmou Gallotti, devia-se ao modo "demasiadamente sereno" da resposta que dera ao pedido. Em plenário, ele reagiria de maneira mais contundente.

Começaria pela parte técnica. O governador Lacerda, afirmou Gallotti, deveria ter argumentado separadamente por que cada ministro estaria impedido de julgar o caso. Como não o fez, beirou a "suposição de inépcia". A forma como o estratagema foi tramado revelava "o seu propósito malicioso". Por quê? Porque o ministro-alvo de uma "exceção de suspeição" não pode, evidentemente, participar da decisão sobre o pedido de seu afastamento. Como cinco ministros foram atacados em conjunto num mesmo ato, nenhum deles poderia julgar o pleito. E sem cinco votos, sobravam apenas quatro ministros para analisar a questão. Ou seja, não haveria o quórum mínimo de seis ministros para deliberar.

Gallotti era um homem experiente. Genro de Pires e Albuquerque, também ministro do Supremo, cassado por Getúlio Vargas, foi procurador da República em 1929, interventor federal em Santa Catarina em 1945, procurador-geral da República e enfim ministro do STF, nomeado em 1949. Não era, portanto, um neófito. Além da experiência de quinze anos de STF, denotou irritação com o pedido de Lacerda e decidiu não submeter o pedido de suspeição dos colegas ao plenário. "Vou examiná-lo, depois junto aos autos, para proferir a decisão que couber. Se errar, o Tribunal me corrigirá". E o julgamento do processo pôde seguir.

Depois de anunciar o que faria, o ministro Hahnemann Guimarães saiu em defesa dos colegas: "A arguição não tem seriedade". Ribeiro da Costa lembrou, em seguida, que o pedido de suspeição só teria sentido se algum dos cinco ministros nutrisse amizade íntima ou inimizade com uma das partes do processo ou se tivesse algum interesse pessoal na causa. Fora dessas hipóteses, o pedido era absurdo. A simples cogitação por parte de Carlos Lacerda de que os cinco ministros seriam contrários ao governo da Guanabara era "uma aventura que objetiva desprestigiar o Supremo Tribunal Federal" e uma afirmação "audaciosa e inteiramente desmoralizada".

— Já disse e repito que os onze juízes do Supremo Tribunal Federal não são carneiros, submissos à vontade ou à imposição de quem quer que seja. São, poderíamos dizer, ao contrário, onze leões, onze juízes de caráter, como deve ser todo juiz — comentou o ministro Ribeiro da Costa, acrescentando que, numa democracia, era isso que se esperava de todo juiz, cuja missão é resguardar os direitos dos cidadãos.

Notório por sua impetuosidade, Lacerda não aceitou passivamente a manifestação do STF. Enviou um telegrama ao presidente do Supremo, exigindo uma retratação — que obviamente nunca viria — e ameaçando processá-lo por injúria e calúnia contra autoridade pública. "Quero crer, porém, que se trata de intriga, pois não creio que vossa excelência se expusesse a demonstrar, de forma tão inequívoca, caráter facioso e incompatível com a altíssima função que exerce", disse Lacerda no telegrama.

Por trás das altercações havia também a aproximação de Lacerda com os militares da linha dura, que não se conformavam com as decisões do Supremo, especialmente na concessão de habeas corpus, e com a falta de reação do governo Castelo Branco. Lacerda, por sinal, se afastaria do governo em 1965, alijado que fora das decisões políticas e insatisfeito com a suspensão das eleições diretas para a presidência da República. Mas houve conflitos mais graves e que foram montando, com o passar do tempo, um quadro de incompreensões, desconfianças, ameaças e insegurança institucional. O Supremo permaneceria sob constante ameaça.

Um desses episódios envolveu o governador de Pernambuco, Miguel Arraes. O STF esteve próximo de assistir ao que de mais grave poderia lhe acontecer naquela conjuntura político-institucional: o descumprimento aberto de uma decisão judicial pelo Executivo.

Miguel Arraes foi eleito governador de Pernambuco em 1962, numa aliança vitoriosa entre o Partido Social Trabalhista e o Partido Comunista Brasileiro (PCB). Deflagrado o golpe militar de 1964, Arraes foi dos primeiros a serem atingidos. Deposto em 1º de abril de 1964, foi preso e inicialmente levado pelos militares para Fernando de Noronha, onde permaneceu incomunicável durante meses. Depois seguiu para um presídio em Recife.

No decreto de prisão, foi acusado de tentar "mudar a ordem política e social estabelecida na Constituição, mediante ajuda ou subsídio de Estado estrangeiro ou de organização estrangeira ou de caráter internacional". Os militares se valeram reiteradamente dessa redação, prevista na lei que definiu os crimes contra o Estado e a Ordem Política e Social, para perseguir agentes de esquerda. Um inquérito policial-militar foi instaurado para investigar a prática de atos subversivos e de corrupção.

A defesa de Arraes entrou com o primeiro pedido de habeas corpus no Superior Tribunal Militar no dia 9 de dezembro de 1964. Sem sucesso. O STM negou a liminar por seis votos contra quatro, contrariando um julgamento da semana anterior do próprio Tribunal Militar. Os ministros haviam decidido que a Justiça militar não tinha atribuição — ou competência, no jargão jurídico — para processar o ex-governador de Sergipe Seixas Dória, investigado e igualmente acusado de tentar subverter a ordem política e social.

A defesa de Miguel Arraes recorreu ao STF em 1965, sustentando exatamente que a Justiça militar não tinha atribuição para processar um ex-governador. Esse foi um tema importante, no Supremo, nos primeiros anos do governo militar. No sorteio do processo, Evandro Lins e Silva, um dos três ministros posteriormente cassados pelos militares, ficou incumbido de relatar o habeas corpus. Quando divulgada essa notícia, um jornalista o abordou ao vê-lo desembarcar no aeroporto do Galeão, no Rio de Janeiro. "Mas o senhor não acha que não pode julgar isso?", questionou o jornalista. "Mas então eu não sou ministro do Supremo Tribunal Federal?", devolveu Lins e Silva. "Tanto eu quanto qualquer outro ministro pode julgar", completou.

Seguindo o voto do relator, o tribunal contrariou diretamente os militares. Por unanimidade, na sessão do plenário STF de 19 de abril de 1965, os ministros do Supremo concederam a liminar e determinaram que Arraes fosse solto. A maioria do tribunal concluiu que o ex-governador não podia ser processado pela Justiça militar. Alguns ministros usaram um argumento que permitia soltar Arraes sem com isso entrar em conflito aberto com os militares. Ponderavam esses ministros que a prisão, temporária, já excedera o prazo razoável para que a investigação militar fosse concluída. Assim, concediam o habeas corpus sem discutir se a Justiça militar era ou não competente para investigar um ex-governador.

Quem presidiu o julgamento foi o ministro Cândido Motta Filho. O presidente do Supremo, Ribeiro da Costa, estava impedido de participar porque seu irmão, ministro do STM, votara favoravelmente a Arraes quando o processo passou pelo tribunal militar. Apesar de não ter tomado parte no julgamento, Ribeiro da Costa assumiu o protagonismo no conflito que se estabeleceu entre o STF e militares.

No dia seguinte à sessão do Supremo, todos os jornais estampavam a decisão. Mas havia, em meio às matérias jornalísticas, uma dúvida: o governo cumpriria a liminar? A dúvida não surgiu, evidentemente, de meras conjecturas dos repórteres. Os rumores que chegaram aos ouvidos dos jornalistas assinalavam o descontentamento dos militares com a intervenção do Supremo para defender a liberdade de um "subversivo".

O procurador-geral da Justiça militar, Eraldo Gueiros Leite, disse ao *Jornal do Brasil* não ter dúvidas de que as autoridades do I Exército cumpririam a ordem de soltura dada pelo STF. Em seu editorial, o mesmo *JB* diria ser impensável o descumprimento da decisão. "A ideia de não admitir o cumprimento da decisão do STF não ocorre mais a ninguém em sã consciência, porque tal fato importaria em dar ao ex-governador de Pernambuco importância superior ao próprio sistema jurídico brasileiro."

No dia seguinte, ao contrário do arrazoado do *Jornal do Brasil*, as manchetes provavam que ainda faltava a "sã consciência" a integrantes do governo militar. "Libertação de Arraes foi apenas simbólica" era a manchete do dia. O chefe do Estado-Maior do Exército, Édson Figueiredo, partidário ferrenho do golpe de 1964, decidiu, depois de reunião com o ministro interino da Guerra, "cumprir simbolicamente a ordem de habeas corpus".

O que fizeram os militares para disfarçar o descumprimento da decisão do STF? Soltaram Arraes, como determinou o Supremo, mas o prenderam novamente em seguida sob a alegação de que ele estava sendo alvo de investigação em outros dois inquéritos policiais-militares.

Madalena Arraes, esposa do ex-governador, esperou por onze horas, na Fortaleza de Santa Cruz, a liberação de seu marido. Acreditava na força da Justiça. Saiu de lá sem poder vê-lo e com a notícia de que Arraes permaneceria preso, novamente sem prazo para sair.

A chicana promovida pelos militares para descumprir a decisão do STF era patente. Não importava se tinham ou não fundamentos legais: estava em jogo a disputa pelo poder. Os militares queriam se sobrepor ao Judiciário; o Supremo queria manter, o quanto fosse possível, sua autoridade. Mesmo que Arraes estivesse sendo investigado em outros IPMs, isso não impediria o cumprimento da decisão do Supremo. Afinal, o tribunal decidiu colocar o ex-governador de Pernambuco em liberdade justamente porque a Justiça militar era incompetente para processar um ex-governador, fosse ela de Pernambuco, fosse da Guanabara.

A crise estava posta. O presidente do Supremo precisava resguardar a força do tribunal. Para isso, era imprescindível que a decisão de libertar Arraes fosse cumprida. Ribeiro da Costa faria o necessário para que esse precedente perigoso não fosse aberto. Iniciou-se então o enredo de troca de telegramas, declarações à imprensa, explicações públicas, respostas atravessadas. Ribeiro da Costa contou aos colegas em detalhes todos os passos e todas as palavras que proferiu, ouviu e leu durante as negociações para debelar a crise.

Primeiro, o presidente do Supremo enviou um telegrama para o comandante do I Exército da Guanabara, general Édson Figueiredo, para comunicar a decisão do tribunal de conceder habeas corpus ao ex-governador de Pernambuco. Essa medida burocrática é de praxe.

No dia seguinte, pouco antes das 21h, Ribeiro da Costa recebeu um telefonema do Palácio da Alvorada. Via-se que o assunto rapidamente subira dos escalões mais baixos para o mais alto, o que salienta a delicadeza do momento. O presidente Castelo Branco perguntou ao ministro do Supremo se Miguel Arraes poderia permanecer preso em razão dos outros inquéritos militares em que era investigado.

A decisão do Supremo era clarividente. Ribeiro da Costa estranhou a dúvida diante de algo tão óbvio e perguntou ao presidente se ele havia acompanhado o julgamento ou se fora informado dos argumentos dos ministros para soltar Arraes. "Acompanhei a decisão do Tribunal", respondeu Castelo. O presidente do Supremo então detalhou ao telefone o que de fato fora julgado e qual o alcance da decisão. Reforçou que o entendimento do Supremo era de que um ex-governador não poderia ser investigado e julgado pela Justiça militar. Castelo Branco ouviu atentamente todos os parâmetros do julgamento e prometeu intervir na questão: "Ministro Ribeiro da Costa, vou telefonar para o ministro da Guerra".

Depois disso, o presidente do Supremo saiu de casa para participar de um evento na Universidade de Brasília em comemoração ao quinto aniversário da capital. Quando voltou, encontrou em seu apartamento o telegrama do general Figueiredo em resposta à sua mensagem.

O general dizia, na linguagem truncada dos telegramas, que a decisão do STF foi acatada, mas que Arraes permaneceria preso em razão de novas investigações abertas no Exército. A instauração do IPM, fez questão de ressaltar o general, era uma atribuição delegada pelo presidente da República e pelo ministro da Guerra ao Comando do I Exército.

Naquele mesmo dia, Ribeiro da Costa determinou que se oficiasse ao general, em termos severos, mensagem que geraria desconforto entre os militares e que não ficaria sem resposta. O incômodo teve início na primeira palavra usada pelo presidente do Supremo.

"Advirto", iniciou Ribeiro da Costa, "ser implícito no dever disciplinar o acatamento às ordens emanadas de superior hierárquico. É expresso na Constituição e na lei ordinária assegurar a execução de decisão judiciária, sob pena de responsabilidade". O general descumpria a determinação do Supremo, enfatizou o ministro. "Tenho por intolerável sua interpretação restritiva à soberania do poder Judiciário. Acate, pois, aquela decisão tal como lhe foi comunicada", afirmou o presidente do STF no telegrama enviado ao comandante interino do I Exército.

A mensagem foi enviada em 21 de abril, por volta das 11h. Minutos depois, Ribeiro da Costa recebeu um telefonema, vindo do Palácio das Laranjeiras, no Rio de Janeiro. Castelo Branco se encontrava ali e telefonava, já informado do telegrama enviado ao general Figueiredo, para voltar a falar com o presidente do Supremo sobre o caso Arraes.

Castelo parecia pressionado ou temeroso de uma reação mais enfática dos militares, pois pediu a Ribeiro da Costa que "cancelasse o telegrama" ao general Figueiredo, ou seja, que retirasse formalmente as declarações feitas na mensagem. O ministro do STF ficou perplexo com o pedido. Não era para menos. Afinal, defendera a autoridade do Supremo diante do descumprimento de decisão judicial por parte de um auxiliar do presidente da República. Ponderou a Castelo que a mensagem a Figueiredo não poderia ser cancelada em hipótese alguma enquanto o general se mantivesse inabalável no seu propósito de descumprir a ordem do tribunal. "Isso eu não faria e não o poderia fazer", acrescentou Ribeiro da Costa no relato aos colegas.

Estabeleceu-se o impasse. O presidente do Supremo reforçou que o alcance da decisão judicial era claro e impedia a nova prisão de Arraes. Castelo Branco, no entanto, parecia convencido de que o ex-governador de Pernambuco poderia permanecer preso por haver outros inquéritos em curso. O ministro então fez uma pergunta sugestiva: "Senhor presidente, vossa excelência ouviu o eminente procurador-geral da República, dr. Oswaldo Trigueiro, sobre a decisão do Supremo Tribunal Federal?".

Ribeiro da Costa contou aos colegas que Trigueiro, apesar de ter acompanhado o julgamento de dentro do plenário, não foi consultado pelo governo. Castelo preferiu ouvir os colegas de farda a se informar pelo procurador-geral da República.

Evandro Lins e Silva, 29 anos depois do fato, relatou ter conversado pessoalmente com Trigueiro. O procurador relatou ter aconselhado o presidente da República sobre a necessidade do respeito à ordem judicial. "A ordem tem que ser cumprida, ele tem que ser posto em liberdade. E mais. É absolutamente correta. Se eu estivesse sentado lá no Supremo, também concedia o habeas corpus", teria relatado Trigueiro em diálogo com Lins e Silva.

Naquela época, as atribuições do procurador-geral eram diferentes das atuais. Ele era uma espécie de mistura de chefe do Ministério Público e de advogado da União. Além disso, podia ser demitido pelo presidente da República a qualquer momento, o que hoje é vedado pela Constituição. Sendo assim, Trigueiro era da confiança de Castelo, foi nomeado para o cargo por ele, mas não foi ouvido no episódio Arraes.

Segundo a versão de Ribeiro da Costa, Castelo insistiu em não consultar o procurador-geral. O presidente do Supremo percorreu o caminho inverso: pediu a Oswaldo Trigueiro que procurasse o presidente da República para explicar os fundamentos da liminar em favor de Arraes. Trigueiro telefonou para o Palácio das Laranjeiras, mas disse ao ministro que não conseguira falar com o presidente. Conversou apenas com o general Golbery do Couto e Silva, chefe do recém-criado Serviço Nacional de Informações (SNI), incumbido de coordenar as atividades de informação e contrainformação no governo militar.

Golbery disse que não era necessário conversar com Castelo. Trigueiro poderia se desmobilizar e dizer ao presidente do Supremo que "tudo se encaminhava para o imediato cumprimento da ordem". Foi o que o procurador fez: relatou a Ribeiro da Costa a conversa com o chefe do SNI e saiu de cena.

Independentemente das contradições entre as versões do presidente e do ministro Lins e Silva, é fato que Ribeiro da Costa recebeu em sua casa um novo telegrama com a notícia que esperava. O remetente agora era o general Ernesto Geisel. Chefe do gabinete militar da presidência da República, Geisel foi um dos militares que trabalharam dedicadamente pela candidatura de Castelo Branco depois de deflagrado o golpe. Articulou-se junto à oficialidade que se reunia no Clube Militar e no Clube Naval para que a candidatura fosse vitoriosa. No governo, sua atuação foi intensa. Ele esteve ao lado de Castelo quando este era pressionado pela linha dura para adotar medidas excepcionais. Uma década depois de instaurado o governo militar, Geisel foi escolhido presidente da República. No cargo, enfrentou crises, talvez mais graves, com a chamada linha dura, pontificadas pelos assassinatos do jornalista Vladimir Herzog e do operário Manoel Fiel Filho.

No telegrama enviado do Palácio das Laranjeiras, Geisel informava:

> Palácio das Laranjeiras. Rio. GB.
> Ministro Alvaro Moutinho Ribeiro da Costa.
> Presidente Supremo Tribunal Federal.
> Brasília. DF
> Levo conhecimento de V. Ex.ª que Miguel Arraes de Alencar foi posto em liberdade por ordem CMT I Exército. Cordiais saudações. Gen. Div. Ernesto Geisel. Chefe Gabinete Militar PR.

A decisão do Supremo, tudo indicava, seria enfim cumprida.

— Mas nem todas as coisas que supomos bem solucionadas chegam a desfecho definitivo — lamentou Ribeiro da Costa no relato aos colegas.

Dias depois de receber o telegrama que parecia encerrar a crise, ele recebeu do ministro Gonçalves de Oliveira um exemplar do *Diário de Notícias*. O jornal informava que o presidente Castelo Branco enviara ofício ao ministro interino da Guerra, general Décio Palmeira Escobar, para dizer que deveriam ser desconsideradas as afirmações do presidente do Supremo no telegrama enviado ao general Édson Figueiredo.

Ainda provocava revolta entre os militares um termo usado por Ribeiro da Costa: "advirto". Para eles, a advertência era uma punição, uma sanção disciplinar. "O excelentíssimo senhor presidente da egrégia corte, praticamente, puniu o general Édson de Figueiredo por meio de admoestação, ou mesmo verdadeira repreensão por motivo de falta", disse o general Escobar na mensagem a Castelo Branco. "Julgo que esse oficial general não cometeu transgressão disciplinar, nem pretendeu tomar atitude rebelde à soberania do poder Judiciário", acrescentou. Figueiredo teria apenas e "respeitosamente" aplicado ao caso o seu entendimento sobre o assunto e decidido manter Miguel Arraes preso.

Portanto, a "nota disciplinar" do presidente do Supremo deveria ser desconsiderada.

Naquele mesmo dia, Costa e Silva reassumiu o cargo de ministro da Guerra e, sensível aos argumentos da linha dura, reabriu a crise com o STF ao rebater as palavras do ministro Ribeiro da Costa:

> Os dignos militares que dirigiram e dirigem os IPMs não mereciam e não merecem as censuras nem as advertências que lhes foram e serão feitas, com quebra, inclusive, de todas as normas hierárquicas com que se devem caracterizar as autoridades dos três Poderes nas suas recíprocas relações.

Os IPMs, inquéritos policiais-militares, tinham como objetivo apurar atividades consideradas subversivas e perseguir opositores da ditadura.

O presidente do Supremo explicou aos colegas que não havia, no telegrama enviado ao general Figueiredo, nenhuma censura ou punição. "Nem mesmo me aventurei a repreender sequer levemente aquele general", acrescentou. Em plena sessão plenária, para os jornalistas — que se encarregariam de levar a notícia a todo o país —, pediu a intervenção direta do presidente da República para que a celeuma fosse definitivamente encerrada: "Estou, eminentes colegas, convencido, seriamente convencido, de que o lamentável equívoco, o evidente equívoco, será oportunamente retificado pelo eminente chefe da nação, o ilustre senhor marechal Castelo Branco".

O recado foi entendido. No dia 27 de abril de 1965, depois de todos os ruídos, Castelo convidou Ribeiro da Costa para uma reunião no Palácio do Planalto. Com o gesto, buscava o ponto final na crise gerada pelo caso Miguel Arraes. Louvou, no episódio, a "humildade" de Ribeiro da Costa, pois soube que o ministro pedira a audiência por intermédio da Casa Militar quando antes costumava telefonar-lhe diretamente. Agora o receberia, disse Castelo, para liquidar o assunto.

Em 28 de abril os jornais estampariam a foto do presidente do Supremo, sorridente, deixando o Palácio do Planalto. A solução estava dada, mas o possível descumprimento de ordens judiciais pelos militares continuaria a assombrar o tribunal. Casos outros houve durante a ditadura, muito antes e décadas depois dela. Basta recordar os primeiros anos do STF, quando presidia a República o marechal Floriano Peixoto. Em 1892, o tribunal preparava-se para julgar o famoso habeas corpus 300, assinado por Rui Barbosa em defesa de militares que se opuseram a Floriano e que foram, por isso, presos e desterrados. Foi quando os ministros receberam um recado vindo do presidente: "Se os juízes do tribunal concederem habeas corpus aos políticos, eu não sei quem amanhã lhes dará o habeas corpus de que, por sua vez, necessitarão".

MUDANÇAS

A relação do Supremo com o golpe mudou com o tempo. Não a ponto de o tribunal fazer oposição ao governo, algo que naturalmente não compete ao Judiciário, que deve permanecer afastado de conflitos políticos. Tampouco os ministros chegaram a derrubar decisões fundamentais do Executivo, como os próprios atos institucionais, paralelos à Constituição, ou decisões embasadas na legislação de exceção.

Ribeiro da Costa apoiou o golpe e, como presidente da corte, legitimou-o. O restante dos ministros não se manifestou publicamente em abril de 1964, nem a favor, nem contra. Também não questionaram os atos e declarações do presidente do STF em favor da deposição de João Goulart. Nas palavras do ministro Evandro Lins e Silva, o tribunal colocou-se em ponto morto, aguardando os resultados do movimento. "Era preciso ver as consequências daquilo, até que se reinstitucionalizasse o país", disse ele. Depois, nos primeiros meses, o ritmo mudou.

Os ministros nutriam dúvidas, inclusive, sobre a permanência do tribunal, a possível cassação de juízes, a desidratação de suas atribuições. Não sabiam se a Constituição seria alterada, se atos revolucionários seriam baixados. O quadro, nebuloso, deixava o tribunal na imprevisibilidade. A visita que Castelo Branco fez ao Supremo, em 17 de abril de 1964, dois dias depois de empossado, diminuiu o receio de que os militares atacariam a corte. Recebido por Ribeiro da Costa à porta do prédio, Castelo dirigiu-se em seguida aos três ministros que, todos sabiam, estavam na linha de corte pensada pelos militares: Evandro Lins e Silva, Hermes Lima e Victor Nunes Leal. Só depois cumprimentou os demais.

Vieram os primeiros atritos entre o Supremo e os militares, decorrentes da concessão de habeas corpus. Não havia, contudo, predisposição do tribunal para confrontar o governo militar. Ao contrário. A análise de vários dos julgados daquela época pode levar ao entendimento de que o Supremo agiu timidamente. Pode também indicar um senso de realismo político. Manifestações políticas no tribunal e do tribunal não houve, fossem a favor, fossem contra o governo.

Houve exceções, mas foram raras. Numa delas, o ministro Pedro Chaves professou sua visão política dos fatos durante uma sessão plenária. O tribunal julgava o habeas corpus em favor do professor Sérgio Cidade de Rezende, da Faculdade de Ciências Econômicas da Universidade Católica de Pernambuco, preso e processado por distribuir a 26 de seus alunos o que os militares consideraram um manifesto de propaganda subversiva. No texto, o professor dizia aos alunos que eles tinham responsabilidade pelos destinos da sociedade e que deveriam optar entre "gorilizar-se" ou permanecer humanos. A figura do "gorila" foi muito usada pela esquerda, na época, para se referir aos militares e à repressão. A comparação dos militares ao animal teria surgido na Argentina, nos tempos peronistas, e foi apropriada pelo debate político brasileiro.

A decisão em favor do professor foi unânime, mas Pedro Chaves extravasou sua opinião:

> A mim, ao contrário, acho que eram "gorilas" aqueles que queriam fazer de nossa independência, da nossa liberdade de opinião, do nosso direito de sermos brasileiros e democratas, tábula rasa, para transformar-nos em colônia soviética, onde eles não seriam capazes de manifestar um pensamento sequer em favor das ideias liberais; para eles, então, haveria Sibéria, *paredon* e outros constrangimentos.

O discurso de Pedro Chaves não surpreendeu os colegas. Havia precedentes desse ministro paulistano, juiz de carreira, o único a ser nomeado pelo presidente Jânio Quadros em seu brevíssimo mandato. No dia 11 de agosto de 1962, em almoço com integrantes da Associação dos Antigos Alunos da Faculdade de Direito da Universidade de São Paulo, Chaves afirmou que deveriam todos exigir do governo João Goulart uma definição e se manifestou "contra esse nacionalismo vendido que aí está". Era hora, enfatizou, de "lutarmos pela liberdade". "É preciso lutar contra os regimes de escravidão, que, pelo rebenque, reduzem o homem à condição de besta, ainda que lhe dando o pão. Nós obteremos o pão, mas dentro da liberdade e do direito, do respeito ao homem", conclamou.

Os conflitos entre o Supremo e o governo militar foram moldando a relação institucional entre os dois e agravando o desequilíbrio no balanço entre os poderes. Eram incompatibilidades geradas por diversos fatores, a começar pelo alicerce legal que amparava o golpe civil-militar: a Constituição em vigor pareada por atos institucionais excepcionais. "O Supremo disse que os atos institucionais estavam fora da análise da Constituição. Não se tinha o que discutir. Poder-se-ia, quando muito, ter opiniões. Não adiantava discutir", ressaltou o ministro Moreira Alves, que chegou ao Supremo em 1975. O Supremo não podia julgar a constitucionalidade ou discutir o teor dos atos institucionais, mas tinha de fazer respeitar a Constituição. Era difícil imaginar que os militares críticos à preservação do Judiciário, e que sempre viram as decisões do governo como soberanas — portanto livres do controle judicial —, saberiam compreender ou admitir a função do STF. Podia o Supremo funcionar como peça de resistência ou como oposição ao governo militar e ao golpe de 1964? Seria factível? No Brasil do século XXI, sob a Constituição de 1988, a corte dispõe de mais instrumentos para preservar a Constituição. O tribunal daquela época não era visto, nem mesmo pelos oposicionistas, como um órgão capaz de travar a luta contra as arbitrariedades praticadas pelo governo militar. Além disso, o Ministério Público, peça fundamental no desenho institucional de hoje, era uma espécie de anexo do Executivo, uma mistura de Procuradoria e Advocacia-Geral da União. O procurador-geral da República, como vimos, era nomeado pelo presidente e podia ser demitido a qualquer tempo, isto é, não detinha a independência de que hoje o chefe do Ministério Público dispõe.

Por fim, o perfil dos ministros do Supremo não era este de confronto. Ninguém daquela composição pensava o tribunal como antigoverno. A começar por Hermes Lima, que depois de cassado ressaltaria esse aspecto:

> De modo todo nosso o que tem traumatizado a função protetora do Supremo é a rotura da ordem constitucional. Quando ela se verifica, o poder político, armado e deliberante, erigindo seu arbítrio em norma de ação, vai até o extremo de julgar os próprios juízes. Ora, o Supremo não é o antigoverno, porém, uma peça do governo.

Havia um agravante, na visão do ministro Victor Nunes Leal. A sociedade brasileira daquela época desconhecia o Supremo Tribunal, sua missão, seus integrantes, suas decisões, sua história. Essa insciência em relação ao STF tornava-se mais acentuada quando o noticiário se recordava da existência da corte. E quando um conflito se estabelecia, o eco era maior em razão desse desconhecimento.

"O STF é um grande ignorado. Seu nome, em circunstâncias excepcionais, vem à tona, e é aí que mais se manifesta a extensão desse desconhecimento", afirmou Nunes Leal. As decisões do tribunal eram, assim, vistas como algo inédito, um ponto fora da curva, para lembrar a expressão usada mais recentemente no Supremo. Desconhecimento que levou uma dona de casa que morava no mesmo prédio do presidente do STF a oferecer quinhentos cruzeiros a ele, "seu Alvaro", depois que ele consertou o aquecedor de seu apartamento. "Não quis aceitar (o dinheiro) e acho que fiz muito mal: o trabalho até que estava bem-feitinho mesmo", comentou o ministro. Os demais membros partilhavam esse mesmo sentimento de que o STF era um poder ignorado. Percepção que se cristalizou na obra já clássica de Aliomar Baleeiro: *O Supremo Tribunal Federal, esse Outro desconhecido*. No livro, publicado em 1968, Baleeiro não se arvora, como ele mesmo diz, a historiar os fatos de seu tempo; dá início, nas últimas páginas do livro, a uma discussão sobre os efeitos do golpe militar no Supremo e no direito. "Não há probabilidade de que a interpretação das causas recônditas e não apenas aparentes, o processo e as consequências futuras da revolução de 31 de março de 1964 possam ser escritas agora, nem por qualquer dos contemporâneos adultos", escreveu o ex-ministro. Seria impossível, ele acrescentou, que o Supremo, com as competências que a Constituição lhe impunha, fosse preservado por uma revolução tão profunda. As fases anormais não se regem pelos critérios normais, costumava dizer.

Em 1968, a ditadura atingia seu auge com a publicação do ato institucional nº 5. Nos seis considerandos iniciais, o governo reafirmava que o "processo revolucionário em desenvolvimento não pode ser detido" e afirmava que os instrumentos jurídicos que "a revolução vitoriosa outorgou à nação para a sua defesa, desenvolvimento e bem-estar de seu povo, estão servindo de meios para combatê-la e destruí-la". Assim, era imperiosa a

> adoção de medidas que impeçam sejam frustrados os ideais superiores da revolução, preservando a ordem, a segurança, a tranquilidade, o desenvolvimento econômico e cultural e a harmonia política e social do país, comprometidos por processos subversivos e de guerra revolucionária.

E como isso se daria? O ato complementar 38 fechou o Congresso Nacional por tempo indeterminado. O AI-5 suspendeu a garantia do habeas corpus e as franquias constitucionais de liberdade de expressão e reunião, permitiu demissões sumárias no serviço público, cassações de mandatos e de direitos de cidadania e determinou que o julgamento de crimes políticos fosse realizado por tribunais militares, sem direito a recurso. Suspendeu também princípios fundamentais que ancoravam a independência dos juízes: vitaliciedade, inamovibilidade e estabilidade. Três ministros do STF foram aposentados compulsoriamente. O tribunal ficou manco e perdeu muito de sua capacidade. Pouco lhe restou.

Os casos de tortura e assassinatos pelos agentes do Estado se agravaram no governo Emílio Garrastazu Médici. Em 1969, a máquina de repressão estatal se sofisticou e ganhou amplitude com o início da chamada Operação Bandeirantes (Oban), um organismo que reunia oficiais das três Armas, além de policiais civis e militares preparados para coletar informações, extrair depoimentos e participar de operações de combate. A Oban serviu de modelo para a criação do Centro de Operações de Defesa Interna (Codi) e do Destacamento de Operações de Informações (DOI) em 1970. Os dois, DOI e Codi, estavam sob o comando do ministro do Exército, Orlando Geisel.

Enquanto a estrutura repressiva se aprimorava, os movimentos de esquerda reagiam com sequestros, assaltos e atentados a bomba. Estabeleceu-se no país uma luta aberta entre militantes e forças repressivas. Os membros do Supremo não ficaram imunes a isso. O medo bateu às paredes envidraçadas e frágeis do tribunal. Em 8 de agosto de 1970, impressionados com a notícia dos sequestros dos embaixadores dos Estados Unidos e da Alemanha, os ministros discutiram a sério a possibilidade de ser também esse o destino do presidente do tribunal, Oswaldo Trigueiro, ou mesmo de todos os juízes da corte. Era preciso apelar ao governo para que o STF e seus integrantes fossem protegidos da ação de militantes de movimentos de esquerda, eles diziam. O Supremo de 1970 era muito diferente do atual. Havia apenas um segurança para o tribunal, um funcionário que atuava também como uma espécie de porteiro. Não havia detectores de metais nas entradas do prédio. O plenário da corte não era vigiado, como hoje é, por agentes atentos e, em algumas circunstâncias, armados. Os ministros não dispunham, como hoje dispõem, de seguranças para acompanhá-los em eventos particulares.

O receio exposto pelos ministros no passado não era visto como extravagante ou histérico. Oswaldo Trigueiro contou aos colegas que recebera "advertências", sinais de que era preciso se preocupar com a segurança. Então procurou o general Walter Pires, da Polícia Federal de Brasília, para tratar do assunto. Pires lhe disse não dispor de meios para garantir ninguém do STF. Só podia contar com 27 agentes federais para cuidar da capital do país.

Os juízes começaram então a observar os aparelhos de segurança de outras autoridades. Um deles reclamou que o Supremo não tinha segurança, mas que o general Sizeno Sarmento, um dos integrantes do alto-comando do Exército e que mais tarde seria nomeado ministro do STM, desembarcava em Brasília sob a proteção de tropas armadas de metralhadoras. Os ministros Raphael de Barros Monteiro e Moacyr Amaral Santos também protestaram contra uma inversão de valores: o presidente do Tribunal de Justiça de São Paulo tinha mais seguranças do que o STF inteiro.

Mas não era só o risco de agentes de esquerda atentarem contra o Supremo que sobressaltava os ministros. Amaral Santos mostrou-se impressionado com a prática de tortura pelo governo militar. Ficou especialmente chocado com um papel mimeografado que recebeu pelo correio. O texto descrevia algumas das sessões de tortura, mencionava mulheres despidas torturadas pelos militares em Juiz de Fora e indicava os nomes dos torturadores, datas etc. Uma dessas mulheres era Dilma Vana Rousseff, eleita presidente do Brasil em 2010. Naquele mesmo dia, chamou a atenção do ministro Aliomar Baleeiro a nota publicada pela revista *Time* que relatava casos de tortura no Brasil contra o filho do diretor da biblioteca do Supremo, Daniel Aarão Reis. O estudante Daniel Aarão Reis Filho, que viria a se tornar um historiador renomado, integrava o Movimento Revolucionário 8 de Outubro, conhecido como MR-8. Foi preso e se exilou durante o governo militar. O mesmo texto da *Time* mencionava mulheres que traziam no corpo as cicatrizes provocadas pela violência. "Uma delas não se podia manter em pé", percebeu Baleeiro.

Outros tantos casos começavam a chegar aos ministros do Supremo. E isso os incomodava cada vez mais, num somatório que certamente era levado em consideração na hora das decisões. Em julho de 1971, Edyla Mangabeira contou ao ministro Baleeiro o drama da filha, Nancy. Militante do Partido Comunista Brasileiro Revolucionário (PCBR), ela foi baleada no pulmão, no fígado e no polegar, agora decepado. A mãe não pôde visitá-la. Irmã de Roberto Mangabeira Unger, na época ligado ao MDB e quarenta anos depois ministro da Secretaria de Assuntos Estratégicos do governo Lula, Nancy foi trocada pelo embaixador suíço, Giovanni Bucher, um dos sequestrados por militantes de esquerda.

Também em 1971 veio à tona outro caso de abuso e violência do aparato repressivo do Estado. O delegado Sérgio Fernando Paranhos Fleury foi acusado pelo Ministério Público de São Paulo de integrar o que ficou conhecido como Esquadrão da Morte, grupo de extermínio integrado por policiais em São Paulo. Fleury fez carreira como policial civil. Por sua atuação na Delegacia de Homicídios, em 1968 foi convocado para atuar no Departamento de Ordem Política e Social (Dops) paulista, encarregado de combater e reprimir movimentos políticos e sociais contrários ao governo. Foi atuando no Dops que Fleury desmantelou o famoso congresso clandestino da União Nacional dos Estudantes (UNE) em Ibiúna, a aproximadamente setenta quilômetros da cidade de São Paulo. Integrou a Operação Bandeirantes na repressão contra militantes de esquerda, responsável pela morte do político, escritor e militante Carlos Marighella. Fleury foi acusado de participar de sessões de tortura e de uma série de homicídios. Sua defesa pediu um habeas corpus no Tribunal de Justiça de São Paulo. Os advogados buscavam o trancamento das investigações e, portanto, o arquivamento da acusação. O caso subiu para o Supremo no recurso em habeas corpus 48.728. O procurador-geral da República, Xavier de Albuquerque, que seria nomeado para o STF meses depois, deu parecer favorável a Fleury, pois sua prisão poderia ser um alento para ações de "grupos subversivos".

O relator do caso no Supremo foi o ministro Luiz Gallotti, um dos mais longevos integrantes do tribunal em todos os tempos. Conhecia como poucos a instituição e tinha sensibilidade política para saber que aquele era, como ele mesmo disse, "um daqueles casos em que [...] o Supremo Tribunal, ao julgar, pode ser julgado pela nação". Por isso, negou o pedido feito por Fleury, e as investigações sobre o delegado prosseguiram. A decisão de Gallotti evidenciava o incômodo dos ministros com as suspeitas de prática reiterada de tortura por agentes do Estado. As sessões de espancamento, comuns antes e durante a ditadura, eram aplicadas como técnicas de interrogatório para extrair informações e para obter a confissão pela prática de crimes, especialmente nas delegacias de furtos e roubos. Se até então alguns membros do STF não acreditavam nesses procedimentos ou os imaginavam como eventos isolados, a partir de 1970, especialmente, passaram a ser questionados sobre como o sistema de Justiça convivia com fatos como aqueles. Em julho de 1972, Aliomar Baleeiro viajou aos Estados Unidos para encontros e conferências. Na Universidade Stanford, os estudantes interpelaram-no sobre os casos de tortura no Brasil. O que responder?

Novos casos se sucediam. Um deles levou à prisão de um delegado —

Davi Matos Pereira de Sousa — e de três investigadores — Aluisio José da Silva, Natalino Rangel de Freitas Filho e Joaquim Simões Correia — acusados de tortura. O inquérito tramitou na 1ª Vara Criminal, sob os cuidados da juíza Mariana Pereira Nunes. Outro caso: o comerciante Jorge Daflon foi assaltado em Niterói, no Rio de Janeiro. Três suspeitos foram detidos — Gilberto Aguiar, Joel Antônio Avelino e Marcos Antônio Cordeiro de Oliveira. A vítima não reconheceu nenhum deles, mas os três foram levados para a delegacia. As sessões de tortura duraram dois dias e incluíram queimaduras e aplicação do pau de arara. O comerciante vítima do assalto, diante da injustiça da prisão, resolveu defender os três detidos. Acabou preso também. Depois de dois dias na delegacia, todos foram encaminhados para o presídio geral do Rio de Janeiro. Mas o diretor do estabelecimento, Antônio Carlos Morett, recusou-se a recebê-los. Por quê? Porque estavam "muito espancados e carentes de assistência médica". A juíza responsável foi pessoalmente à delegacia, constatou as torturas e determinou a abertura de inquérito. O delegado foi preso quando estava numa agência do antigo banco Bamerindus.

Chefe da Casa Civil no governo Médici e indicado por Geisel para o Supremo, o ministro Leitão de Abreu contou aos colegas, durante jantar que ofereceu em sua casa, que levava ao presidente da República as denúncias de tortura que a ele chegavam. O governo não reagia, dizia Leitão, porque os militares rechaçavam as suspeitas. De acordo com ele, a culpa pela impunidade era do general Sizeno Sarmento, não porque defendesse a prática, mas por tolerância, para cooptar os oficiais responsáveis pela tortura na esperança de contar com apoio para se tornar presidente da República.

Os casos de tortura não chegavam ao Supremo porque os agentes de Estado eram investigados pela violência. Aportavam no tribunal os processos em que advogados contestavam a confissão de crimes por parte de seus clientes, militantes de esquerda capturados pelos órgãos de repressão governamentais e submetidos a sessões de choque, afogamento, pau de arara. A repetição desses casos fez o tribunal estabelecer, pouco a pouco, uma jurisprudência. Em todo o Judiciário, porém, os torturadores figuraram como agentes intocáveis.

Em 1969, após a morte do presidente Costa e Silva, os militares da linha dura impediram, contra o que previa a Constituição, a posse do vice-presidente Pedro Aleixo, receosos de que o ideário do golpe corresse risco. Decidiram instalar uma junta para comandar o país. O triunvirato era formado pelos ministros do Exército, general Aurélio de Lira Tavares, da Marinha, o almirante Augusto Rademaker, e da Aeronáutica, o brigadeiro Marcio de Souza e Mello. O recrudescimento das medidas de exceção foi expresso no ato institucional nº 13 — que dava ao Executivo poder para "banir do território nacional o brasileiro que, comprovadamente, se tornar inconveniente, nocivo ou perigoso à segurança nacional" — e no ato institucional nº 14, que permitia a aplicação da pena de morte e prisão perpétua para os casos de guerra "revolucionária e subversiva".

Um dos casos que chegaram ao Supremo nesse período foi o de Nelson Luís Lott de Morais Costa. De uma família de militares — pai e cinco tios pertenciam às Forças Armadas —, ele estudou no Colégio Militar e na Escola Preparatória de Cadetes. Era amigo do ex-tenente-coronel Kardec Leme, um dos militares que se opuseram ao golpe de 1964, e filho da deputada estadual Edna Lott, cujo mandato foi cassado pela ditadura. Nelson tinha entre seus amigos Ronaldo Dutra Machado, que namorava uma filha de Kardec e, assim como o amigo, estudava na Universidade Federal Fluminense. Certo dia, em 1969, Ronaldo levou um amigo, Jorge Fayal, para pernoitar no apartamento de Nelson. O que Nelson não sabia até aquele momento era que ambos, Ronaldo e Jorge, pertenciam à Ação Libertadora Nacional (ALN), organização clandestina que combatia a ditadura militar. Dias depois, Jorge Fayal foi preso e Nelson, aconselhado a se esconder por algum tempo.

Depois desse episódio, Nelson acabou também aderindo à ALN. Andava armado e, mesmo sem treinamento especial de guerrilha, participava de assaltos destinados a arrecadar dinheiro para a resistência à ditadura. Até que um dia foi preso e levado para o quartel da Polícia do Exército, onde sofreu tortura e permaneceu incomunicável. Acusado pelo assalto à agência Meyer do Banco da Bahia, na Guanabara, acabou condenado a dez anos de reclusão, enquadrado na Lei de Segurança Nacional. De acordo com os investigadores, foram levados 15 mil cruzeiros. O grupo teria escrito nas paredes da agência: "ALN e dinheiro para a revolução". O recurso, protocolado no Supremo, foi distribuído para a relatoria do ministro Aliomar Baleeiro. "Instaurado o inquérito, foram ouvidas as testemunhas e elaborado relatório provisório, porquanto não havia sido possível a identificação e prisão dos autores do crime", disse Baleeiro ao explicar do que tratava o processo. Durante seis meses, de dezembro de 1969 a junho de 1970, as diligências foram inúteis. Até que se iniciaram as sessões de tortura — e sob insistente violência os inocentes admitem qualquer coisa para que a dor cesse. "Interrogado na polícia, o recorrente confessou o delito." Na polícia, sob tortura, Lott admitiu o crime; perante o juízo, negou as acusações. "A confissão policial não me inspira confiança por óbvios motivos, sobretudo quando colhida sem presença de advogado, no clima emocional da época", afirmou Baleeiro.

O ministro apontaria outras fragilidades no processo:

> Confesso minha perplexidade na análise da prova nestes autos, porque o recorrente não foi preso em flagrante, não era conhecido das pessoas presentes aos fatos, não tinha em sua posse os frutos do crime e só muito mais tarde veio a ser indiciado.

Nelson Lott, conforme a procuradoria, foi reconhecido pelo gerente do banco como um dos autores do assalto. Mas havia também um problema apontado por Baleeiro. No momento em que haveria o reconhecimento, a polícia não colocou ao lado do estudante indivíduos a ele semelhantes fisicamente. Assim, o gerente do banco foi levado, sugestionado a reconhecer o estudante como autor do crime. "Não tenho convicção, nem elementos seguros em minha consciência para condenar Nelson Lott Morais Costa como um dos assaltantes do Banco da Bahia do Meyer, Guanabara", continuou o ministro. Mas, a despeito de sua "perplexidade", Baleeiro não absolveria o réu; julgaria que Nelson Lott, no mínimo, agiu como mantenedor de agrupamento ou organização dedicada a atividades prejudiciais à segurança nacional. Concluiu, então, pela desclassificação do crime. Em vez de enquadrado no artigo 27 da Lei de Segurança Nacional (decreto-lei nº 898, de 1969) — assalto a banco —, Nelson foi condenado com base no artigo 14 da mesma lei à pena de quatro anos por formar, filiar-se ou manter associação de qualquer título, comitê, entidade de classe ou agrupamento que, sob a orientação ou com o auxílio de governo estrangeiro ou organização internacional, exerça atividades prejudiciais ou perigosas à Segurança Nacional.

Como Nelson estava preso havia quase quatro anos, cumpriria mais algumas semanas de pena antes de ser solto. Seu advogado, George Tavares, comemorou a decisão como uma de suas maiores vitórias.[2]

Em caso similar, também sob relatoria do ministro Baleeiro, o Supremo julgou o recurso de Carlos Alberto Libânio, o Frei Betto, Fernando de Brito, o frei Fernando, e Yves do Amaral Lesbaupin. Os frades dominicanos foram acusados e condenados por integrarem a ALN e auxiliarem, por exemplo, no ocultamento de militantes procurados pelos órgãos de segurança. Nesse processo o Supremo se deparou mais uma vez com confissão mediante tortura. Novamente, Baleeiro manteve a condenação com base em provas de que os três participavam de alguma maneira da organização. "Não há, pois, que se cuidar de absolvição, como pretende o recurso, pois isso equivaleria a negar cumprimento a uma lei, que, bem ou mal inspirada, está em vigor no país", alegou o ministro. Mas a pena imposta por Baleeiro, em voto seguido pelos demais, já estava temporalmente cumprida.

Em outro processo,[3] também do gabinete de Baleeiro, Carlos Eduardo Fernandes Silveira, estudante de economia, foi denunciado por tentar recriar o Partido Comunista e manter ligações com a VAR-Palmares, organização considerada subversiva e ilegal. Foi preso portando panfletos, boletins, papéis mimeografados e um exemplar de um jornal, todos os materiais com "propaganda ou doutrinação revolucionária ou pararrevolucionária". O estudante foi condenado inicialmente a três anos de reclusão pelo Conselho de Justiça da 1ª Auditoria da 2ª Circunscrição, em São Paulo. A pena foi reduzida mais tarde pelo STM a um ano e meio. No recurso ao STF, a defesa de Carlos Eduardo argumentou que a Justiça militar aceitou como válida a confissão policial que, na fase judicial, foi negada pelo estudante. O depoimento foi obtido por meio de coação. As testemunhas dessa confissão eram policiais estaduais que, posteriormente, não foram a juízo declarar que o recorrente fora seviciado no Dops — o

Departamento de Ordem Política e Social, em São Paulo. No interrogatório perante o auditor e o Ministério Público, o estudante repudiou a confissão de qualquer crime e descreveu as torturas a que foi submetido pela polícia: "Choques: nu, amarrado em cadeira de zinco conectada à corrente elétrica; torções dos membros e batidas contra as grades do cárcere; banho com as roupas sem outras para trocar; sevícias etc.". As mesmas revelações foram feitas por outro preso. A confissão, evidentemente, fora obtida de forma ilegal. E o Supremo não podia aceitá-la. Aliomar Baleeiro, relator do caso, afirmou:

— Pelo noticiário dos jornais, denúncias de bispos, como do Esquadrão da Morte, processo contra o delegado Fleury, policial Muriel etc. etc. sou cético a respeito de confissões extraídas de portas fechadas, quase sempre à calada da noite, sem assistência de advogados, apesar de decorridas 24 horas da prisão. Vinte séculos de civilização não bastaram para tornar a polícia uma instituição policiada, parecendo que o crime dos malfeitores contagia fatalmente o caráter dos agentes que a nação paga para contê-los e corrigi-los.

Houve no caso, diria ainda o ministro, "um masoquismo de autoacusação muito suspeito". Assim, não era válida a confissão diante dos policiais. Entretanto, em juízo, o estudante confessou que recebera o material apreendido pela polícia, os jornais e panfletos com propaganda classificada como subversiva. "Por essas razões, acho que há prova para a condenação, independentemente das suspeitíssimas confissões", concluiu o ministro.

Ao calcular a pena, Baleeiro admitiu que, no mês de setembro de 1969, quando o estudante foi preso, havia um clima político conturbado. O então presidente Costa e Silva sofrera uma trombose. A Junta Militar assumira o comando do país, alijando o vice-presidente Pedro Aleixo do processo sucessório. Assim, argumentou o ministro, se as bruscas mudanças não serviam como justificativa para os atos do estudante, eram pelo menos uma explicação. "Os moços, pela própria inexperiência, receptividade emocional e mimetismo internacional, são mais expostos à exaltação política", afirmou Baleeiro, dando provimento parcial ao recurso e reduzindo a pena a um ano de detenção. Como Carlos Eduardo fora preso em 1969, a pena já tinha sido cumprida.

Esses exemplos apontaram para uma tendência — lenta e gradual — do STF. O que se via no tribunal era uma espécie de cálculo pragmático. Houve tortura? Houve. O preso confessou crimes em razão da violência? Sim. O tribunal vai absolvê-lo? Não. O Supremo mantinha as condenações, mas aplicava penas que já estavam cumpridas. Assim, não entrava em conflito com os militares.

Durante o governo Médici, de 1969 a 1974, as medidas de repressão se intensificaram e elevaram a níveis inéditos as restrições às liberdades públicas, amplificando as denúncias de violações aos direitos humanos. Nesse clima, o general Ernesto Geisel assumiu a presidência da República com um projeto liberalizante, abrindo canais de diálogo com a oposição, a Igreja e setores intelectuais. Apesar disso, a repressão contra o Partido Comunista Brasileiro prosseguiu. E em 1975, como parte da perseguição ao PCB, o jornalista Vladimir Herzog foi preso e assassinado no DOI-Codi, em São Paulo. Os militares tentaram fazer crer que Herzog havia se enforcado. Geisel designou imediatamente o coronel Gustavo de Morais Rego, seu assessor, para apurar a verdade. No ano seguinte, outro caso emblemático ampliou o confronto entre o presidente da República e a linha dura. Foi torturado e morto o metalúrgico Manoel Fiel Filho, que vivia e trabalhava em São Paulo. Geisel reagiu de imediato. Viajou a São Paulo e exonerou o general Ednardo D'Ávila Melo do comando do II Exército. Baleeiro anotou em seu diário: "Parece não haver dúvida de que funcionava permanentemente no II Exército um sistema completo de torturas sem o menor escrúpulo nem sentimento de piedade ou respeito à dignidade humana".

Certos julgamentos simbólicos do Supremo naquela época terminaram sem divergências. A unanimidade em alguns desses casos emblemáticos revela mais do que a existência do direito. A corte demonstrava especial preocupação com o cumprimento de suas decisões mais polêmicas. O processo que envolveu o governador deposto do Amazonas, Plínio Coelho — que recorreu ao STF diante das ameaças dos militares —, expressa o sentimento do tribunal. O advogado foi questionado sobre o cumprimento da decisão em favor de seu cliente. Se o governo militar se dispusesse a cumpri-la, o Supremo concederia o habeas corpus. Caso contrário, a saída seria o indeferimento. Os juízes não queriam correr o risco de ser desafiados pelos militares.

Histórias como essas são um dado da realidade. Havia uma conta política sendo feita pelos ministros. Certa ou errada? O Supremo enfrenta esse julgamento histórico desde então. Essa é uma daquelas perguntas que desafiarão as diversas composições do tribunal por anos a fio. A dúvida se junta à provocação de João Mangabeira, político baiano que fez oposição à ditadura de Getúlio Vargas durante o Estado Novo, no mais duro libelo contra o Supremo: "O órgão que, desde 1892 até 1937, mais faltou à República não foi o Congresso, foi o Supremo Tribunal Federal. Grandes culpas teve, sem dúvida, o primeiro. Teve, porém, dias de resistência, de que saiu vitorioso ou tombou golpeado".

Vez por outra, algum ministro volta ao tema para rebater Mangabeira. Mas essa, assim como a postura do Supremo durante a ditadura, é uma questão permanentemente aberta. Resposta definitiva com certeza não haverá, mas diferentes interpretações sobre os mesmos fatos são absolutamente pertinentes. O tribunal nutria receio fundado de que decisões que contrariassem o governo e os militares fossem desrespeitadas. Nesses casos, não haveria apenas um conflito entre Executivo e Judiciário. O tribunal teria sua autoridade comprometida. Não teria meios para fazer o governo e os militares respeitarem sua jurisdição.

O Supremo conviveu, em diversos episódios e em diferentes momentos da história, com uma máxima bem resumida num voto do ministro Nelson Hungria diante do golpe que atingiu o presidente Café Filho. Os tanques e as baionetas do Exército "estão acima das leis, da Constituição e, portanto, do Supremo Tribunal Federal".

No histórico da relação entre o governo e o Supremo, o ato institucional nº 2, que ampliou o número de ministros do tribunal para diminuir a influência daqueles vistos como liberais (ou antirrevolucionários), comprovou a resistência dos militares às decisões do STF e a disposição até então reprimida de interferir na corte. O ato institucional nº 5 diminuiu o fôlego do tribunal e restringiu-lhe o acesso.

A revogação do AI-5 seria, nas palavras do ministro Francisco Rezek, mais importante para o Supremo do que a promulgação da Constituição de 1988, que ampliou as competências e o acesso da sociedade ao tribunal. Portanto, para que o STF voltasse à normalidade, era preciso extinguir o ato institucional e restabelecer o habeas corpus e as garantias constitucionais dos magistrados (vitaliciedade, inamovibilidade e irredutibilidade de vencimentos).

Quando presidiu o Supremo, Baleeiro promoveu uma campanha nesse sentido. Em discurso no Tribunal de Alçada da Guanabara em novembro de 1972, defendeu a extinção do ato. Naquele momento, com a exceção de Luiz Gallotti, todos os ministros do STF haviam sido indicados pelos militares. Baleeiro fez, naquele rápido discurso, escrito à mão no dia e transcrito na imprensa a seguir, um apelo para que os juízes, mesmo ameaçados pela legislação de exceção da ditadura militar, continuassem seu ofício "sem medo nem mancha". Lembrou que o Brasil era o único país no mundo ocidental em que os magistrados poderiam "ser demitidos ou aposentados de plano, sem defesa, recurso ou motivação expressa". E afirmou: "Ninguém se esqueça de que não há desenvolvimento contínuo e durável fora do estado de direito, onde só mandam as leis e não os homens".

Baleeiro tinha ciência de que receberia dos colegas críticas pelas palavras que proferiu; fazia parte do jogo. A reação maior veio pela imprensa. No dia 14 de dezembro de 1972, Baleeiro soube pelo jornalista Carlos Chagas que o jornal *O Estado de S. Paulo* recebera uma notificação de censura. O *Estadão* estava proibido de fazer referências ao nome do presidente do Supremo, abrangendo qualquer assunto "passado, presente ou futuro".

O ato institucional nº 5 só foi revogado em 13 de outubro de 1978, no governo de Ernesto Geisel, que já havia afirmado sua disposição para promover a abertura política. O fim do AI-5, alvo de críticas no Brasil e no exterior, era parte desse plano. A emenda constitucional nº 11 revogava todos os atos institucionais e complementares que fossem contrários à Constituição Federal. O texto entrou em vigor no dia 1º de janeiro de 1979. Naquele mesmo ano, seria aprovada a Lei de Anistia. O país, pouco a pouco, voltava à normalidade.

Nove anos depois entrou em vigor a Constituição de 1988, e o Supremo ganhou nova configuração. O tribunal, desde então, tornou-se protagonista na cena política nacional. Decidiu a união de pessoas do mesmo sexo, cotas raciais, as regras que o Congresso deveria seguir para votar o processo de impeachment de dois presidentes da República, condenou ex-ministros de Estado e parlamentares à prisão, cassou a Lei de Imprensa aprovada no governo militar, declarou inconstitucionais medidas provisórias do governo, emendas constitucionais aprovadas pelo Congresso Nacional. O Supremo de hoje, repita-se, não é o Supremo de ontem.

2. O CASO MAURO BORGES

> *Jamais ali se reuniram [...] sete homens de coragem moral e física para arrostarem a impopularidade, enfrentarem o governo, ou desprezarem o perigo, e confessarem o direito, garantirem a liberdade, defenderem a Constituição e, por esse meio, salvarem o regime, cuja guarda lhes fora confiada.*
>
> João Mangabeira

"**Deferido. Brasília, 14 de novembro** de 1964. As., Gonçalves de Oliveira." Uma palavra apenas, escrita numa tarde de sábado, marcaria a história da Justiça brasileira, desencadearia acontecimentos dramáticos da política nacional e contribuiria — direta ou indiretamente — para selar destinos no Supremo Tribunal Federal (STF). No dia 14 de novembro de 1964, o ministro do STF Gonçalves de Oliveira concedeu, monocraticamente, a primeira liminar em habeas corpus da história do tribunal. Depois dessa, dezenas de milhares foram deferidas. E ainda hoje vêm aos milhares no dia a dia das turmas de julgamento do Supremo. O pedido de liminar se transformou quase em elemento essencial ou conceitual do habeas corpus, e hoje são raríssimas as impetrações sem pedido de uma medida urgente. Mas a primeira, não apenas por ser a inaugural, estava envolta num clima de conflagração e foi sacada num momento de urgência, quando tropas do Exército marchavam para Goiás para destituir o governador do estado, Mauro Borges, acusado pelos militares de orquestrar um plano de subversão. O mineiro Gonçalves de Oliveira, amigo pessoal de Juscelino Kubitschek e por ele indicado para o STF, após uma palavra numa escrita corrida, cessou temporariamente a incursão dos militares e deixou o presidente Castelo Branco e seus auxiliares em expectativa. O plenário do Supremo Tribunal Federal concordaria com aquela liminar? A decisão de Gonçalves de Oliveira seria referendada pelos demais?

Mauro Borges foi figura emblemática na política brasileira e um dos protagonistas dos eventos de 1964. De formação militar (Escola de Comando e Estado-Maior do Exército — Praia Vermelha), participou ativamente da campanha da legalidade, tendo se colocado ao lado do então governador Leonel Brizola na defesa da posse de João Goulart após a renúncia de Jânio Quadros em 25 de agosto de 1961. Em resposta ao manifesto dos militares contra a posse de Jango, Mauro Borges fez divulgar o chamado "Manifesto à nação", em que denunciava os riscos de um golpe militar com o "completo retorno do Brasil à situação de país caudatário, republiqueta sem qualificação". Se os ministros militares "ultrapassassem as raias da legalidade", ninguém estaria mais obrigado a obedecer regras. Se a vontade do povo não fosse respeitada e jogassem o país "na degradação de uma ditadura", só restaria um caminho a seguir, segundo Mauro Borges: "Fazer o apelo dos grandes momentos e das grandes crises, à resistência legalista democrática e patriótica". João Goulart retornou ao Brasil e assumiu a presidência da República, mas com os poderes mitigados, pois o Congresso aprovou, no dia seguinte à sua chegada, a emenda constitucional nº 4, que estabeleceu o parlamentarismo no Brasil. Foram 253 votos contra 55.

Veio o golpe de 1964, e o governador goiano sobreviveu às primeiras levas de cassações empreendidas pelos militares, talvez pelas relações amistosas que ainda cultivava com o presidente Castelo Branco, talvez por ter se alinhado aos militares pela derrubada de João Goulart, de quem se afastara ao romper com o PTB. Mobilizou a polícia militar, impediu a transferência de tropas federais para Goiânia ao controlar a ferrovia, suspendeu a venda de combustível nos postos, buscou convencer os recrutas a não lutar por Jango e ainda lançou novo manifesto. Num dos trechos, dizia: "Crime contra a democracia não é que os comunistas defendam e lutem por muitas ideias populares e justas. Criminoso é deixar que eles sejam os condutores, os porta-estandartes das esperanças de uma vida melhor para milhões de brasileiros".[4] Os goianos que pegaram em armas em 1961, para que Jango assumisse, "as empunharão novamente para que ele não faça do país uma casa-grande onde ele quer ser o patrão", acrescentou.

Apesar das novas posições de Mauro Borges, sua aliança com Brizola na campanha da legalidade, três anos antes, não fora esquecida pelos articuladores do golpe. Adversários políticos e militares, inicialmente junto do governo, fomentavam sua derrubada. Sem o sucesso esperado, adotaram a tática de investigar o governador em inquérito policial-militar para apurar suas ligações com o governo João Goulart. O comando do inquérito foi entregue ao coronel Avany Arrouxelas, logo afastado da investigação, entregue então ao tenente-coronel Danilo Darcy de Sá da Cunha e Mello, do 10º Batalhão de Caçadores (BC). Uma mudança radical. Arrouxelas "procurava pelo menos salvar as aparências e não era inclinado à prática de violências" durante as investigações, anotou Mauro Borges. A designação de Danilo Darcy de Sá da Cunha e Mello, primeiro oficial na ditadura a associar tortura e indisciplina, iniciou "a fase do terror". Durante as investigações, dezenas de pessoas foram presas e ao menos quatro sofreram tortura. Uma dessas vítimas, Simão Kozobudsk, da faculdade de medicina, relatou as violências em carta ao marechal Castelo Branco. A chefia das investigações foi novamente trocada. As apurações passaram a ser dirigidas em Brasília pelo chefe do Departamento Federal de Segurança Pública, general Riograndino Kruel. Assim como os demais, Kruel sabia a que resultado deveria chegar: à deposição de Mauro Borges.

Auxiliares do governo de Goiás foram presos, tiveram direitos políticos cassados. O governador foi submetido a interrogatório no dia 6 de novembro. E o general Kruel falava abertamente na possibilidade de mandar prender Mauro Borges preventivamente. O clima em Goiânia era, portanto, de "tensão nervosa e calada" com a "guerra psicológica" do coronel Danilo da Cunha, como registrado pelo *Correio da Manhã* de 8 de novembro. A prisão era iminente. Não restou outra opção a Mauro Borges senão buscar refúgio no STF. O habeas corpus — HC 41296 — foi impetrado no dia 13 de novembro de 1964 pelos advogados Heráclito Fontoura Sobral Pinto e José Crispim Borges, consultor jurídico do estado de Goiás. A petição inicial do caso relatava a "obstinação fértil" dos adversários políticos do governador de Goiás para afastá-lo do cargo e as diversas táticas utilizadas para desmoralizá-lo e enfraquecê-lo. Eram sete páginas datilografadas, acompanhadas de recortes de jornais que davam conta das ameaças dos militares e do depoimento prestado pelo governador de Goiás ao general Riograndino Kruel, ao longo de quase 26 horas, exatamente uma semana antes, no palácio do governo, em Goiânia. O processo foi distribuído ao ministro Gonçalves de Oliveira na tarde de sexta-feira.

Do ponto de vista jurídico, o habeas corpus apresentava um tiro que se pretendia certeiro. O governador não poderia responder a processo militar por deter foro privilegiado. A Constituição era clara ao prever que governadores só poderiam ser processados por crime comum pelo Tribunal de Justiça, caso a Assembleia Legislativa autorizasse. Se a acusação fosse de crime de responsabilidade, o processo e o julgamento seriam da alçada exclusiva da Assembleia. A Justiça militar não tinha competência para atuar no caso, argumentava a defesa de Mauro Borges.

Do outro lado da Praça dos Três Poderes estava Castelo Branco, disposto a esfriar a crise política, conforme relato do chefe da Casa Civil, Luís Viana Filho. Mas o recurso de Mauro Borges ao Supremo mudou o clima no Palácio do Planalto. A eventual concessão do habeas corpus criaria uma atmosfera de insubordinação entre os oficiais em Goiás. O presidente da República estava ciente disso. "Na realidade, o habeas corpus deixava de ser um remédio para se tornar uma provocação", escreveu Luís Viana Filho. O outro motivo, e certamente mais importante, foi a nota divulgada em 14 de novembro pelo ministro da Justiça, Milton Campos, dando notícia do roubo de 74 fuzis e 1,2 mil cartuchos de um depósito de armamento e munições do Tiro de Guerra 53 do Exército, na cidade de Anápolis (GO). A versão oficial atribuía o fato à conspiração comandada por Mauro Borges para permanecer no poder. De acordo com o governo, era a prova que demonstrava ao general Riograndino Kruel de que "algo estava no ar".

Castelo Branco ordenou o deslocamento de tropas do Batalhão de Guardas de Brasília para Anápolis e para Goiânia, com a missão de ocupar o aeroporto e bloquear as estradas. Kruel, enquanto isso, afirmava para os jornalistas que a prisão preventiva do governador Mauro Borges poderia ser executada imediatamente. "Se decretada, a prisão ocorrerá, ainda que a Assembleia se negue a autorizá-la. O Tribunal de Justiça Militar não precisa de permissão legislativa", disse. Em resposta, Mauro Borges fazia um apelo a Brasília: "Se o presidente da República e o Supremo Tribunal Federal não tomarem providências, poderá haver uma tragédia em Goiás. Não praticaremos qualquer ato de subversão ou de contrarrevolução. Mas se formos atacados reagiremos à agressão". As notícias que chegavam ao governador eram de movimentação intensa das Forças Armadas. Havia militares estabelecendo sistema de comunicação no campo de pouso do aeroporto Santa Genoveva, em Goiânia, aviões da Força Aérea Brasileira (FAB) sobrevoavam os arredores da cidade, um dispositivo do Exército foi montado na estrada que unia Brasília a Goiânia, militares inspecionaram por duas vezes o Estádio Esportivo Pedro Ludovico, no centro de Goiânia, para aferir as condições elétricas, telefônicas, de água e sanitários, para ali acantonarem tropas. A cidade de Anápolis estava ocupada por tropas do Exército e da Aeronáutica. Ao menos era isso que propagava o chefe do gabinete militar do governo de Goiás.

Os militares passaram a apostar corrida com o Supremo. A contagem era de horas. De maneira estratégica, eles encaminharam as investigações contra o governador de Goiás para a auditoria de Juiz de Fora, em Minas Gerais. Se Mauro Borges fosse indiciado e chamado a se apresentar em Juiz de Fora, dificilmente compareceria. Afinal, não podia deixar Goiás em meio às circunstâncias. Sua ausência serviria de pretexto para que os militares decretassem sua prisão preventiva. E tudo isso antes da decisão do Supremo.

Mauro Borges decidiu montar um dispositivo de segurança em torno do palácio do governo para resistir à ação dos militares. "Não tinha mais a mínima segurança nem esperanças de que prevalecessem as normas democráticas pelo evidente comprometimento das mais altas autoridades do país", recordou ele. "Preparei-me, com os minguados recursos de que dispunha, para reagir à agressão e não me submeter a qualquer ação fora da lei".

Obviamente Mauro Borges não conseguiria resistir à ação dos militares. Cada soldado escalado para a resistência dispunha de apenas quinze cartuchos para disparar. Ou todos se renderiam, ou haveria mortos e feridos. As esperanças eram remotas. O tempo era curto. Sobral Pinto foi ao Supremo no mesmo dia em que o habeas corpus foi protocolado para levar os argumentos ao relator do caso. O advogado pedia apenas que o caso fosse levado a julgamento o mais rápido possível, em razão da ameaça iminente a Borges. Como os fatos eram urgentes, o ministro Gonçalves de Oliveira deixou no ar uma pergunta-sugestão: por que o advogado não pedira uma liminar? Afinal de contas, já havia precedente no STM de concessão de liminar em habeas corpus.

Logo depois, sob fortes chuvas, o Batalhão de Guarda Presidencial iniciou o deslocamento para Goiânia. "Parecia muito remota a esperança de ser poupado de um ato de violência", pressagiou Mauro Borges. Na tarde de sábado, valendo-se da dica do dia anterior, o advogado José Crispim Borges bateu à porta da casa do ministro Gonçalves de Oliveira. Levou consigo uma folha de papel em que relatava o risco de "violência iminente" contra Mauro Borges e requeria que fosse "sustada qualquer medida ou providência" por parte dos militares contra o governador de Goiás. A pressão foi tanta que o número do processo foi datilografado errado: o habeas corpus recebeu o número 41296 e não 42296, como escreveram os advogados. Mas era apenas uma filigrana. Gonçalves de Oliveira, sobre o papel, de próprio punho, escreveu "Deferido", datou a decisão e a assinou.

A inspiração para a primeira liminar em habeas corpus do Supremo veio do Superior Tribunal Militar, decisão que não mereceu grande cobertura da imprensa. Evandro Moniz Correia de Menezes, ex-presidente da Caixa Econômica Federal do Paraná, impetrou habeas corpus no Tribunal Militar a fim de trancar uma investigação policial-militar instaurada contra ele para apurar suspeitas de irregularidades no banco em Curitiba, Paraná. O argumento era simplório: já havia uma decisão judicial da 5ª Vara Criminal de Curitiba determinando o arquivamento das investigações. A decisão foi depois confirmada pelo próprio Supremo, embora por questão processual.[5] Apesar disso, o governo militar tentou reabrir as investigações, instaurando novo inquérito policial-militar na Caixa Econômica Federal.

O advogado de Evandro Correia de Menezes no STM era Arnoldo Wald.

— Entrei com um habeas corpus pouco relevante de um sujeito que tinha brigado na política do Paraná, mas que foi preso pela Justiça militar ou que estava sendo denunciado pela Justiça militar num caso em que existia coisa julgada — lembrou Wald.

O relator desse habeas corpus (HC 27200) no STM era o almirante de esquadra José Espíndola, natural do Rio, nomeado ministro em 28 de janeiro de 1959. Antes de chegar ao STM, fora diretor-geral de pessoal da Armada e depois diretor-geral de armamento da Marinha, mas nunca se graduou em direito. Wald pediu uma audiência para explicar o caso. Espíndola ouviu tudo com muita atenção e retrucou:

— Doutor, eu acho realmente que o encarregado do inquérito não deveria fazer o que está fazendo, mas eu nunca estudei o direito. Estou aqui há muito tempo representando a Marinha. De modo que o senhor faz o seguinte: conversa com meu assessor e se ele achar que eu posso dar a liminar que o senhor pede, eu dou.

Arnoldo Wald foi então conversar com o assessor. E ouviu o que qualquer auxiliar de ministro do STM diria:

— Ele é almirante de quatro estrelas. Se quer dar a liminar, ele dá. Quem sou eu para dizer que ele não pode dar?

O almirante de esquadra Espíndola concedeu a liminar em 31 de agosto de 1964. Seu despacho foi submetido ao plenário do STM e referendado por unanimidade em 24 de setembro daquele mesmo ano.

Participou do julgamento o ministro Orlando Moutinho Ribeiro da Costa, que, depois do julgamento, telefonou para o irmão, ministro Alvaro Moutinho Ribeiro da Costa, presidente do Supremo, para contar a novidade que vinha do STM: uma liminar em habeas corpus. Impressionado com o fato, Ribeiro da Costa redigiu, de próprio punho, uma nota à imprensa para reverberar a novidade jurídica que vinha do tribunal militar. A notícia, evidentemente, espalhou-se entre os colegas do STF.

Em seguida, o diretor-geral do Supremo expediu um telegrama para o auditor da 4ª Região Militar, no sábado, comunicando a decisão. Na segun-

Excelentíssimo Senhor
Ministro ANTONIO GONÇALVES DE OLIVEIRA
D.D. Relator do pedido de habeas-corpus nº 42.296
SUPREMO TRIBUNAL FEDERAL
Brasília - D.F.

Deferido
Brasília, 14 novembro 1964
[assinatura]

HERÁCLITO FONTOURA SOBRAL PINTO e JOSÉ CRISPIM BORGES, brasileiros, casados, advogados, inscritos na Ordem dos Advogados do Brasil, Seções do Estado da Guanabara e do Estado de Goiás, respectivamente, impetrantes do habeas-corpus nº 42.296, a favor do Governador MAURO BORGES TEIXEIRA, perante êsse Colendo Supremo Tribunal Federal e do qual Vossa Excelência é o eminente Relator, vêm, com fundamento no artigo 101, letra "h", da Constituição Federal, requerer a Vossa Excelência seja sustada qualquer medida ou providência da parte da Auditoria Militar da 4ª R M e do próprio Superior Tribunal Militar contra o Governador do Estado de Goiás, Coronel Mauro Borges Teixeira, até que seja julgada pela Suprema Côrte de Justiça do País a ordem de habeas-corpus impetrada a favor do mesmo.

Tendo em vista violência iminente que se prepara contra o paciente, encarecem a Vossa Excelência a urgência no atendimento do presente pedido e solicitam se digne adotar as providências necessárias à efetivação da garantia requerida.

Nêstes têrmos,
P.P.DEFERIMENTO.

Brasília, 14 de novembro de 1964
[assinatura]

1
"Deferido". A liminar concedida pelo ministro Gonçalves de Oliveira em favor do governador de Goiás, Mauro Borges.

da-feira, o auditor em exercício Waldemar Lucas Rego Carvalho acusou o recebimento da comunicação e pediu, via telegrama, que lhe fosse encaminhada a íntegra da decisão.

O movimento das tropas cessou. O governador Mauro Borges ganhou tempo. Mas ainda dependia do julgamento definitivo do habeas corpus pelo plenário do Supremo. E restava a dúvida: o governo militar respeitaria a decisão judicial da mais alta corte do país?

Na segunda-feira, 16 de novembro, o ministro Gonçalves de Oliveira enviou ofício ao presidente Castelo Branco, pedindo informações — "com a urgência possível" — sobre as alegações que Mauro Borges fazia no habeas corpus. O governador argumentava que um dos responsáveis pela ameaça que sofria era Castelo. Por isso, o Supremo necessariamente precisava ouvir as ponderações do governo. Enquanto as informações não chegassem, o tribunal não poderia julgar o caso.

Nos dias seguintes, as especulações tomaram conta do noticiário e das conversas entre os políticos em Brasília. Aliados do governo afirmavam não ter dúvidas de que Castelo Branco respeitaria a decisão do tribunal. Na Câmara e no Senado, discutia-se o placar do julgamento e a possibilidade de a corte atuar de forma uníssona. A decisão por unanimidade seria um recado do Supremo, uma demonstração de apoio a Gonçalves de Oliveira, uma forma de autopreservar a instituição.

Em Goiânia, Mauro Borges permaneceria sitiado e na expectativa de seu futuro. Eventual fuga, além de negada pelo próprio governador, era improvável. Havia tropas nas estradas e o aeroporto da cidade já estava sob intervenção da Força Aérea. A autonomia do estado encontrava-se comprometida pela presença ostensiva dos militares na capital.

No clima de tensão e ante o prognóstico de possível derrota no STF, o então ministro Costa e Silva e o general Golbery do Couto e Silva faziam consultas ao jurista Francisco Campos no sentido de viabilizar um novo ato institucional para garantir a continuidade do movimento de 1º de abril de 1964. Campos já havia ajudado os militares a compor o ato institucional nº 1 e, futuramente, daria sugestões para o AI-2 e para a Constituição de 1967.

A notícia ganhou as páginas dos jornais. O senador udenista Dinarte

Mariz atropelou os fatos e anunciou a confecção do novo ato. "Informa-se, apesar do sigilo que cerca o assunto, que foi o caso de Goiás e seu desfecho imprevisível no Supremo Tribunal Federal, onde está o pedido de habeas corpus do governador Mauro Borges, que precipitou a elaboração do novo ato institucional", publicou o *Correio da Manhã* em 20 de novembro. Nesse mesmo dia, as informações do governo quanto às investigações sobre o governador de Goiás chegaram ao Supremo. Vinham assinadas pelo ministro da Justiça, Milton Campos. O caso estava, portanto, devidamente instruído para ser levado ao plenário. No governo, os prognósticos eram distintos.

Chefe do Gabinete Civil da presidência da República, Luís Viana Filho se recorda das análises feitas por pessoas de confiança do governo. O deputado Adaucto Cardoso, advogado com contatos no Judiciário, considerava "confusa" a situação. Pedro Aleixo, outro deputado, também advogado e com suas fontes no Judiciário, se dizia certo de que o habeas corpus seria rejeitado. Os militares? "Os generais Ernesto Geisel e Golbery do Couto e Silva não escondiam a apreensão", relatou Viana Filho.

Com palpites díspares, o próprio Viana Filho foi atrás de suas fontes. Convenceu-se de que a decisão seria contra o governo e por larga margem, "se não por unanimidade". Na véspera do julgamento, à noite, ele foi dar a notícia para Castelo Branco no Palácio da Alvorada. Era fundamental naquele momento, ele dizia, que o governo não fosse surpreendido e que pudesse se preparar para a derrota judicial. Castelo estava assistindo ao cinema no Palácio e deixou o filme para ouvir o assessor. Diante dos fatos, ordenou que Viana Filho deixasse escrita uma nota à imprensa. Não havia nada mais a fazer. Ao menos não naquele momento.

O julgamento do habeas corpus foi pautado para a sessão de 23 de novembro, uma segunda-feira. Às 13h25, nove ministros adentraram o plenário do Supremo e elevaram a expectativa ao iniciar a sessão não com o julgamento, mas com uma homenagem à memória do ex-presidente dos Estados Unidos, John Kennedy, feita pelo ministro Cândido Motta Filho.

O antigo plenário do Supremo estava apinhado. Com poucas cadeiras disponíveis, muitas pessoas tiveram de acompanhar a sessão de pé, encostadas às paredes do plenário (naquela época, com outra configuração).

Mauro Borges aguardava em Goiânia a decisão. Repetia consigo a mesma pergunta: o governo Castelo Branco respeitaria uma provável decisão a favor dele, Mauro Borges?

O processo foi então chamado a julgamento. O Supremo teria de decidir, antes de julgar o mérito, se partia do presidente da República algum ato contra o governador de Goiás e se, por isso, era o caso de conceder uma liminar contra Castelo Branco, para que ele não cometesse ato ilegal ou arbitrário contra Mauro Borges. Mais do que uma aparente questiúncula técnica, a questão era política. Uma decisão do STF contra o presidente da República teria contornos distintos de uma simples discussão jurídica.

Superada essa etapa, o tribunal voltaria a discutir o mesmo assunto que definiu semanas antes, quando julgou um habeas corpus em favor do governador do Amazonas, Plínio Ramos Coelho (HC 41049). A dúvida era exatamente igual: governador de estado pode ser processado pela Justiça militar ou pela Justiça comum sem que antes a acusação tenha sido julgada pela Assembleia Legislativa do estado?

No caso de Plínio Coelho, por unanimidade, o Supremo julgou que os militares não eram competentes para processar o governador do Amazonas. Possíveis crimes cometidos por Plínio Coelho deveriam ser julgados pelo Tribunal de Justiça. Portanto, pela Justiça comum, não pela militar. Assim, os ministros concederam uma liminar "a fim de isentar o paciente (Plínio Coelho) de apresentar-se perante o encarregado de inquérito policial-militar no estado do Amazonas".

Iniciado o julgamento, Gonçalves de Oliveira relatou, como de praxe, todos os fatos que cercavam aquele processo, especialmente a alegação dos advogados do caso e as respostas do governo às acusações de que estaria agindo ilegalmente para coagir Mauro Borges.

A defesa do governador afirmou no processo que, tornado "vitorioso o Movimento Armado", os adversários políticos de Mauro Borges se empenhavam para derrubá-lo. Para isso, os militares se valeram dos inquéritos policiais-militares. Inicialmente, a investigação foi aberta na esfera exclusivamente militar. Depois foi transferida para o Departamento Federal de Segurança Pública. Por consequência, pontuaram os advogados que seria o presidente da República o responsável supremo pela investigação, uma vez que o general Riograndino Kruel, responsável formal pela apuração, "exerce tão alta função como delegado da imediata e absoluta confiança do senhor presidente da República".

Além disso, Mauro Borges estava sendo investigado por fatos relacionados à sua administração no governo de Goiás. Sendo assim, só poderia ser processado pela Assembleia Legislativa de Goiás, no caso de crime de responsabilidade, ou pelo Tribunal de Justiça estadual, no caso de crime comum. Nem o presidente da República nem o chefe do Departamento Federal de Segurança Pública podiam investigá-lo.

O governo, desde que protocolado o habeas corpus — e depois, quando recebeu o pedido de informações vindo do STF —, decidira-se por uma linha de defesa: alegaria que o presidente da República não tinha responsabilidade pelas investigações ou ameaças ao governador de Goiás. Com isso, buscaria afastar a competência do Supremo para julgar o caso Mauro Borges. Se o estratagema fosse bem-sucedido, o processo seria transferido para o Superior Tribunal Militar, onde o governo atuava com mais desenvoltura.

As informações do governo contra as alegações de Mauro Borges foram lidas em plenário. Era preciso desconstruir o argumento de que Kruel, como chefe da polícia e diretor da Força de Segurança Pública, seria subordinado diretamente ao presidente da República. Foi o que o governo tentou. Kruel foi designado para cuidar da investigação de Mauro Borges pelo encarregado-geral dos IPMs, o general Panasco Alvim, segundo disse o ministro da Justiça, Milton Campos, em favor do governo. Assim, Castelo Branco não tivera nenhuma ingerência sobre o processo.

Conhecidos os argumentos dos dois lados, o ministro Gonçalves de Oliveira começou a explicar ao plenário os motivos que o levaram a conceder a inédita liminar em habeas corpus. Contou aos colegas que se convenceu de que era urgente a decisão em favor de Mauro Borges depois de ler a entrevista concedida por Kruel, dizendo que o governador poderia ser preso preventivamente, e depois de ouvir no rádio e na televisão as informações de que tropas das Forças Armadas marchavam para Goiás. "Compreendi que era meu dever de juiz, imperativo da minha consciência, deferir a liminar requerida. Não tive dúvida em apor, na petição, o seguinte despacho: 'Deferido, Brasília, 14 de novembro de 1964. Gonçalves de Oliveira'."

Mas o ministro precisava convencer os demais de que era tecnicamente possível conceder uma liminar em habeas corpus, por mais estranho que isso pareça aos olhos de hoje. Gonçalves de Oliveira construiu sua argumentação a partir da relação íntima que existe entre o habeas corpus e seu "irmão gêmeo" — o mandado de segurança. Quando a Constituição de 1934 criou o mandado de segurança, estabeleceu também que seu rito seria igual ao do habeas corpus. Como um ministro pode, sem consultar os colegas, dar uma liminar ao julgar um mandado de segurança, poderia fazer o mesmo no habeas corpus.

Por fim, era forçoso justificar política ou estrategicamente uma liminar como aquela. Em momentos tormentosos de conflito político, o Judiciário poderia simplesmente se autoconter e deixar que os atores envolvidos se resolvessem. Por que interferir daquela forma, levando para dentro do Supremo um conflito travado entre a União e um estado da federação? Certamente a questão se pôs ao ministro, tenha ela partido dos colegas, tenha vindo à sua consciência. Tanto é que Gonçalves de Oliveira concluiu seu voto com a avaliação política de que a decisão por ele concedida funcionou como um freio para os militares mais "exaltados", que queriam insuflar a crise político-militar. "O regime democrático mede-se pela existência da Justiça e ela não faltou, digo-o com humildade no coração e tranquilidade de consciência, sem pânico nem pavor, naquela determinação indômita de juiz deste excelso Tribunal", concluiu.

Juridicamente, o Supremo teria de discutir três pontos principais. Primeiro decidiria se um ministro pode conceder monocraticamente uma liminar ao julgar um habeas corpus. O tribunal não perderia nem mesmo um minuto com esse debate. Afinal, o próprio presidente do STF já havia divulgado nota à imprensa celebrando a novidade jurídica. O segundo ponto avaliaria se o Supremo seria o foro adequado para julgar a questão. Por fim, era preciso analisar novamente se a Justiça militar podia processar e julgar um governador ou se isso competia à Justiça comum.

No plenário, assessores da presidência da República acompanhavam a sessão e relatavam, por telefone, cada um dos votos proferidos. O primeiro a votar, depois do relator, foi o ministro Evandro Lins e Silva. Em seguida, votou no mesmo sentido Hermes Lima. Depois, o ministro Pedro

Chaves, que, de forma contundente, afirmou ser uma violência privar um governador do julgamento pelo juiz competente para isso. Quando o ministro Victor Nunes Leal, em poucas palavras, acompanhou o voto do relator, o resultado do julgamento estava dado. Já havia maioria de votos em favor do habeas corpus concedido a Mauro Borges.

Os jornalistas conturbaram a sessão, obrigando o presidente da corte a apelar para o toque da campainha. Os repórteres precisavam sair do plenário, encontrar um telefone e avisar as redações de seus jornais. Ao mesmo tempo, do outro lado da Praça dos Três Poderes, a movimentação no Palácio do Planalto aumentara. Encerrado o julgamento, o assessor parlamentar da presidência da República, Asdrúbal Pinto, deixou o plenário do STF e dirigiu-se ao Planalto. Coube a ele fazer o relato minudente de tudo o que se passara no tribunal.

Minutos depois, o procurador-geral da República, Oswaldo Trigueiro, também deixava o prédio do STF. Percorreu os quinhentos metros que separam o Supremo do Palácio do Planalto e subiu ao gabinete do presidente Castelo Branco. Depois, foram convocados os generais Geisel e Golbery. Ao final das seguidas reuniões, aproximadamente uma hora após encerrada a sessão do Supremo, o presidente Castelo Branco divulgava a nota oficial preparada no dia anterior.

A reação quase instantânea do Planalto permitiu que o governo se adiantasse a qualquer manifestação mais acalorada dos militares insatisfeitos com o Supremo e com a blindagem judicial a Mauro Borges. Castelo Branco reafirmou "a determinação de acatar as decisões judiciais". Entretanto, afirmou que o governo de Goiás era fonte permanente de agitação e de ameaça à revolução; falando especialmente para os militares, assegurou que não transigiria com a ameaça representada pelo governo de Goiás. "Era o melhor calmante" que poderia ministrar à linha dura. A conclusão da nota afirmava:

> Pode, pois, a nação estar certa de que dentro das atribuições conferidas pela Constituição e pelas leis, há uma determinação para impedir que subsista a atual ameaça à integridade nacional e ao futuro da revolução. Como presidente da República e servidor da revolução saberei cumprir o meu dever.

As palavras do presidente foram prontamente apoiadas pelos governadores de Pernambuco (Paulo Pessoa), Rio Grande do Sul (Ildo Meneghetti), Bahia (Lomanto Júnior), Pará (Jarbas Passarinho), Ceará (Virgílio Távora), Rio de Janeiro (Paulo Francisco Torres), Amazonas (Artur Ferreira Reis), Piauí (Petrônio Portela Nunes), Acre (Edgard Pedreira de Cerqueira Filho) e do Maranhão (Newton de Barros Belo).

Como o presidente cumpriria a promessa de não transigir? Quais seriam os próximos passos? Do Gabinete Civil da presidência, o ministro Luís Viana Filho recusava-se a confirmar que estava em estudo um pedido de intervenção em Goiás. Mas admitia que a alternativa tinha base legal e era justificada pelos fatos ocorridos no estado. Além disso, não configuraria um desrespeito ao Supremo. Mantinha-se, pois, o ar de legalidade do golpe.

A alternativa fora discutida pelo presidente com o general Costa e Silva antes do julgamento pelo Supremo. Naquele momento, Castelo resistiu. Passado o julgamento, Costa e Silva voltou ao gabinete presidencial e reforçou a defesa em torno da intervenção. Castelo não titubeou. A decisão política estava tomada. Os dois definiram as providências necessárias para preparar o dispositivo de segurança.

Três dias depois da decisão do STF, após reunião de mais de duas horas no Palácio do Planalto, Castelo Branco oficializou o pedido de intervenção para assegurar a manutenção da "integridade nacional". O decreto precisava ser referendado pelo Congresso Nacional. O presidente, pessoalmente, telefonou para vários parlamentares para garantir apoio. O empenho resultou na aprovação do decreto por 292 a 140 votos e seis abstenções.

O Exército começou a ocupar a cidade de Goiânia e a prender os colaboradores do governador Mauro Borges. Os militares deram ao governador a alternativa de renunciar ao mandato. Mas ele recusou a oferta e declarou que só morto sairia do governo. Não morreu. Foi tirado do cargo e, em seu lugar, ficou como interventor o subchefe do Gabinete Militar da presidência da República, coronel Carlos Meira Matos. Mauro Borges teve os direitos políticos cassados em 1966 e passou a dedicar-se à vida empresarial. Uma década depois, recuperou os direitos políticos, mas só voltou à política partidária em 1978 e, em 1983, assumiu o mandato de senador por Goiás. Em 1992, como deputado federal, votou pela abertura do processo de impeachment do presidente Fernando Collor, acusado de crime de responsabilidade.

O Supremo também virou a página depois do episódio. Sua participação no caso se encerrara. O tribunal cumprira sua missão. Agora, precisava lidar com outra crise. E já obrigava o ministro Ribeiro da Costa a rebater as insinuações feitas pelo então governador da Guanabara, Carlos Lacerda. Alvo de uma representação no Supremo, ele jogou, como vimos, suspeitas sobre cinco ministros do Supremo: Victor Nunes Leal, Evandro Lins e Silva, Hermes Lima, Antônio Martins Vilas Boas e Antônio Gonçalves de Oliveira. O que Lacerda queria, naturalmente, era comprometer uma derrota que lhe era certa.

3. AS CHAVES DO STF

> *O Supremo Tribunal Federal também não opôs restrições à outorga revolucionária.*
>
> Carlos Medeiros

EM AGOSTO DE 1964, Plínio Coelho escondia-se nas matas do Amazonas, num afluente do rio Negro, sob a proteção de vinte homens armados. Temia ser morto pelos militares que o haviam apeado do governo do estado dois meses antes. Quem quer que fosse visitá-lo devia se submeter a uma estratégia extensa e detalhada de despistes. Afinal, o novo governador, César Ferreira Reis, havia disponibilizado ao Exército todo o aparelho policial do Amazonas para caçá-lo.

Os militares o acusavam de corrupção. Plínio Coelho foi alvo da Comissão Geral de Investigações (CGI). Criada em 1964 e vinculada à presidência da República, a Comissão devia promover as investigações sumárias previstas no primeiro ato institucional. Se identificasse indícios de que um agente público tivesse "atentado contra a segurança do país, o regime democrático e a probidade da administração pública", o presidente da República poderia cassar mandatos, suspender direitos políticos ou demitir servidores públicos. O discurso de combate à corrupção e ao comunismo foi a bandeira que serviu para articular a retórica comum às diversas conspirações que fermentavam no meio militar, às vésperas do golpe que derrubou o governo João Goulart.

A CGI vinculou Plínio Coelho a irregularidades no Serviço de Navegação da Amazônia e Portos do Pará. E os militares ainda o associaram ao ideário comunista. Com base nessas suspeitas, o governador do Amazonas foi cassado em junho de 1964, perdendo também os direitos políticos por dez anos. Depois de destituído, foi preso pela polícia. A ordem partira daquele que os militares escolheram para substituí-lo na chefia do estado — César Ferreira Reis.

Plínio recorreu da decisão à Justiça local. Obteve um habeas corpus e iniciou uma batalha jurídica que viajaria quilômetros em poucas semanas e chegaria à última instância da Justiça brasileira, o STF. Um caso juridicamente simples, mas politicamente delicado. Tanto assim que seu desfecho revela, a despeito das dúvidas históricas suscitadas por muitos, um dos episódios mais relevantes da história do tribunal: o caso das chaves.

Aos fatos.

Preso por ordem do novo governador do estado, Plínio Coelho recorreu ao Tribunal de Justiça para reaver sua liberdade e obteve sucesso. O TJ concedeu-lhe um habeas corpus em 11 de agosto de 1964. A decisão judicial agravou a crise política no estado. Ferreira Reis ameaçou ignorar a ordem de liberdade, mantendo o adversário político preso. Foi convencido do contrário por assessores diretos da presidência da República, mas renunciou em protesto contra a decisão judicial. O governo federal teve mais uma vez de intervir. Os militares tentaram demovê-lo da renúncia. Para isso, discutiram a manutenção da prisão de Plínio Coelho, mas em outros termos. Eles instaurariam um inquérito policial-militar, criando um artifício legal para decretar nova prisão.

Plínio Coelho sabia das negociações, como contou ao STF posteriormente, e tinha ciência de não estar em segurança. Podia ser preso de novo ou, para aplacar a crise política que conturbava o estado, poderia ser eliminado. Para driblar a morte, escondeu-se. Para evitar que fosse novamente encarcerado, recorreu, a princípio, ao Superior Tribunal Militar e, depois, ao Supremo Tribunal Federal, por meio de habeas corpus impetrados pelos advogados Arnoldo Wald, ainda no início de uma carreira de sucesso na advocacia, e Miguel Winograd.

Enquanto aguardava o julgamento, cogitou deixar o esconderijo e entregar-se, como relatou em carta enviada a seu pai:

Papai, vou entregar-me. É vergonhoso ficar escondido. Finalmente, cadeia é pra homem mesmo. Esteja tranquilo que seu filho não praticou nenhum crime e nem o desapontará. Não se lidera povo sem sacrifícios. Quantos reis, quantos presidentes, quantos governadores já não perderam a cabeça ou a liberdade? Eu não podia morrer de colapso, desastre de avião ou de outra qualquer coisa de um momento para o outro? Agradeço, pois, a Deus, por não me tirarem a vida e se o fizerem talvez repouse. É mister tenhamos a necessária tranquilidade pela formação espiritual que nos arma de estoicismo. Seja o que Deus quiser. O senhor não acha?

Os deputados Paulo Coelho (irmão de Plínio), Manuel Barbuda e Edmundo Levi consultaram as autoridades militares locais para saber se o ex-governador estaria em segurança caso decidisse se entregar. Mas decidiram que o melhor seria aguardar uma decisão judicial. Plínio Coelho sabia, assim como seu pai, que nem na cadeia estaria a salvo de possíveis atentados. Por isso a recomendação expressa: "Acrescento que não deve mandar comida, pois poderão adicionar alguma coisa e dirão, depois, que o alimento vem de fora e, portanto, não têm culpa".

Em Brasília, a batalha judicial teve início no Superior Tribunal Militar. Mas a defesa de Plínio Coelho não obteve a proteção necessária. O STM, no dia 4 de setembro, rejeitou o recurso. Restou então recorrer ao STF. Em 16 de setembro de 1964, Arnoldo Wald protocolou no Supremo um pedido de habeas corpus. Na época, Wald era procurador da Guanabara e tinha apenas 32 anos. Podia advogar, mas seria prudente defender causa politicamente tão sensível? Em razão disso foi chamado para uma conversa com seu chefe, Eugenio Sigaud, por ordem de Carlos Lacerda.

O governador queria que Wald se lembrasse de que sua função era a de representante do estado. Reconheceu que não havia impeditivo legal para que advogasse em outras causas, mas questionava:

— O senhor não acha que não deve pleitear contra a revolução? — perguntou Sigaud.

Wald respondeu que o habeas corpus não era contra a revolução.

— É a favor de um cidadão — acrescentou.

Nem Sigaud nem Lacerda mais disseram.

No Supremo, quando o habeas corpus deu entrada, o ministro Vilas Boas foi sorteado relator do caso. E o magistrado liberou-o para ser julgado em 28 de outubro. Wald dirigiu-se então a Brasília para acompanhar a sessão. Faria a sustentação oral normalmente e esperaria que os ministros compreendessem seu pedido.

Contudo, antes da sessão, uma conversa inusitada impôs a Wald um dos maiores desafios de toda a sua longa e profícua carreira jurídica. O ministro Vilas Boas chamou-o para uma rápida conversa num canto do plenário. Tinha uma consulta prévia a lhe fazer. O futuro do julgamento — e talvez do Supremo Tribunal Federal — dependia daquela resposta.

— Tenho uma informação a lhe pedir. Se nós dermos esse habeas corpus, o senhor garante que vai ser cumprido?

Uma pergunta difícil e para a qual ninguém tinha uma resposta segura. Se os ministros não sabiam se suas decisões seriam executadas, o que diria o advogado? Wald respondeu, meio atônito:

— Não entendi bem a sua pergunta.

Vilas Boas explicou em poucas palavras:

— Se o senhor puder me garantir que a decisão será cumprida, nós vamos dar por unanimidade o habeas corpus. Se o senhor disser que não pode ser cumprida, nós vamos denegar também por unanimidade — disse o ministro.

Os membros do tribunal já haviam conversado sobre o caso. O temor era de que uma liminar do STF fosse descumprida, comprometesse a imagem da corte e levasse o presidente do Supremo a uma decisão extrema.

— Se nossa decisão não for cumprida, o presidente do STF ameaçou levar a chave lá do outro lado [da Praça dos Três Poderes]. E ele é capaz de fazer isso — concluiu Vilas Boas.

Para diminuir a tensão daquele momento, estampada no rosto do advogado, Vilas Boas ironizou. Com o Supremo fechado, disse, os dois ficariam desempregados. O ministro não teria mais o que julgar e o advogado não teria causas a defender. Wald mantinha-se tenso.

— Mas como vou lhe garantir que a decisão será cumprida? — perguntou.

— Isso é problema seu. Eu vou tomar um café. O senhor tem uns dez minutos, e quando eu voltar o senhor me dá a informação. Vamos julgar isso na segunda parte da sessão — concluiu o ministro, voltando para a sala reservada contígua ao plenário do STF.

O desabafo de Ribeiro da Costa, em tom de ameaça, ficou conhecido como o "episódio das chaves".

CHAVES

Durante o governo militar, boatos se misturavam com realidade, frases soltas podiam ser confundidas com palavras de ordem, dúvidas rapidamente se tornavam suspeitas e desabafos eram tidos como desafio. Nesse clima, o episódio das chaves é contado em versões distintas, mas não há registros oficiais do fato. O temperamento do presidente do Supremo, Ribeiro da Costa, os depoimentos de advogados que atuavam no tribunal durante a ditadura e de ministros e servidores que viveram àquela época somam-se ao relato que vem a seguir para aclarar o episódio das chaves: a afirmação de Ribeiro da Costa de que fecharia as portas do Supremo e entregaria as chaves ao presidente da República, Humberto de Alencar Castelo Branco, caso o tribunal fosse atacado pela ditadura militar. A promessa em tom de ameaça foi feita aos demais ministros, em caráter reservado. Porém, logo ganhou as ruas e recebeu, ao longo das últimas décadas, um colorido de heroísmo. Há ministros do Supremo de hoje e de ontem que ainda duvidam da veracidade do incidente. Ribeiro da Costa nunca falou abertamente do episódio, e quando instado, certa vez, pelo ministro Luiz Gallotti, limitou-se a dizer que a declaração tivera tão boa repercussão que preferia não negá-la.

O episódio começa a se delinear na visita oficial que Castelo Branco fez ao Supremo Tribunal Federal dois dias depois de assumir a presidência da República. A agenda era protocolar, mas carregada de simbolismo naquele momento. Os militares que integravam a linha dura não escondiam a insatisfação com a presença de certos ministros no STF, mais notadamente Evandro Lins e Silva e Hermes Lima. Os dois integraram o governo João Goulart e foram por ele indicados ao Supremo.

O presidente Castelo Branco visitou o STF para demonstrar que não partilhava do mesmo *animus* e indicava, com isso, que manteria relação republicana com o tribunal, respeitando suas decisões e seus integrantes. Mas houve ruídos na visita. Castelo Branco foi recebido pelo ministro Ribeiro da Costa no Salão Nobre do STF, acompanhado dos demais membros da corte. De improviso, o presidente da República falou brevemente:

— A primeira vez que saio da sede do governo é para visitar outro poder da República, o Supremo Tribunal Federal. E aqui vindo, singelamente, a este meio tão elevado para o país, desejo manifestar-lhe o apreço do chefe do Executivo e o respeito do brasileiro. Era o que tinha a dizer.

Em seguida, para agradecer a visita, o ministro Ribeiro da Costa falou mais longamente. Afinal, estava em casa, era o anfitrião. Começou, como de praxe, por agradecer a visita.

— A visita cordial que vossa excelência realiza, neste momento, à alta corte de Justiça brasileira tem amplo significado, ainda mais acentuando-se pelo fato eloquente que vossa excelência timbrou em ressaltar: de se ter empossado no Poder Executivo e dali, pela primeira vez, sair hoje para a realização desse ato solene. Só isto revela o zelo, o apreço e a admiração do chefe de Estado pelas demais instituições, a começar por aquela cuja missão reside, precisamente, em julgar, em face da Constituição, os atos dos demais Poderes.

Para aproveitar a visita ilustre, Ribeiro da Costa decidiu passar alguns recados. De início, reforçou, na presença de todos os colegas de Supremo, a aprovação ao golpe ao dizer que houve a "reconquista e, portanto, a sobrevivência da democracia" com o movimento de 31 de março. Quem gerou a crise, disse o ministro, foi o governo anterior, movido por "propósito vesânico".

— Superamos a crise de governo e de autoridade que tendia ao naufrágio das instituições democráticas, fundamento de nossa formação histórica, linha mestra indeclinável da nossa tradição popular e política.

Nos momentos de crise, Ribeiro da Costa admitia que o sacrifício transitório de alguns princípios e garantias constitucionais deveria ser feito. A Justiça, porém, não tomava partido. Não seria nem a favor nem contra; não aplaudiria nem censuraria. O Supremo se manteria "equidistante, ininfluenciável pelos extremos da paixão política". Até aí, o visitante certamente ouvia como melodia as palavras do presidente do Supremo. Mas um "porém" desafinou aquela visita.

— Nas horas supremas, é forçoso que se reconheça, os juízes da democracia dominam os delírios da violência pela supremacia do ordenamento jurídico, na manutenção dos direitos assegurados à vivência humana — disse Ribeiro da Costa.

Os "governos livres" não temem ameaças, acrescentou o presidente do STF, pois seguem as leis e atuam conforme as regras postas.

— Os governos democráticos se inspiram por esses objetivos, nos quais avulta o reconhecimento de que a liberdade não é um fato contingente, mas uma ideia, não é mais do que a mesma consciência moral que, associadas, consistem na incitação a acrescentar continuamente à vida, reconhecendo em si e nos outros homens a força humana que se deve respeitar e promover em sua variada capacidade criadora.

O alerta para o perigo das ditaduras e regimes de exceção parece ter desagradado ao presidente da República. Dizendo desconhecer o protocolo do Supremo, o que era evidentemente inverossímil, Castelo Branco disse que desejava responder às "advertências" que lhe fizera o presidente do Supremo. Dessa vez, quem ouviria recados seriam Ribeiro da Costa e os demais ministros do Supremo.

— Fui soldado, defensor da legalidade, e muitas vezes me senti verdadeiramente desolado, quando via que ela [a legalidade] só podia ser mantida com as baionetas não ensarilhadas, mas colocadas fora dos quartéis, a fim de que o Poder Executivo continuasse a fazer má administração, a gozar o poder e a não dar à nação as condições de vida necessárias.

Assim Castelo Branco encerrava a visita ao Supremo. O recado era claro: os militares saíram às ruas justamente para manter a legalidade e fariam o que fosse preciso para isso, mesmo que tivessem de sacar as baionetas.

No dia seguinte à visita de Castelo ao Supremo, o jornal *O Estado de S. Paulo* publicou um editorial emblemático com o título "A Revolução e a Suprema Justiça". Pedia o jornal a cassação de dois ministros do STF. Assim, diretamente, a despeito da Constituição e das garantias que todo país civilizado reserva aos magistrados. "O caudilho [João Goulart] sabia perfeitamente o que fazia quando colocou o sr. Hermes Lima entre os principais magistrados da nação e, a seu lado, com a mesma incumbência de traição, esse outro líder da baderna chamado Evandro Lins", publicou o jornal. "Não se concebe, por isso mesmo, a permanência desses dois cidadãos no Supremo Tribunal da República", sentenciou o *Estadão*.

O pedido feito a Castelo Branco, em verdade, não era inédito. Os arquivos do ex-presidente revelam que ele, de próprio punho, recusou a hipótese de extirpar os dois juízes. Evandro Lins e Silva era "esquerdista que se aconchega a Goulart. Pertence ao grupo que pensava fazer do comunismo um instrumento de sua política esquerdista". A cassação teria repercussão negativa para a Justiça e a política, escreveu Castelo Branco no dossiê de Evandro Lins. O mesmo valia para Hermes Lima. Cassá-los? Castelo foi categórico: "Não".

Talvez não tenha sido nesse dia que Ribeiro da Costa proferiu a célebre ameaça de que fecharia o tribunal se fosse atingido pelo governo e mandaria deixar as chaves no Palácio do Planalto. Mas o relato feito pelo ministro Evandro Lins e Silva não menciona uma linha sobre essa ameaça. O ministro afirmou que, naquele dia, pensou em processar o *Estadão*, mas preferiu combinar a reação com o colega Hermes Lima. Os dois escreveriam cartas e as entregariam ao presidente do STF como reação àquela "infâmia". Lins e Silva contaria, mais tarde:

> O ambiente, naquela época, era um ambiente de terror, de pânico de todo mundo. O que fazer? Não adiantava processar o jornal, porque a situação era de natureza tão passional que, se algum processo fosse movido por nós, iam até dizer que o jornal é que tinha razão...

As mensagens foram entregues reservadamente ao presidente do Supremo. Contudo, naquele mesmo dia, em meio à sessão do plenário, Ribeiro da Costa suspendeu os trabalhos e disse que tinha recebido uma carta dos ministros Hermes Lima e Evandro Lins e Silva. Leria a íntegra para que todo o tribunal soubesse do teor.

Ao final da leitura, o ministro atacou o jornal: a empresa vivia da isenção do imposto de papel e de favores do governo e não tinha força moral para atacar ninguém. A reação do tribunal aplacou um pouco os ânimos daqueles que pediam a intervenção no tribunal. "Os Torquemadas, que nos queriam atingir, ficaram mais tímidos, menos agitados, menos agressivos", lembrou o ministro Lins e Silva. Seria por pouco tempo.

Há quem argumente — hoje e ontem — que o STF em pleno funcionamento no governo militar legitimava a ditadura, passando a impressão de que as instituições democráticas funcionavam perfeitamente. Outros, num esforço hipotético, questionam o que teria acontecido com presos políticos se não houvesse o Supremo para analisar as centenas de habeas corpus que concedeu.

O tribunal não foi fechado, nem pelo governo, nem por seu presidente, responsável pelas chaves do prédio. Fora de dúvida, porém, é o fato de que, na era Ribeiro da Costa, de 1963 a 1966, o governo militar alterou a composição do Supremo, ampliando de onze para quinze o número de ministros, mas não cassou nenhum deles. Isso só viria a ocorrer em 1969, quando Ribeiro da Costa já estava aposentado e Castelo Branco, morto.

RESPOSTA

De volta ao caso Plínio Coelho. Wald passou por minutos difíceis depois da conversa com o ministro Vilas Boas. Não podia simplesmente dizer ao tribunal, sem nenhuma responsabilidade com os fatos, que a liminar seria cumprida. Não podia enganar o Supremo nem induzi-lo a uma decisão que, mesmo favorável a seu cliente, colocaria a corte na trilha da inviabilidade institucional. Ao mesmo tempo, não podia trair a confiança de seu cliente. Não podia o advogado trabalhar para resguardar a autoridade do Supremo e deixar de lado a liberdade e a vida de Plínio Coelho. Como resolver o dilema?

Wald nunca fora advogado penalista. Havia estagiado no Ministério Público, mas nada que lhe desse intimidade com a área. Sem esse traquejo, foi então ao regimento interno do STF buscar uma saída. E a encontrou. Em seu artigo 125, o texto previa que o tribunal poderia chamar Plínio Coelho se os ministros tivessem dúvidas sobre os fatos relacionados ao caso. O texto do regimento estabelecia que o Supremo poderia expedir uma ordem para que o paciente do habeas corpus fosse levado até lá.

Não era um ponto final para o caso, mas daria tempo e condições para que o tribunal e o advogado investigassem as chances de a decisão do Supremo ser cumprida. O desenlace seria natural: se Plínio Coelho pudesse deixar o esconderijo, viajar a Brasília e comparecer diante dos ministros, era sinal de que os militares não se oporiam à eventual decisão favorável da corte. Porém a ausência de Plínio Coelho seria indicativo seguro de que a autoridade do STF não seria respeitada pelos militares. Traçada a estratégia naqueles dez apertados minutos, o advogado pediu para se comunicar com o ministro Vilas Boas. Não estava totalmente seguro de que o STF aceitaria seu estratagema, mas o que lhe restava era arriscar a proposta.

— Acho que tenho a solução para o senhor — disse Wald ao se aproximar o ministro Vilas Boas.

— Então podemos julgar. O senhor garante?

Wald disse que não poderia garantir nada ao tribunal.

— Então não tem jeito — sentenciou Vilas Boas.

— Tem jeito, sim — replicou respeitosamente o advogado. — Os senhores convocam o paciente. Se ele vier, o tribunal julga como quiser. Se ele não vier, nós fizemos o nosso dever.

O ministro, mostrando-se surpreso com a ideia, respondeu com um discreto sorriso.

— O senhor está me dando muito trabalho. Eu tinha dois votos. Um concedendo e outro negando. Vou ter de fazer um terceiro — disse-lhe Vilas Boas.

O magistrado regressou à sala do chá, onde se juntou aos demais ministros para vestir a toga e aguardar o início da sessão. Na área reservada, conversou sobre o assunto com os colegas. A prova disso foi o que ocorreu quando iniciada a sessão.

— Quando entramos, o Luiz Gallotti estava presidindo e ele me fez um sinal, dizendo que estava tudo o.k. — contou Arnoldo Wald quarenta anos depois.

Iniciada a sessão, foi lido inicialmente o relatório do processo na presença dos ministros Ribeiro da Costa, Hahnemann Guimarães, Luiz Gallotti,

Cândido Motta Filho, Victor Nunes, Hermes Lima e Evandro Lins. Vilas Boas relatou aos demais que se tratava naquele julgamento de um habeas corpus preventivo em favor de ex-governador Plínio Ramos Coelho.

Passou o ministro Vilas Boas a ler seu voto.

> Dadas as dificuldades que o caso oferece, pois que o Tribunal de Justiça concedeu um habeas corpus, que o impetrante diz que não foi cumprido, e o Superior Tribunal Militar declarou que não há nenhum crime a punir, por essas circunstâncias todas, proponho diligências, no sentido de que o paciente, na próxima reunião destinada a julgamentos de habeas corpus, compareça a este tribunal, para expor, de viva voz, ao tribunal, a coação a que está submetido, nos termos do art. 125 do regimento interno.

A alternativa encontrada pelo advogado e sugerida ao relator do habeas corpus 41049 foi aprovada por unanimidade. O julgamento foi suspenso e convertido em diligência. Plínio Coelho deveria comparecer à sessão seguinte do Supremo para que o caso fosse analisado.

Plínio Coelho ouvira a notícia pelo rádio. Sabia que devia deixar o esconderijo nos rios da Amazônia para dirigir-se a Brasília. Foi exatamente o que fez. No dia 4 de novembro de 1964, chegou ao STF, incólume, acompanhado do irmão Paulo.

JULGAMENTO

Plínio Coelho governou o estado do Amazonas até 27 de junho de 1964. Baixado o ato institucional nº 1, foi cassado e teve os direitos políticos suspensos pelo governo militar. Na mesma leva, foram atingidos os governadores de Pernambuco, Miguel Arraes, de Sergipe, Seixas Dória, do Rio de Janeiro, Badger Silveira, e do Pará, Aurélio do Carmo.

A Comissão Geral de Investigações, como já vimos rapidamente, havia apontado a existência de irregularidades no Serviço de Navegação da Amazônia e Portos do Pará, tendo encontrado documentos que, segundo o presidente do órgão, marechal Estevão Taurino de Resende Neto, comprometiam Plínio Coelho. Fora do cargo, o ex-governador passou a ser acusado por seu substituto, Artur César Ferreira, de crimes de corrupção. O novo governador ordenou sua prisão.

Plínio Coelho impetrou então um habeas corpus no Tribunal de Justiça do Amazonas. No dia 11 de agosto, a ordem foi concedida e a decisão comunicada imediatamente ao governador. Uma crise política se estabeleceu em razão disso. Artur César Ferreira não aceitou a decisão unânime do TJ do Amazonas. Recusou-se a cumpri-la. Foi preciso que a presidência da República interviesse. O tenente-coronel Morais Rego, assistente militar do presidente Castelo Branco, defendeu que a ordem judicial fosse cumprida.

Artur César Ferreira, em lugar de mandar que soltassem Plínio Coelho, entregou-o ao Exército, mais precisamente ao tenente-coronel José Alípio de Carvalho. Plínio foi levado para o quartel do 27º Batalhão de Caçadores, mas logo posto em liberdade. Ferreira renunciou ao mandato. Novamente foi necessária a atuação de Brasília. O presidente Castelo Branco, informavam os jornais da época, pediu para que Ferreira permanecesse no cargo e adiantou que um novo decreto de prisão contra o ex-governador seria expedido em inquérito policial-militar. A crise política foi resolvida, e Plínio Coelho entrou novamente na linha de ação do governo federal.

Um pedido de habeas corpus foi encaminhado ao Superior Tribunal Militar. O tribunal entendeu não ser de sua competência o julgamento do caso e, portanto, não aceitou o pedido. O caso deveria ser encaminhado à Justiça comum. O último refúgio foi o Supremo. Os advogados Arnoldo Wald e Miguel Winograd impetraram habeas corpus no STF, argumentando que Plínio Coelho estava "na iminência de sofrer violência e coação ilegal em sua liberdade de locomoção pelo tenente-coronel José Alípio de Carvalho, encarregado de um IPM em Manaus".

A defesa do governador argumentava que permanecia em vigor a Constituição do estado do Amazonas, a despeito do ato institucional. Sendo assim, competia exclusivamente à Assembleia Legislativa estadual, por maioria absoluta dos votos, autorizar a abertura de processo contra Plínio Coelho e decidir pela conveniência ou não de sua prisão.

A Constituição do Amazonas previa ainda que, declarada pela Assembleia a procedência da acusação, o governador seria processado e julgado pelo Tribunal de Justiça no caso de crime comum e pelo Legislativo local no caso de crime de responsabilidade.

Naquela época, o Supremo entendia que, mesmo já fora do cargo, o governador mantinha o foro privilegiado se fosse processado por crimes cometidos no exercício do mandato. Assim, embora destituído, Plínio Coelho ainda detinha as prerrogativas do cargo. Portanto, não caberia à Justiça militar julgar os atos praticados pelo ex-governador. Mais ainda porque ele não era acusado de crime que atentasse contra instituição militar.

Apesar disso, em vez de ser solto por decisão do Tribunal de Justiça do Amazonas, Plínio Coelho foi entregue ao tenente-coronel José Alípio de Carvalho, encarregado do IPM, e que determinou a prisão com base no Código da Justiça Militar.

Para legitimar a prisão de um civil com base no Código Militar era preciso que ele tivesse praticado o crime contra

> ministros da Guerra e da Marinha, chefes do Estado-Maior do Exército e da Armada, inspetores e diretores de Armas e Serviços, diretor-geral do Pessoal da Armada, comandantes de regiões, divisões, brigadas, guarnições e unidades e comandos correspondentes na Marinha, chefes de departamentos, serviços, estabelecimentos e repartições militares e navais, por si ou por delegação a oficial.

Outra hipótese seria acusar Plínio Coelho de algum crime cuja competência para investigar e julgar era da Justiça militar. Enquadravam-se nessa hipótese os atentados à segurança externa do país ou contra as instituições militares — o que não era o caso, segundo os advogados.

Por tudo isso, a defesa de Plínio Coelho argumentou que, diante da ameaça de prisão por parte de uma autoridade militar — que não tinha competência para prender o ex-governador de estado —, o Supremo deveria assegurar ao paciente as garantias necessárias para que se apresentasse ao tribunal. O pedido foi feito ao STF em 16 de setembro de 1964.

No dia 4 de novembro, cumprindo decisão preliminar da corte, Plínio Coelho viajou a Brasília e apresentou-se em sessão aos ministros do Supremo. Sua presença, como havia adiantado o relator do caso, apenas selava o resultado do julgamento. Iniciada a sessão, o ministro Vilas Boas fez novo relatório, dando conhecimento ao tribunal das informações que recebeu das autoridades militares sobre a nova investigação aberta contra Plínio Coelho, dando conta de que o IPM instaurado contra o ex-governador estava concluído e que não havia nenhum mandado de prisão.

Com base nisso, os ministros passaram a ouvir o depoimento de Plínio Coelho. Quem estava na sessão relata que foram horas de um discurso duro. O acórdão de julgamento, que deixou o depoimento consignado para a história, é, entretanto, menos denso e resumido a poucas páginas.

— Eu acabara de chegar de um sítio que possuo nas redondezas de Manaus. Isto, aproximadamente às 19h. Eis que, abruptamente, aparece a polícia, armada para prender-me — contou Plínio Coelho aos ministros. — É que, na parte da tarde, a Assembleia Legislativa já havia sido fechada. Era mais um convite do que uma prisão, e eu deveria ir à Central de Polícia, como dizemos lá, para responder a interpelações que me seriam formuladas.

Chegando à Central de Polícia, o governador recebeu ordem de prisão e foi levado para a Penitenciária Central do estado. Passou a noite preso. O primeiro habeas corpus foi pedido ao Tribunal de Justiça. Os desembargadores, ainda de madrugada, começaram a se reunir para debater as circunstâncias do caso e deliberar. Precisavam antes saber do novo governador, indicado pelos militares, quais eram as justificativas para a prisão.

— A resposta foi a polícia militar ocupando as dependências do Palácio de Justiça. Os desembargadores, especialmente o presidente, o vice-presidente e dois outros membros, reagiram e declararam que o tribunal não se reuniria enquanto não fosse a polícia retirada de suas dependências. Isto ocorreu, aproximadamente, às 14h — continuou Plínio Coelho.

O tribunal então decidiu, por unanimidade, que não havia motivo para prender Plínio Coelho e determinou sua imediata soltura. Mas a decisão foi descumprida. E o governador acionou o Exército para que cuidasse do caso. O ex-governador foi levado da penitenciária para um dos alojamentos do quartel. De manhã, Plínio Coelho foi chamado a prestar depoimento diante dos militares. Depois, foi ouvido pelo presidente do inquérito policial-militar. Às 14h foi libertado pela Comissão de Inquérito. O novo governador do Amazonas foi informado da decisão de colocar Plínio Coelho em liberdade e renunciou ao cargo, argumentando que sua autoridade fora desacatada. A notícia chegou a Brasília. A pedido do governo, o general Bizarria Mamede, destacado para o comando da 8ª Região Militar, com sede em Belém (PA), buscou uma solução diplomática para a crise. O Palácio do Planalto não queria que César Ferreira Reis deixasse o cargo e agravasse a situação na região. A saída de um governador indicado pelos militares seria uma queda de prestígio, uma afronta, um vexame para o governo federal.

— O governador impôs uma condição para a sua permanência: seria a permanência de minha prisão, isto é, de minha reclusão — relatou Plínio Coelho ao Supremo.

O general Mamede ouviu a exigência e decidiu levá-la ao presidente da República.

— Fui avisado, nesse ínterim, que se tramava minha prisão, com o meu desaparecimento. Em face disso, retirei-me da cidade e passei a percorrer os rios, naquele Labirinto de Creta que é a rede que possuímos no grande vale. O que é certo é que, ouvindo, pelo rádio, que o Supremo me concedera uma espécie de salvo-conduto, determinando a minha presença aqui, aqui me apresentei, aqui me encontro — continuou.

Plínio Coelho, certamente instruído por seus advogados, disse aos ministros o que eles queriam ouvir para conceder o habeas corpus: o Exército não tinha real interesse em prendê-lo. Ao contrário, a isenção seria do agrado do Supremo. Prova disso foi que o ex-governador pôde viajar tranquilamente a Brasília, sem ser incomodado pela polícia.

— Realmente, embarquei livremente; apenas avistei a polícia distante, o que vem demonstrar que, por parte do Exército, especialmente, há o melhor desejo de corresponder ao estatuído na Constituição Federal para a obediência que todos devemos às decisões do Supremo Tribunal Federal. Pediria, por isso, apenas, que fosse cumprida a Constituição estadual.

Os ministros passaram a questioná-lo. Vilas Boas perguntou se Plínio Coelho verdadeiramente temia ser preso.

— Eu não tenho a mínima dúvida de que, se o Supremo Tribunal Federal não conceder o habeas corpus requerido preventivamente, porque está sendo violentada a Constituição estadual, não tenho a menor dúvida de que serei recolhido, imediatamente, a uma sala da penitenciária, como da primeira vez.

A sequência do julgamento e a concessão da ordem evidenciam a simplicidade da questão de direito. O relator do caso consumiu pouco mais que uma folha de papel para expor seu voto. O argumento era óbvio.

— Em primeiro lugar, não há, que conste, um delito militar a punir. E isso foi declarado pelo Egrégio Superior Tribunal Militar — iniciou o ministro Vilas Boas.

Sem crime militar a punir, eram evidentes a incompetência da Justiça militar e o abuso que configurava a sequência de um inquérito policial-militar contra o civil Plínio Coelho.

Além disso, as informações prestadas pelo comando da Região Militar do Amazonas sobre os crimes imputados a Plínio Coelho eram vagas. Diziam somente que ele teria praticado atos ilegais de corrupção, de subversão, de malversação do dinheiro público e atos de violência contra direitos de terceiros. Não apontaram quais eram os atos e não apresentaram as provas.

— Assim sendo, senhor presidente, concedo o habeas corpus, em caráter preventivo, mandando expedir o salvo-conduto em favor do paciente, sem prejuízo de qualquer ação penal porventura promovida perante o Tribunal de Justiça do Estado do Amazonas, que é o órgão competente para isso — concluiu seu voto o ministro Vilas Boas.

O julgamento foi unânime. Todos os ministros concederam o salvo-conduto para Plínio Coelho. A franqueza do relator do caso com o advogado, beirando a tibieza, demonstram o clima político do período, o receio revelado pelos ministros de que o STF fosse atingido pelo governo militar e o cálculo institucional decorrente desse cenário de incertezas.

Na época, Arnoldo Wald disse ter ficado indignado com o que lhe fora afirmado pelo ministro Vilas Boas, sentimento que ele carregou por trinta anos. Mas depois sua opinião mudou.

— Passei trinta anos sem saber se devia ficar indignado. Porque durante trinta anos eu fiquei indignado. Decorridos trinta anos, eu achei que realmente fechar o Supremo naquele momento... A ponderação era complicada. Do ponto de vista nacional, institucional... — reavaliou Wald.

A conta estratégica que o tribunal fez nesse caso se repetiu em tantos outros. Muitas liminares foram concedidas, várias por unanimidade, repetindo esse mesmo roteiro. Mas outros processos tiveram destino diferente.

COSTA E SILVA

Houve quem classificasse, naquele momento e ainda hoje, como corajosa a postura do presidente do Supremo na relação com os militares. Mas havia críticos entre os próprios ministros, que viam na postura dele algo de imprudente, de impulsivo. Um "galo garnisé", como diria um integrante do tribunal.

A impetuosidade do presidente do Supremo chegou ao ápice em outubro de 1965. O presidente da República, Castelo Branco, viu-se pressionado pela chamada linha dura militar e mandou para o Congresso um projeto de emenda constitucional para, entre outras medidas, aumentar o número de ministros do STF, ampliar a jurisdição da Justiça militar e excluir de apreciação judicial as punições feitas com base no ato institucional.

O projeto não chegaria a ser votado. Foi objeto de críticas contundentes, inclusive do presidente do Supremo. Em entrevista ao *Correio da Manhã*, publicada no dia 19 de outubro, o ministro Ribeiro da Costa classificou como intolerável a alteração do número de juízes por iniciativa do Executivo. Afinal de contas, o controle de legalidade e da constitucionalidade dos atos de outros poderes cabia à corte. Precisamente por isso, o tribunal tinha autonomia e independência. Não podia sofrer esse tipo de mudança. Ribeiro da Costa decidiu marcar posição para preservar o Supremo. Os militares que se ocupassem de suas funções.

> Já é tempo de que os militares se compenetrem de que nos regimes democráticos não lhes cabe o papel de mentores da nação, como há pouco o fizeram, com estarrecedora quebra de sagrados deveres,

os sargentos, instigados pelos Jangos e Brizolas. A atividade civil pertence aos civis, a militar a estes que, sob sagrado compromisso, juraram fidelidade à disciplina, às leis e à Constituição.

O impacto da entrevista nos meios políticos foi alto. Mas a resposta mais contundente partiu do líder da chamada "linha dura", o então ministro da Guerra Artur da Costa e Silva. Em solenidade do alto-comando do Exército, em Itapeva (SP), em outubro, Costa e Silva disse que os militares não descansariam enquanto não colocassem a casa em ordem, não importava o que pudesse pensar "um mau juiz feito ministro".

Jogou ainda no tribunal a afirmação de que os militares, em abril de 1964, poderiam perfeitamente ter fechado o STF. Estava a corte "à mercê" dos militares nos primeiros dias do golpe, e eles decidiram preservá-la.

— Antes estamos em que ilusão? A de que o tribunal saberia compreender a revolução que acabávamos de tornar vitoriosa, quando, atendendo as aspirações da nação e do povo, fomos à rua para acabar com o comunismo que se procurava implantar neste país? — inflamou-se Costa e Silva. — Agora fomos mandados pelo presidente do Supremo Tribunal Federal, fomos mandados a recolher-nos aos quartéis. Mas por que saímos dos quartéis? Saímos dos quartéis a pedido do povo, a pedido da sociedade que se via ameaçada, e só voltaremos para os quartéis quando o povo assim o determinar, mas permaneceremos de armas perfiladas para evitar que volte a este país a subversão, a corrupção, a indisciplina e o desprestígio internacional.

Em qualquer órgão colegiado, é normal que integrantes se aproximem em razão de afinidades ideológicas ou pessoais. No Supremo do passado, do presente e do futuro foi, é e será assim. Também é normal encontrar nas diferentes composições do tribunal algumas rivalidades. No passado, a mais notória (e das mais agressivas) era ponteada por Pedro Lessa e Epitácio Pessoa. Em tempos mais recentes, Joaquim Barbosa e Gilmar Mendes entraram em conflito. Há e havia pequenas rivalidades: ministros que disputavam prestígio na academia e que depois se viram lado a lado no tribunal. Ou ministros que tinham origem na política e haviam sido adversários.

Apesar dessas gradações, há certa institucionalidade no tribunal: o espírito de corpo. Quando os militares atacaram o presidente do STF, os demais ministros reagiram, mesmo que confidenciassem algumas ressalvas ao comportamento do presidente. "O ímpeto de Ribeiro da Costa foi aceitar a polêmica pública, pois não somente ele, mas também o tribunal, tinha sido atingido. Entretanto, aos seus colegas mais comedidos pareceu evidente que o debate não seria construtivo", admitiu o ministro Victor Nunes Leal posteriormente.[6]

Naquele mesmo dia, os ministros do STF se reuniram em sessão secreta para analisar a possibilidade de responder ao discurso do ministro da Guerra. E julgaram que a reação institucional deveria ser de outra índole, como lembra Victor Nunes Leal.

> A solidariedade mais expressiva que, em desagravo do tribunal, devíamos ao nosso presidente, melhor se traduziria em um ato nosso e não dele. Mas um ato de nossa indisputável competência, que por isso não se pudesse questionar em sua legalidade. Não evitaríamos que viesse a ser criticado sob ângulo político, mas isso resultaria do seu sentido de desagravo

Assim, em vez de confrontarem Costa e Silva, os ministros decidiram se solidarizar com o presidente da corte. Por iniciativa de Cândido Mota Filho e Hermes Lima, o tribunal aprovou uma emenda regimental estendendo o mandato de Ribeiro da Costa até a data de sua aposentadoria. Como completaria os setenta anos — a idade-limite — em janeiro de 1967, a emenda garantiu-lhe pouco mais de um ano de mandato extra.

O texto de duas folhas, manuscrito depois por um dos seguranças do tribunal na década de 1960 e que tinha uma belíssima caligrafia, foi emoldurado e dado a Ribeiro da Costa. Os dois quadros estavam na parede do escritório de seu filho, Sérgio Ribeiro da Costa, no Rio de Janeiro. Hoje estão no acervo do Supremo. A justificativa para a emenda regimental era a resposta que o STF podia dar aos militares da linha dura sem estimular novos conflitos verbais. Não era contra Ribeiro da Costa que a linha dura, capitaneada por Costa e Silva, se bateria. O Supremo, como instituição, tomava a frente.

"O Supremo Tribunal Federal, cujas prerrogativas constitucionais estão protegidas pela afirmação de sua independência, não podia deixar de participar das vicissitudes do momento presente", escreveram os ministros nas primeiras linhas. Nesses momentos de crise, "avulta, com singular envergadura", a figura do presidente. É ele que representa o tribunal e tem como "deveres irrenunciáveis" a defesa da integridade e da competência do STF, "desfazendo incompreensões, alertando os demais Poderes, esclarecendo a nação de que a Justiça tem por missão aplicar a Constituição e as leis e resguardar os direitos individuais, com inteira fidelidade aos princípios do regime democrático".

Os ministros acrescentaram que Ribeiro da Costa sempre contou com o apoio dos colegas e atuava "com altivez e firmeza". Assim, decidiu o tribunal estender o mandato do presidente até que se aposentasse. "A presente emenda regimental, que atende a esse propósito, não é apenas uma homenagem. É também o testemunho de seus colegas quanto à dignidade, patriotismo e elevação de sua conduta, neste conturbado momento da vida nacional", concluíram os ministros.

Reservadamente, contudo, a emenda regimental causou controvérsias. Houve, inclusive, resistência de Ribeiro da Costa em aceitar a mudança do regimento. E essas dissintonias seriam reveladas em razão de um detalhe. Os ministros Luiz Gallotti, Vilas Boas e Pedro Chaves não estavam no STF no dia da sessão secreta, mas foram consultados por telefone. Teriam consignado apoio ao texto, conforme relato do ministro Gonçalves de Oliveira.

Contudo, Gallotti havia discordado da aprovação da emenda naquele momento. Considerava que o Supremo deveria responder ao ministro da Guerra de forma esclarecedora. Assim, iniciada a sessão de 28 de outubro de 1965, os ministros discutiram, no pleno, os detalhes das conversas para a aprovação da emenda e ouviram do presidente uma resposta constrangida.

A ata da sessão revela os argumentos dos juízes, os motivos por que a corte decidiu não retrucar ao ministro da Guerra e o clima criado pelo conflito.

O ministro Luiz Gallotti, que havia ficado fora, no Rio de Janeiro, para quinze dias de licença de saúde, dissera não ter apoiado a emenda regimental como resposta ao governo, ao contrário do que os jornais publicaram e do que os ministros envolvidos na negociação entenderam.

Gallotti voltava de carro do Rio de Janeiro para Brasília. No pernoite, em Belo Horizonte, redigiu as notas que leria na primeira sessão do STF após seu retorno, descrevendo a sequência de diálogos que mantivera com os colegas durante a crise. E iniciou seu relato da seguinte maneira:

> Em 24 de outubro de 1965, pouco antes de 9h, telefonou-me de Brasília o ministro Hermes Lima, incumbido pelos colegas. Reuniram-se eles no dia 23 e, em vez de responder ao recente discurso do ministro da Guerra, general Costa e Silva, resolveram, sem caráter de desafio, aprovar emenda regimental prorrogando o mandato do atual presidente até o término de sua judicatura. O presidente não queria, mas decidiram e farão, embora o presidente tenha o propósito de não permanecer no posto além de dezembro de 1965.

Gallotti lembrou, no telefonema, que conversara com Ribeiro da Costa no passado sobre uma proposta parecida. Quem primeiro propôs a prorrogação do mandato do presidente foi o ministro Gonçalves de Oliveira. Gallotti respondeu que não faria oposição à ideia, mas lembrou — coerentemente — que votou contra proposição semelhante quando presidia o tribunal o ministro José Linhares. A razão era objetiva: "Não se altera regimento do Supremo por motivo pessoal".

O ministro então disse que o momento para a aprovação da emenda regimental não foi o ideal. Se o tribunal não queria dar à iniciativa contornos de afronta ao governo militar, que votasse a proposta depois de dissipado o clima de crise. E, como resposta ao discurso do ministro da Guerra, que seus pares dessem resposta "objetiva e serena", pois havia "pontos a retificar ou elucidar".

Hermes Lima, do outro lado da linha telefônica, respondeu que os ministros haviam acordado aprovar a emenda regimental em 25 de outubro. Gallotti replicou:

> Sim, uma vez assentado que aquela resposta deve ser substituída pela emenda regimental. Mas não considero acertada essa substi-

tuição. A nação espera uma resposta esclarecedora, e a emenda não esclarece nada: apenas significa a reafirmação de solidariedade do tribunal ao seu presidente.

Logo que desligou o telefone, Gallotti telefonou novamente, agora para o presidente Ribeiro da Costa. E leria para o colega as anotações que fez da conversa com o ministro Hermes Lima, para evitar qualquer mal-entendido sobre sua posição.

Daí em diante, a sessão foi tomada de justificativas de lado a lado. Primeiro, pediu a palavra o ministro Gonçalves de Oliveira. Queria explicar ao tribunal por que havia proposto a continuidade do mandato de Ribeiro da Costa.

— Senti, aqui no tribunal, que a maioria dos colegas estava, realmente, satisfeita e enobrecida com a atitude varonil, intrépida, digna e patriótica do ilustre presidente do Supremo Tribunal Federal, nas várias crises por que passou esta corte. E o sentimento dos colegas, ao que depreendi, era o de prestar uma homenagem ao grande presidente, prorrogando-lhe o mandato — tentou justificar.

E relatou que Ribeiro da Costa negou de pronto a sugestão, pois ela prejudicava o ministro Gallotti, o próximo na linha sucessória.

— Vossa excelência, senhor presidente, afirmou que não desejava, de modo algum, a prorrogação do seu mandato, e o assunto morreu naquela ocasião — concluiu Gonçalves de Oliveira, falando diretamente ao presidente Ribeiro da Costa.

A situação criou constrangimento para o presidente do tribunal, beneficiado pela alteração regimental. Ribeiro da Costa iniciou suas justificativas evidenciando o incômodo.

— O presidente do tribunal, como sempre, desde que os seus pontos de vista de ordem estritamente pessoal ou moral não sejam comprometidos, se submete à deliberação dos eminentes colegas — principiou. — Não ignoram vossas excelências as restrições que, desde o início, sustentei quanto à possibilidade da minha reeleição — prosseguiu.

Ribeiro da Costa recordou aos colegas que foi ele quem propôs a extinção da reeleição no Supremo Tribunal Federal.

— Realmente, neste tribunal, a presidência não é um prêmio; é um penoso dever, é um sacrifício, embora constitua a coroação da nossa carreira. Fiquei fiel àquele princípio, afinal vitorioso — disse.

Quando procurado pelos colegas, em meio aos embates com Costa e Silva, para que seu mandato fosse prorrogado, Ribeiro da Costa logo procurou Luiz Gallotti. Rememorando os laços de amizade antigos com a família de Gallotti, pediu a ele ajuda para convencer os colegas a não aprovar a emenda.

— Por todas essas razões, não me sentia em condições de poder aceitar a minha reeleição. Disse isto ao senhor ministro Luiz Gallotti e ainda pedi à sua excelência que me ajudasse a convencer os eminentes colegas de que não preterissem o seu direito — revelou.

Ribeiro da Costa contou que já estava com a resposta ao discurso do ministro Costa e Silva preparada. Apresentou-a aos colegas, que foram até seu apartamento no dia seguinte ao incidente.

— Acharam meus colegas que a resposta era satisfatória, mas que seria melhor evitar um diálogo que só poderia ter como resultado o enfraquecimento da autoridade do chefe do Poder Judiciário e do próprio Supremo Tribunal Federal — contou.

As explicações do presidente do Supremo encerraram a polêmica interna. Ribeiro da Costa permaneceu na presidência até se aposentar, no final de 1966, semanas antes de completar o limite de idade no serviço público naquela época. O governo, dessa vez, escondeu a sua insatisfação. Os militares não se manifestaram publicamente sobre a resposta institucional do Supremo. Mas a portas fechadas confidenciariam certa inveja do modelo americano de indicação, em que o presidente da República tem a prerrogativa de apontar quem presidirá a Suprema Corte. Aliomar Baleeiro, em seu diário, revelou o que lhe dissera o presidente Castelo Branco depois daquela crise e ao convidá-lo para integrar o tribunal. O relato foi anotado no domingo, 7 de novembro de 1965. "Na minha última conversa com Humberto Castelo Branco, ele lembrou-se de que o presidente da Suprema Corte dos Estados Unidos é nomeado pelo presidente da República, o que evita crises como a atual."

Os ministros também sabiam da reação contida dos militares. E apesar da solidariedade ao presidente da corte, tinham consciência de que seria prudente redobrar a cautela em relação aos passos de Ribeiro da Costa.

Um episódio tratado em sessão secreta no STF foi sinal dessa nova cautela. Ribeiro da Costa comunicou aos colegas que fora convidado como paraninfo de uma turma de bacharéis da Faculdade de Direito do Largo de São Francisco. Algo raro e valoroso para qualquer ministro do STF, mas que naquele tempo podia esconder propósitos políticos. Antes de seu convite, apenas Rui Barbosa fora chamado para ser paraninfo de uma das turmas da USP. O presidente queria ouvir os colegas para saber se poderia aceitar o convite. E a opinião dos ministros, sem dúvida, não lhe agradou. Aliomar Baleeiro anotou em seu diário em 25 de fevereiro de 1966:

> Nós sabíamos que ele estava trêfego para aceitar, mas um dos ministros, creio que Gallotti, aconselhou ouvir confidencialmente o ponto de vista dos professores. Consultados estes por intermédio de Miguel Reale, disseram que temiam uma crise e até incidentes, pois era mais que transparente o propósito político-partidário de provocar Castelo Branco.

Ribeiro da Costa não fez segredo. Expôs todas as informações lealmente, mas parecia ter a esperança de que os ministros o liberassem para aceitar. Mal terminou o relato, Gallotti disse que, naquelas circunstâncias, o presidente da corte faria bem em rejeitar o convite, pois seriam inevitáveis os reflexos sobre o STF. Baleeiro escreveu em seu diário:

> E morreu o assunto, diante dum geral movimento aprovativo de cabeças a essas palavras, embora Ribeiro da Costa não houvesse falado ainda em declinar do convite. Ele murmurou que teria grande prazer em aceitar, mas reconhecia a sensatez do pronunciamento do STF.

No ano seguinte, a postura de comedimento partiu do próprio Ribeiro da Costa. Victor Nunes Leal foi convidado para acompanhar um grupo de observadores da Organização dos Estados Americanos (OEA) na eleição da

República Dominicana. Para sair do país, o ministro precisava da autorização do presidente da corte. Ribeiro da Costa estava ausente, e por isso o ministro Cândido Motta Filho, no exercício da presidência do STF, assinou a permissão. Assim que retornou ao tribunal, Ribeiro da Costa soube do que ocorrera na sua ausência e foi diretamente conversar com Nunes Leal. Disse ao colega que a ida à República Dominicana e a aproximação da OEA poderiam ser mal interpretadas pelos militares.

Victor Nunes, em carta, respondeu à ponderação:

> Quero pedir-lhe, com a franqueza da nossa velha amizade e pelo respeito que Você me merece sob todos os aspectos, que faça uma nova meditação sobre suas ponderações de ontem. Receio que o seu entendimento contribua para criar uma injustificada *capitis deminutio* para os juízes do Supremo Tribunal, no exercício de suas atividades pessoais, especialmente de suas atividades de natureza cultural. Como intelectuais que somos por profissão, a liberdade individual é para nós uma necessidade imanente, como Você tem sabido apregoar e, mais que isso, praticar. Só não podemos exercer "atividade político-partidária", e a proibição de desempenharmos "outra função pública" não inclui o magistério, cujo apanágio é a "liberdade de cátedra". Por isso mesmo, podemos escrever livros, publicar artigos, proferir conferências, sem outra restrição além da acima assinalada. Por tudo isso é que lhe peço uma nova reflexão sobre nossa conversa de ontem, pois já não está em causa a minha pessoa, mas as prerrogativas de todos os juízes brasileiros, que Você hoje representa, no mais alto e rigoroso sentido da palavra.

Anos mais tarde, superado o episódio da solenidade do alto-comando em Itapeva e já morto o ministro Ribeiro da Costa, o escritor e jornalista Otto Lara Resende relatou, em carta a Victor Nunes Leal, a confissão que ouvira do presidente Costa e Silva sobre sua reação contra o então presidente do Supremo. Lara Resende escrevia a carta para comentar a descrição que Victor Nunes Leal fez de Ribeiro da Costa no livro *Sobral Pinto, Ribeiro da Costa e umas lembranças do Supremo Tribunal Federal na revolução* (1981):

Vejo como é precário confiar na memória: lendo o que você escreveu, refiz os vários episódios de que tomei conhecimento na época. De alguns, como o do incidente Ribeiro da Costa x Costa e Silva. Curioso é que conversei a propósito, muito francamente, com o próprio Costa e Silva. E defendi (veja que petulância) não apenas o Supremo, como o próprio Ribeiro da Costa. E Costa e Silva, que só vim a conhecer depois de ministro do Exército, nunca tinha ouvido falar dele antes, me deu confiança de explicar o seu rompante, a sua gauchada. Atribuiu a exaltação da fala dele a uns coronéis falastrões que começaram a gritar lá atrás e a estimulá-lo, a esporeá-lo. Sic. E me confessou que tinha se arrependido...

A combinação desses casos revela o difícil equilíbrio na atuação do tribunal, especialmente do presidente, naquele momento. Ribeiro da Costa ficava entre avançar para proteger as prerrogativas dos juízes e recuar para evitar conflitos com o governo, entre o ímpeto de aceitar discussões públicas e a recusa reservada de participar de um evento acadêmico para não provocar os militares, entre a Justiça e o pragmatismo.

4. AI-2

> *Diferenças jurídicas, aplicação das leis e da Constituição, praticamente não havia; eram todos liberais.*
>
> Evandro Lins e Silva sobre os ministros indicados com base no AI-2

NOITE DE SÁBADO, 23 DE OUTUBRO DE 1965. O coronel de artilharia Rui Castro, um dos expoentes da linha dura do Exército, visita o deputado udenista Aliomar Baleeiro para comentar a crise instalada pela eleição de Israel Pinheiro para o governo de Minas Gerais e de Negrão de Lima para gerir a Guanabara, ambos candidatos do Partido Social Democrático (PSD), aos quais se opunha o governo militar. O clima que envolvia os acontecimentos era de tensão, nervosismo medido pelos vinte cigarros que o coronel deixou no cinzeiro da casa de Baleeiro na conversa que se estendeu até as duas da madrugada.

Pinheiro e Negrão eram importantes aliados do ex-presidente Juscelino Kubitschek, cujos direitos políticos foram cassados pelos militares em 1964, levando o PSD a abandonar o bloco de apoio ao presidente Castelo Branco. Ao vencerem as eleições estaduais, abateram dois baluartes do processo revolucionário: Magalhães Pinto, em Minas Gerais, e Carlos Lacerda, no Rio. A vitória dos dois candidatos nas eleições estaduais, portanto, foi uma momentosa derrota para os militares.

A pressão e as críticas da linha dura nos meios militares atingiam o presidente da República, Humberto Castelo Branco. "Ele pode servir bem ao estado-maior do melhor exército do mundo, porque é competente para isso. Mas em política e como presidente é irrecuperável", sentenciou o coronel Rui Castro na conversa privada com Baleeiro.

Os "militares ortodoxos vomitavam fogo" em razão do resultado das eleições e antecipavam que não aceitariam o julgamento das urnas. O presidente Castelo Branco mantinha posição pessoal firme de dar posse aos eleitos, respeitando a vontade dos eleitores. No dia 5, de acordo com o chefe da Casa Civil do governo Castelo Branco, Luís Viana Filho, os acontecimentos chegariam ao clímax.

Viana Filho telefonou às 20h para Baleeiro a fim de comentar a derrota do governo nas eleições estaduais. Disse ele que os militares estavam "excitadíssimos", querendo "qualquer solução". Na cabeça de Viana Filho, ainda ressoava o alerta que lhe fizera o deputado udenista Bilac Pinto: atingido certo ponto de ebulição, o remédio era reabrir o processo revolucionário. Isso, naturalmente, exigiria novas medidas de exceção.

As comunicações enviadas ao governo informavam que Carlos Lacerda pregava um "golpe revolucionário" em Minas e na Guanabara. De São Paulo veio a notícia de "inquietações" entre os militares. "À noite, novas informações fizeram o deputado Antonio Carlos Magalhães ir comigo para o Laranjeiras, onde, ao contrário do habitual, era intenso o movimento, e o telefone dava conta de suspeita movimentação em alguns quartéis", descreveu Viana Filho.

Na vigília que se estabeleceu na cúpula do governo, o presidente Castelo Branco recebeu o ministro da Guerra, general Costa e Silva. Ele lhe levou a informação de que as tropas estavam de prontidão para abafar possíveis insurreições.

No dia 6, na Vila Militar, Costa e Silva faria o discurso nas comemorações da tomada do Monte Castelo, na Segunda Guerra Mundial. A linha dura esperava do ministro da Guerra uma manifestação contundente contra as posses de Israel Pinheiro e Negrão de Lima e, por conseguinte, novas medidas antidemocráticas. O tom, entretanto, foi outro.

— Atravessamos uma fase nova que ouso chamar ainda de revolucionária, iniciada em 31 de março, quando o Exército, violentando o seu princípio, mas prestando uma homenagem ao povo, afastou aqueles que queriam levar o país ao caos, coisa que não tolerará jamais, pois o espírito revolucionário continua prevalecendo — disse o ministro.

Em seguida, deu o recado do governo:

— Não tememos contrarrevolução. O que nos preocupa é o ardor da mocidade que quer mais revolução. Garanto-lhes que sabemos onde pisamos e posso afirmar que não retornaremos ao passado. O presidente Castelo Branco autorizou-me a dizer-lhes isso, porque sabe que a farda está unida tanto no Exército como na Marinha e na Aeronáutica. Enquanto existir coesão, que importam negros ou brancos? Eles jamais tomarão conta deste país.

A despeito das palavras assertivas de que o governo não admitia retrocesso no processo revolucionário, a linha dura pressionava por mais. E o governo sabia que só a adoção de novas medidas severas aplacaria a crise. Mas quais seriam?

Nesses dias de crise, Brasília tornou-se campo fértil para interpretações e leituras políticas fatalistas a partir de pequenos e nem sempre claros sinais. O *Jornal do Brasil* noticiava que as luzes nos ministérios da Marinha e da Guerra permaneceram a noite inteira acesas. Nas portarias dos ministérios, intensas movimentações. Os telefones na capital federal tocavam repetidamente. Parlamentares recebiam ligações de jornalistas em busca de alguma migalha de informação. De outros estados vinham perguntas sobre a possibilidade de novo golpe. Se houvesse risco, correriam aos mercados para estocar alimentos e retirariam o dinheiro do banco.

Luís Viana Filho também se movimentava politicamente em auxílio a Castelo Branco. Continuava receoso da excitação dos militares. Por isso, pediu aos deputados Adaucto Lúcio Cardoso e Aliomar Baleeiro que elaborassem um texto com sugestões de medidas para debelar a crise. Além de prever eleições indiretas para os estados, o documento deveria prescrever: 1) mais facilidade da intervenção federal nos estados; 2) nomeação, pelo presidente da República, do comando das forças públicas e da polícia da ordem política e social; 3) residência confinada para os cassados; 4) renovação do ato institucional.

Adaucto tinha na sua agenda um encontro com o presidente da República no dia seguinte, às 16h30. Meia hora antes da audiência, passou no apartamento de Baleeiro para buscar a minuta do texto. Discutiria diretamente com o presidente as ideias gestadas para a conjuntura. No Palácio do Planalto, Castelo Branco reuniu Luís Viana Filho, o presidente da Câmara, Bilac Pinto, os deputados udenistas Adaucto Lúcio Cardoso e Paulo Sarasate, Golbery do Couto e Silva, do SNI, e Ernesto Geisel, do gabinete militar da presidência da República. O presidente expôs a todos a apreensão diante da agitação militar e pediu sugestões de como solucionar o problema.

Adaucto logo sacou o documento que pegara na casa de Baleeiro e o leu. As sugestões não foram bem recebidas. Tinham um quê de parlamentarismo, conforme avaliação de Golbery. A conversa então seguiu com outras proposições, mas o grupo não conseguiu chegar a bom termo. Então, decidiu recorrer novamente ao grande formulador do arcabouço legal da ditadura, Carlos Medeiros. Viana Filho e Bilac Pinto colheriam com Medeiros sugestões de medidas legislativas. O ghost-writer do AI-1 ajudaria a idealizar o AI-2.

Naquela mesma semana, o chefe da Casa Civil convocou aliados para nova reunião no apartamento de Adaucto Lúcio Cardoso. O tema era, naturalmente, a crise política. Estavam lá, além de Viana Filho, o ministro da Justiça, Milton Campos, o senador Daniel Krieger, os deputados Bilac Pinto, Aliomar Baleeiro, Pedro Aleixo e Antonio Carlos Magalhães. A previsão de que medidas de exceção seriam adotadas fez Milton Campos confidenciar a todos: não gostaria de estar no governo se alguma medida de exceção fosse baixada.

No dia 13, o presidente da República enviou ao Congresso Nacional as mensagens com a proposta de emenda constitucional destinadas a aplacar o ânimo dos militares. Dentre as modificações pensadas pelo governo e por seus conselheiros estava o aumento das hipóteses de decretação de intervenção federal, a ampliação da competência da Justiça militar para julgar crimes contra a segurança nacional e a impossibilidade de o Judiciário anular as punições aplicadas com base no ato institucional nº 1.

O presidente poderia optar por baixar novo ato institucional para pôr em prática as alterações que julgava essenciais, mas preferiu submetê-las ao crivo do parlamento na expectativa de que teria votos suficientes. Com o projeto enviado, Castelo Branco convocou as lideranças do PSD para pedir apoio às medidas. Disse que a proposta lhe garantia poderes que ele preferia não usar, mas que precisava ter ao alcance das mãos. As lideranças do partido não confiavam no cenário sombrio que o presidente da República desvelava. "Certamente, não acreditaram no que dizia, pois os triunfos perturbam tanto ou mais que o vinho", registrou Viana Filho, que acompanhou as reuniões. Os líderes que conversaram com Castelo não percebiam que ele, o presidente da República, servia de anteparo à linha dura e por isso, acrescentou Viana Filho em suas memórias, mostraram-se infensos à emenda constitucional.

Que faria Castelo Branco se deputados e senadores não lhe garantissem a aprovação esperada? Era o que Costa e Silva indagava antes do envio do projeto e foi o que o presidente da República discutiu com Aliomar Baleeiro depois de uma viagem a Porto Alegre. Castelo convidou-o para jantar no Palácio da Alvorada. No dia e na hora marcados, o deputado seguiu pelas ruas desertas de Brasília até a porta do palácio. Depois dos cumprimentos de praxe, foram direto para a política. Mas, no princípio, Castelo esquivou-se das questões sobre a crise militar. Seria indício de que o tema o afligia? Ou seria pudor de confessar que não conseguiria dominar o que afinal era um caso de disciplina? Essas eram as perguntas que Baleeiro se fazia. Até que desabafou. O que o agoniava, confidenciou, era a ideia de que poderiam derrubá-lo para colocar no lugar um general X, que depois seria derrubado pelo general Y ou Z ou por um sargento qualquer.

— Ou por um sargento Batista — retrucou Baleeiro.

— E se o Congresso não votar os projetos que lhe enviei? — perguntou Castelo à queima-roupa.

"Respondi francamente que não subestimava as consequências. Eu, pessoalmente, achava perfeitamente compatíveis com a democracia os projetos e votaria por eles", relembrou Baleeiro. "Mas não lhe daria em hipótese alguma os 'poderes plenos', embora o julgasse capaz de exercê-los para os fins melhores e sem abusar deles."

Os poderes plenos levavam ao abuso e, se um chefe de Estado os julga imprescindíveis, que tome a responsabilidade deles sem os pedir ao parlamento, acrescentou Baleeiro. "Opte pelo crime e responda por ele, em julgamento político, se perder a parada, ou perante a história, se for bem-sucedido no golpe. Talvez a história possa absolvê-lo", concluiu. O presidente, conforme registro de Baleeiro, concordou sem vacilar.

A despeito da conversa reservada, das perguntas e respostas francas, Castelo não revelou o que faria realmente se não obtivesse do Congresso o aval para as proposições que fez. Disse apenas que vinha empregando todos os meios para convencer os parlamentares da necessidade da aprovação.

Uma das propostas enviadas ao Congresso como parte do pacote anticrise atingia diretamente o Supremo Tribunal Federal. O texto prescrevia o aumento do número de integrantes do STF de onze para dezesseis ministros. Segundo Luís Viana Filho, o texto foi pensado por três pessoas: Orozimbo Nonato, ministro do Supremo nomeado por Getúlio Vargas e que se aposentou do tribunal em 1960; Prado Kelly, advogado de formação, deputado constituinte, ministro da Justiça no governo Café Filho e que se tornaria ministro do Supremo nas vagas abertas pelo AI-2; e Dario de Almeida Magalhães, bacharel em direito, udenista histórico e presidente do Banco do Estado do Rio de Janeiro no governo de Carlos Lacerda.

O Supremo discordava da proposta e a criticou publicamente. O ministro Victor Nunes Leal, em estudo publicado em setembro de 1965, argumentava a "inconveniência do aumento do número de juízes do Supremo Tribunal em razão da natureza de suas funções, isto é, no pressuposto do seu funcionamento em reuniões plenárias". Lembrava que a criação de uma turma de julgamentos — que se somaria às duas já existentes —, como defendia o governo, não resolveria o acúmulo de processos do Tribunal Pleno. "Aliás, se o aumento das turmas pudesse operar o milagre, bastaria que elas realizassem duas sessões por semana, em vez de uma só, reduzindo-se de três para duas as sessões do Pleno, para que o problema ficasse solucionado", argumentou o ministro. Nesse estudo, recordando exemplos da Suprema Corte americana, Nunes Leal antecipou que o governo poderia se frustrar se a ideia por trás da ampliação do número de ministros fosse virar a jurisprudência do tribunal em temas sensíveis para os militares. "Raro é o governante que não se decepcionou, ao escolher pessoas respeitáveis e honradas, com a expectativa de serem seus porta-vozes nos tribunais."

O presidente do STF, ministro Ribeiro da Costa, repeliu publicamente a emenda e a indicação de novos ministros. Falava em nome da corte, que, em reunião administrativa, rechaçou a mudança na composição: "Sob todos os ângulos por que se examine", disse o presidente, a ampliação do STF era "inaconselhável [...] por sua manifesta inconveniência e inutilidade". Com mais cinco ministros, os julgamentos demorariam mais, ao contrário da celeridade propugnada pelo governo ao baixar o ato. Era, na visão do Supremo, "absurdo, esdrúxulo e chocante com os princípios básicos da Constituição" permitir que o presidente da República, por vontade própria, sem consultar o tribunal e com uma justificativa dissimulada, alterasse a composição do STF. Como afirmou Ribeiro da Costa, uma iniciativa como essa inaugurava uma espécie de conluio de dois poderes para empacotar o outro: Executivo e Legislativo unidos para enfraquecer ou direcionar o Judiciário conforme seus interesses políticos.

Do ponto de vista prático, o presidente do Supremo considerava que o aumento da quantidade de ministros e a criação de uma terceira turma de julgamentos dividiria o tribunal em três "supreminhos". A criação de turmas autônomas poderia comprometer a autoridade, a respeitabilidade e a confiança no tribunal. Já naquela época, é preciso ressaltar, o Supremo estava dividido em duas turmas, como hoje. Ribeiro da Costa era crítico inclusive dessa divisão. Afinal, como fazer quando cada uma das turmas decidisse em sentidos distintos? Seria preciso criar um recurso para unificar os entendimentos? A Constituição de 1946 desconhecia a divisão do STF em turmas. A criação delas por um mero decreto-lei era inconstitucional, argumentava. Essas eram as questões práticas e técnicas. Havia também o argumento político, a crítica que o presidente do Supremo fazia às intromissões dos militares no Judiciário:

> Advirta-se ainda à nação da ruinosa e imeritória pretensão, agitada aqui e ali até por chefes militares, que por muito entenderem do seu próprio ofício, nem por isso conhecem a aparelhagem constitucional, no que diz respeito ao Poder Judiciário, notadamente a Suprema Corte. Alertamos os poderes Executivo e Legislativo, ao mesmo passo que assim o fazemos tendo em vista as

insistentes intromissões de militares nesse assunto que não lhes diz respeito, sobre o qual não lhes cabe opinar, o que, entretanto, vem ocorrendo lamentavelmente, coisa jamais vista nos países verdadeiramente civilizados. Já é tempo de que os militares se compenetrem de que nos regimes democráticos não lhes cabe o papel de mentores da Nação.

(As declarações do presidente do Supremo, como vimos anteriormente, foram repudiadas por Costa e Silva e aprofundaram a revolta dos militares da linha dura contra o tribunal. Em resposta às altercações públicas entre os dois, os ministros se solidarizaram com Ribeiro da Costa, estendendo seu mandato de presidente até a data de sua aposentadoria.)

Hoje, em tempos de normalidade institucional, uma ideia como essa teria vida curta. Primeiro porque nenhum governo atacaria desse modo a autoridade do STF. Depois porque o Supremo adquiriu posição de maior equilíbrio no balanço entre os poderes. Ao contrário do que acontecia no passado, hoje o Judiciário se emparelha com o Executivo e o Legislativo. A Constituição de 1988 conferiu-lhe novos e avançados poderes, os ministros passaram a ocupar espaços públicos de discussão, a sociedade voltou suas atenções para as decisões da corte. Por último, parlamentares que respondem a processos no STF em razão do foro privilegiado não se atrevem a atentar contra o tribunal que os julgará. Ainda assim, se na política o tribunal não saísse vitorioso e a proposta fosse enviada ao Legislativo e aprovada, o procurador-geral da República, com a liberdade e a autonomia de que hoje dispõe, ou qualquer partido político contestaria a constitucionalidade da alteração legislativa. Como caberia ao Supremo julgar a ação direta de inconstitucionalidade, o projeto seria fulminado.

Os tempos em 1965 não eram de normalidade, e o Judiciário não dispunha de força político-institucional para fazer frente ao Executivo ou para se articular com o Congresso. A corte resistiu com as parcas e roucas armas de que dispunha. Mais uma vez não teria força para combater os militares.

CORTE EMPACOTADA

O que queria o presidente da República com a ampliação do número de ministros do Supremo pelo ato institucional nº 2? O discurso oficial era de que o número de processos em tramitação na corte e a necessidade de decisões mais céleres reclamavam aumento na força de trabalho. Em 1960, foram distribuídos aos ministros 5946 processos e realizados 5747 julgamentos. Na comparação com os números atuais, os dados parecem ínfimos, mas é preciso recordar que os ministros não dispunham de assessores para auxiliar na pesquisa de jurisprudência ou na elaboração dos votos e decisões. Cada gabinete contava com uma datilógrafa, uma secretária e um assessor de plenário. Somente em 1963 foi criado o cargo de assessor jurídico. Os ministros tinham direito a escolher um auxiliar, que poderia funcionar no STF por dois anos apenas. Competia ao ministro definir o escopo de atuação dos assessores, mas nenhum dos integrantes da corte delegava a feitura do voto, algo muito comum nos dias atuais. Como explicou o ministro Evandro Lins e Silva:

> O secretário jurídico fazia exatamente essa joeiragem, verificava se o caso era questão de súmula ou não, para me submeter. Outras vezes, ia fazer pesquisa na biblioteca. Lembro de um caso grande de terras de fronteira, em que o Fábio fez uma grande pesquisa para me dar os elementos da doutrina, da legislação e da jurisprudência. Depois, o voto era meu, exclusivamente; nenhum secretário fazia voto.

Alguns ministros resistiram à contratação de assessores. Consideravam extravagante que um servidor soubesse o teor de seu voto antes dos demais ministros. Mas o emprego de auxiliares se tornou realidade. Hoje, um pelotão de assessores exerce nos gabinetes funções que vão muito além da "joeiragem" a que se referiu Lins e Silva ou à pesquisa de precedentes e doutrina na biblioteca, como faziam alguns dos assessores daquele tempo.

Em 1964, quando os militares já maquinavam o que fazer com o STF — cassar ministros e/ou ampliar a corte —, foram protocolados no tribunal 8960 processos, dos quais 8526 foram distribuídos e 7849 julgados. O presidente Castelo Branco, que resistiu sempre à ideia de cassar ministros do STF, conhecia, de suas leituras, o exemplo norte-americano de *Court-packing* (empacotar a corte), proposto pelo presidente Franklin Roosevelt em 1937 como forma de evitar resistências na Suprema Corte dos Estados Unidos às propostas do New Deal. E mencionou expressamente a alternativa em conversa com Aliomar Baleeiro. "A meu ver, Castelo Branco, diante daquele antagonismo da revolução aos cinco ministros do STF, cuja filosofia política ela reputava hostil às suas diretrizes, encarou duas soluções drásticas", registrou Aliomar Baleeiro. E prosseguiu:

> A primeira: aposentá-los, como fez Vargas em 1931, em relação aos juízes execrados pelos revolucionários de 1922, 1923, 1924 e 1930. A segunda, menos radical: elevar em quase 50% o número dos ministros, como tentou fazê-lo Franklin D. Roosevelt para anular a resistência de alguns dos *justices* às medidas do New Deal. Castelo conhecia perfeitamente o projeto de *packing the Court*, de Roosevelt, pois a ele se referiu em conversa comigo cerca duma semana antes do AI-2.

Dentre as alternativas que vislumbrava, Castelo Branco escolheu a "menos brutal" e que, adicionalmente, na visão ou na versão que imprimiu, contribuiria para diminuir a grande carga de processos do Supremo. Em 1965, o STF era composto integralmente de ministros indicados por governos anteriores — sendo quatro deles nomeados pelo presidente Juscelino Kubitschek e dois pelo presidente João Goulart.

Crise política, pressão da linha dura pela cassação de ministros do Supremo, Congresso insatisfeito com as medidas propostas e Judiciário protestando enfaticamente contra a interferência do Executivo: o quadro revelava que as emendas constitucionais enviadas por Castelo tinham poucas chances de sucesso. Ciente das dificuldades que se assomariam, o general Costa e Silva acionou o jurista Vicente Rao para que desse um parecer sobre as medidas propostas.

Rao foi, na década de 1930, o que Carlos Medeiros se tornou para a ditadura: um consultor permanente para as medidas legais autoritárias.

Luís Viana Filho escreveria que o ministro da Guerra, "talvez maliciosamente, almejava novo ato do Comando Revolucionário". E Vicente Rao prepararia, para o dia 11 de outubro, uma minuta do ato institucional nº 2. "A ideia de ser forçado a editar novo ato institucional o angustiava", escreveu Viana Filho sobre o dilema que o presidente Castelo Branco enfrentaria. Mas no dia 17, em seus apontamentos diários, anota o chefe da Casa Civil: "O presidente admite que um Ato 2 seria para dissolver os partidos, empossar os eleitos, suspender o habeas corpus, revigorar certos dispositivos do ato institucional [o AI-1]".

No dia 23 de outubro, a redação do AI-2 é entregue ao presidente Castelo Branco junto com um esboço de manifesto dirigido à nação. Assessores do governo discutiriam se o ato deveria sair antes ou depois de uma decisão contrária do Congresso às medidas propostas por Castelo. "Gradativamente, o Ato tornava-se inevitável, pois, apesar do trabalho para a aprovação das proposições governamentais, nada indicava alcançar-se esse objetivo", lamentou o chefe da Casa Civil da presidência, acrescentando:

> Concomitantemente, criara-se nítida consciência de que, salvo se fizesse alguma coisa para contrabalançar a derrota, o presidente poderia cair, caso não lograsse o voto do Congresso. Abria-se assim a perspectiva de que daí por diante, enfraquecido, ele se veria forçado a fazer concessões compulsoriamente, o que significaria a derrota da revolução. Contudo, era claro que o presidente não permitiria chegar-se a essa situação.

No domingo, dia 24, Brasília foi tomada de expectativa. O novo ministro da Justiça, Juracy Magalhães, convocou horário no rádio e na televisão para um anúncio. Muitos esperavam, inclusive o *Jornal do Brasil*, que o governo anteciparia a divulgação do ato institucional nº 2. Pontualmente às 21h, Juracy Magalhães pediu ao Congresso para que aprovasse as medidas "aparentemente antidemocráticas". Fez ainda um apelo ao STF para acabar com os incidentes com as Forças Armadas, lamentando os excessos de um lado, provocados pelos excessos do outro lado. Antes de encerrar, deixou claro que o presidente Castelo Branco iria até o fim se deputados e senadores não lhe garantissem votos, mesmo que fosse necessário um novo ato excepcional.

Na quarta-feira, o Congresso iniciava as discussões sobre o projeto do governo. Como sempre ocorre nas votações de propostas polêmicas, os debates e discursos eram intermináveis. A estratégia de ontem é a mesma de hoje: deputados subiam à tribuna para enrolar o processo e adiar a votação.

Às 23h30, diante da interminável sessão, Adaucto Lúcio Cardoso e Aliomar Baleeiro decidiram ir embora no mesmo carro. Quando subiam a Esplanada dos Ministérios, deserta àquela hora, o carro oficial que levava o chefe da Casa Civil emparelhou. Os motoristas estacionaram ao lado do canteiro central da Esplanada e os três desceram para conversar. Estava decidido: naquele exato momento, o governo aprimorava a redação do ato institucional nº 2. Seria assinado no dia seguinte.

Às 11h50 do dia seguinte, no Palácio do Planalto, Castelo Branco fez o anúncio do novo ato. O texto, lido por Luís Viana Filho, trazia nas primeiras linhas um comunicado à nação:

> A revolução é um movimento que veio da inspiração do povo brasileiro para atender às suas aspirações mais legítimas: erradicar uma situação e um governo que afundavam o país na corrupção e na subversão [...]. Não se disse que a revolução foi, mas que é e continuará. Assim o seu poder constituinte não se exauriu; tanto é ele próprio do processo revolucionário, que tem de ser dinâmico para atingir os seus objetivos [...]. A revolução está viva e não retrocede.

O novo ato institucional aumentou o número de ministros do STF de onze para dezesseis e criou uma terceira turma de julgamentos. Suspendeu as garantias constitucionais ou legais de vitaliciedade, inamovibilidade e estabilidade, permitindo ao Conselho de Segurança Nacional demitir magistrados, por exemplo. "No interesse de preservar e consolidar a revolução", o ato autorizava o presidente da República, ouvido o Conselho de Segurança Nacional, a suspender os direitos políticos de quaisquer cidadãos pelo prazo de dez anos e cassar mandatos legislativos federais, estaduais e municipais.

Publicado o ato, era preciso efetivá-lo. O presidente da República precisava convidar e nomear os cinco novos ministros do Supremo Tribunal Federal. Evidentemente, seriam pessoas ideológica e politicamente ligadas ao governo militar.

O processo de escolha de um ministro do Supremo é imbricado e varia de governo para governo. Cada presidente estabelece uma sistemática e critérios que aplicará para encontrar os nomes. Castelo detinha uma lista de possíveis candidatos a ingressar no Supremo pelo AI-2: incluía os nomes de Prado Kelly; do procurador-geral da República, Oswaldo Trigueiro; dos deputados Aliomar Baleeiro e Adaucto Lúcio Cardoso; do desembargador Adalício Nogueira; de Carlos Medeiros e de Milton Campos, recém-saído do governo.

Contrariando a máxima de que cargo de ministro do Supremo não se pleiteia nem se recusa, Adaucto e Milton Campos não aceitaram o convite. "Adaucto preferia, porém, disputar as próximas eleições na Guanabara. E Milton Campos, também lembrado, não se sentia à vontade para aceitar a nova função depois do ministério e alegou impossibilidade de morar em Brasília", relatou Luís Viana Filho. Também pesou para Milton Campos o fato de ter proposto, no Ministério da Justiça, reajuste salarial para os ministros do Supremo e agora, indicado, beneficiar-se disso.

Aliomar Baleeiro foi convidado oficialmente pelo ministro da Justiça, Juracy Magalhães. Mas o presidente da República queria falar-lhe pessoalmente. Então, no sábado, às 9h30, no Palácio Laranjeiras, no Rio de Janeiro, Baleeiro foi ao encontro do presidente Castelo Branco para ouvir, de sua boca, o que queria do Supremo com as novas indicações. "Cheguei ao Palácio Laranjeiras à hora e conversei com o ministro Paranaguá, vindo logo depois o presidente que me tomou pelo braço e levou-me a uma sala no segundo piso, onde nos sentamos diante duma grande mesa", registrou Baleeiro em seu diário. A conversa rumou para a política, mas logo trataria do tema para o qual a agenda fora marcada. Baleeiro prosseguiu:

> Depois, fez-me o convite e pediu-se que o não considerasse como recompensa dos conselhos e ajudas que lhe dera, mas um serviço que esperava de mim ao país na modelação[7] do novo Supremo sem

a estreiteza de vistas da "velharia" (expressão dele) que lá estava. Aludiu aos arrebatamentos de Ribeiro da Costa, à demora das causas, à queda do nível cultural etc.

Depois de aceitar o convite, o deputado udenista acrescentou suas impressões sobre o Supremo. O tribunal tinha competências demais. Devia funcionar como a Suprema Corte americana, como corte constitucional. Recursos extraordinários e mandados de segurança deviam ser julgados pelos tribunais estaduais. O Supremo ficaria como guardião da Constituição e, adicionalmente, decidiria os habeas corpus e mandados de segurança contra o presidente da República e presidentes da Câmara, Senado e STF.

Castelo não disse se pretendia diminuir a influência de ministros indicados por presidentes anteriores ou se precisava anular integrantes do Supremo que não demonstravam afinidade ideológica com o governo militar. Também não repetiu o discurso oficial de que as indicações visavam aumentar a produtividade do tribunal com a criação de uma terceira turma. Tampouco revelou que indicou cinco novos ministros para que defendessem a "revolução". Precisava?

As tratativas entre Castelo Branco e Baleeiro foram, portanto, aquilo que se espera de um convite desses. O presidente diz o que pensa, sem descer aos detalhes deste ou daquele caso, e o convidado apenas comenta se aceita ou não. Ante a recusa de Adaucto e Milton Campos, os convites para o Supremo foram feitos e aceitos por Prado Kelly, Trigueiro, Baleeiro, Adalício Nogueira e Carlos Medeiros. Todos foram aprovados no Senado sem dificuldade, com uma exceção.

OS ESCOLHIDOS

Em 1957, no governo Juscelino Kubitschek, Carlos Medeiros foi nomeado procurador-geral da República. Exerceria o cargo até 1960 e alimentava a expectativa de ser indicado para o STF. O presidente JK já havia indicado três ministros para o tribunal: Gonçalves de Oliveira, Vilas Boas e Cândido Mota. Em novembro de 1960, o ministro Rocha Lagoa aposentou-se a pedido. Seria a última indicação de JK antes do fim de seu mandato, em janeiro de 1961. O presidente decidiu indicar Victor Nunes Leal para a vaga. Carlos Medeiros foi preterido — e duas semanas depois pediu exoneração.

Em 1965, Medeiros estava em situação parecida. Havia colaborado com o governo militar na elaboração da legislação revolucionária, como o ato institucional nº 1. Seria novamente preterido na disputa por uma vaga no STF? Dessa vez seria pior. Havia cinco vagas abertas, e não uma apenas, como no governo JK. Como Adaucto e Milton Campos rejeitaram o convite, abriu-se espaço para Medeiros. Escolhido para a vaga, ele permaneceu no cargo por apenas oito meses. Deixou a corte para assumir o Ministério da Justiça a fim de continuar ajudando o governo militar a elaborar a Constituição de 1967 e as leis de Segurança Nacional e de Imprensa.

Oswaldo Trigueiro, assim como Baleeiro e Kelly, foi filiado à UDN, exercendo o mandato de deputado federal entre 1951 e 1954. Foi prefeito de João Pessoa (1936-7) e governador da Paraíba (1947-50). Logo depois do golpe, recebeu o convite para ser o procurador-geral da República. Era advogado em Brasília nessa época, e o relativo êxito — "ganhando mais do que poderia ganhar no serviço público", como escreveria — deixou-o indeciso sobre aceitar ou não o convite feito por intermédio de Luís Viana Filho.

Inicialmente, negou o convite. Trigueiro registrou:

> Havia deixado a política, desde 1954, com o propósito de a ela não retornar. O cargo de procurador-geral não é propriamente político, mas pressupõe inteira solidariedade com o governo, pelo menos na defesa de seus interesses junto ao Poder Judiciário. Além disso, ouvira de Hahnemann Guimarães, mais de uma vez, que a procuradoria-geral era o pior emprego da República.

No dia seguinte à negativa, o chefe da Casa Civil telefonou para Trigueiro e disse que o presidente não abria mão de sua indicação. "Diante disso, resignei-me a mudar de vida, mais uma vez, e respondi que assumiria o cargo, logo que fosse publicado o ato de nomeação", disse Trigueiro.

Ele manteve, em razão do cargo e das circunstâncias políticas e legais do golpe — "Castelo Branco queria fazer uma revolução com o Congresso em pleno funcionamento, com a imprensa livre e com os tribunais exercendo normalmente as suas atribuições", afirmava Trigueiro —, contatos frequentes com a presidência da República e com o Ministério da Justiça. Criadas as cinco vagas pelo AI-2, era natural que ele fosse um dos escolhidos:

> Quando ele [Castelo] me convidou para o Supremo Tribunal, decerto terá considerado a tradição de premiar-se com essa honraria os que serviram na Procuradoria-Geral. Nem por isso sua lembrança me surpreendeu menos, porque nada lhe pedi, nem soube que alguém o fizesse em meu favor. Mas eu fui nomeado numa oportunidade em que havia cinco vagas a preencher. Depois de minha posse, observou-me um amigo que o presidente não estava na obrigação de nomear-me. Mas ressaltou que, se nomeasse cinco ministros novos, sem se lembrar do procurador-geral, certamente não estaria dando a este um atestado de bons serviços.

Prado Kelly tinha 61 anos quando indicado para o cargo que seu pai — Octavio Kelly — ocupara de 1934 a 1942. Naquela época, Prado, em oposição ao governo Vargas, participou da fundação da União Democrática Brasileira (UDB). Vieram o golpe e o Estado Novo, com o fechamento do Congresso e a extinção dos partidos políticos. Prado Kelly, sem partido e sem mandato, passou a se dedicar à advocacia. Quando o clima político começou a mudar, ele participou da articulação para criar a UDN e, em seguida, da candidatura presidencial derrotada de Eduardo Gomes, em 1945. A proximidade com Eduardo Gomes seria lembrada em 1965 por Viana Filho: "No dia 29 transmiti o convite a Baleeiro e a Adalício, e a relação ficou completa com Prado Kelly, por quem sabia-se interessado o brigadeiro Eduardo Gomes...".

Aliomar Baleeiro completava o time de udenistas que passariam a integrar a corte. Um dos próceres do grupo que fez inflamada e barulhenta oposição aos governos Vargas, JK e João Goulart, a chamada "Banda de Música" da UDN, Baleeiro participou ativamente das articulações do golpe militar. Sua indicação, como disse o presidente Castelo Branco, não se deveu ao envolvimento com os preparativos para a deposição de João Goulart ou aos conselhos em momento de crise. Segundo o relato de Baleeiro, Castelo, como vimos, queria no STF alguém "sem a estreiteza" de visão da "velharia" que ocupava o tribunal naquele momento. O militar estava descontente com os "arrebatamentos" de Ribeiro da Costa, algo que incomodava também alguns ministros da corte, por mais que não expusessem as restrições. (Um exemplo das provocações do presidente do Supremo: em 11 de novembro de 1965 ele foi convidado por Castelo para participar da recepção ao rei da Bélgica. O convite foi devolvido e deixado na portaria do Palácio do Planalto com a palavra "devolvido" escrita de próprio punho por Ribeiro da Costa.)

Mas foram os arroubos, as ironias e a mordacidade de Aliomar Baleeiro que quase comprometeram sua indicação. O país esteve próximo de um fato inédito: a rejeição pelo Senado de uma indicação para o Supremo Tribunal. Algo que seria ainda mais impactante em se tratando do Congresso em tempos de ditadura militar. Protegidos pelo voto secreto, muitos dos que foram alvejados pela acidez de Baleeiro nos debates aproveitaram para se vingar. Para garantir que fosse aprovado, foi preciso *manobrar*, como lembrou o ministro Evandro Lins e Silva. A sessão foi suspensa para que dois senadores, que estavam no hotel Nacional, pudessem votar e garantir a aprovação de Baleeiro. Encerrada a votação, a margem foi estreita: 22 votos a favor, vinte contra e duas abstenções. Naquele mesmo dia, a indicação de Prado Kelly foi aprovada pelo voto de 36 senadores contra apenas oito. Baleeiro só passou no Senado porque seus aliados conseguiram, a minutos da sessão, virar quatro votos que eram contra a escolha.

A cerimônia de posse dos cinco novos ministros desvelaria a inconveniência da ampliação do tribunal e denotaria o improviso revolucionário que pretendia conter o STF. A bancada do plenário foi construída em 1960 para comportar onze ministros, o procurador-geral da República e o secretário das sessões. A repentina indicação dos cinco novos integrantes impediu que a arquitetura do plenário da corte fosse repensada.

Para explicar a caricatura de cerimônia de posse que ocorreu naquele dia 25 de novembro de 1965, é preciso antes descrever como funciona normalmente esse cerimonial. A festa de posse de um novo ministro do STF é singela e rápida. Parentes e convidados lotam o plenário para uma sessão que dura, em média, não mais do que quinze minutos. Os ministros antigos adentram o plenário, o presidente do STF abre a sessão, enunciando o motivo da reunião especial. Em seguida, todos são convidados a ouvir o Hino Nacional. O cerimonial então anuncia as autoridades presentes. Depois disso, o presidente convida o decano da corte e o ministro mais recente do tribunal a buscarem na sala contígua e a conduzirem ao plenário o membro a ser empossado, que é levado pelos dois colegas a um púlpito, onde jurará "bem e fielmente cumprir os deveres do cargo, em conformidade com a Constituição e as leis da República". O diretor-geral lê o termo de posse, que é assinado pelo novo ministro. O presidente o declara empossado, e ele é conduzido pelos dois colegas à cadeira que vai ocupar na bancada. A sessão é encerrada para que o novo integrante do Supremo receba os cumprimentos.

Em 25 de novembro de 1965, foi preciso improvisar. Os cinco novos ministros tiveram de fazer rodízio com a única cadeira disponível no plenário naquele dia — a ocupada por Lafayette de Andrada, que estava de licença. Cada um dos novos membros teve de ser empossado separadamente. Depois de cumprir o juramento regimental, cada qual era levado para o assento vago, onde se sentava para, em seguida, pedir licença e levantar-se. Então se acomodava nas cadeiras dispostas atrás da bancada, destinadas, nessas cerimônias, para as autoridades convidadas. O primeiro a ser empossado foi Adalício Nogueira, seguido por Prado Kelly, Oswaldo Trigueiro, Aliomar Baleeiro e Carlos Medeiros. Essa troca de cadeiras durou trinta minutos.

Após a solenidade, os ministros se reuniram em sessão secreta para discutir a mudança do regimento interno e a composição das turmas. O tribunal tentou diluir o empacotamento intentado pelo governo militar, distribuindo os novos integrantes nas três turmas. Em todas, os mais antigos eram maioria. A primeira turma passou a ser formada por Lafayette de Andrada (presidente), Cândido Mota Filho, Victor Nunes Leal, Evandro Lins e Silva e Oswaldo Trigueiro. Na segunda turma ficaram Hahnemann Guimarães (presidente), Vilas Boas, Pedro Chaves, Adalício Nogueira e Aliomar Baleeiro. Por fim, formaram uma terceira turma Luiz Gallotti (presidente), Gonçalves de Oliveira, Hermes Lima, Prado Kelly e Carlos Medeiros. E se na cerimônia de posse foi possível fazer rodízio de cadeira, no dia a dia foi necessário encontrar uma alternativa. O procurador-geral da República, desalojado, cedeu espaço para a disposição de novas cadeiras no plenário, ao lado direito e ao esquerdo do presidente do Supremo.

Cada integrante do STF considerou o ato institucional a seu modo. A visão mais realista e pragmática, entretanto, veio do ministro Oswaldo Trigueiro. Sem meias palavras, sem tratar o ato institucional como mal menor, ele deu o devido contorno para a decisão do presidente Humberto Castelo Branco: o AI-2, afirmou, era o "reconhecimento da incompatibilidade do processo revolucionário com a plena normalidade da ordem jurídica".

Castelo Branco quisera preservar o Judiciário dos atos de força. Visitou a corte depois de eleito, prometendo relações harmoniosas e respeito ao Supremo. Rejeitou pressões internas e cobranças públicas para cassar mandatos de ministros. Mas a manutenção do governo de exceção exigia a quebra da normalidade, como escreveu o ministro Oswaldo Trigueiro sobre o ato institucional:

> No direito constitucional latino-americano, as crises políticas não se resolvem sem o habitual apelo aos poderes de exceção. Disso temos longa e penosa experiência. Nas situações de fato — governo provisório, governo de salvação nacional, com reforço usual do estado de sítio, do estado de emergência, do estado de guerra — a primeira consequência é a suspensão de determinadas garantias constitucionais, subtraindo-se os atos de exceção ao controle jurisdicional.

Nesse mesmo sentido, argumentou o ministro Temístocles Cavalcanti — indicado pelo presidente Costa e Silva para o STF —, o ato institucional nº 2 "deveria ter vindo com a própria revolução":

> A tentativa do presidente Castelo Branco de conciliar a revolução com uma estrutura democrática era a negação da própria revolução, com o perigo de uma "restauração". A revolução é o poder

constituinte e a ele cabe dar a forma aos poderes. As revoluções são fatos calamitosos e indesejáveis, mas a tibieza do poder revolucionário é pior do que a revolução.

Os anos que se seguiram mostraram aos militares que, para chegarem aos objetivos que almejavam, seria preciso violentar novamente o STF. Se a ideia, com o AI-2, era empacotar a corte, infiltrando julgadores de ideologia simpática ao governo, o resultado ficou aquém do desejado pela linha dura. "Dizia-se que o aumento do número seria para neutralizar a influência daqueles considerados adversários da revolução. Mas se enganaram, porque os cinco nomeados chegaram lá e passaram a votar absolutamente de acordo conosco nos processos políticos", confirmou o ministro Evandro Lins e Silva. "As nomeações recaíram em nomes de expoentes nacionais das atividades a que se achavam ligados, de modo que o tribunal só ganhou com os novos magistrados, que reforçaram a linha independente e serena da corte", concordou o ministro Hermes Lima.

Trigueiro classificou como ilusória a percepção de que os novos ministros comporiam uma bancada disciplinada e subserviente. "Era impossível que eles se conduzissem, no Supremo, com uma disciplina ideológica que não haviam conhecido na atividade partidária." O Supremo, ele dizia, sempre esteve dividido em duas vertentes, entre duas "qualidades de ministros". A primeira delas: "Os que o aceitam como bom, comportam-se dentro do estilo tradicional e desempenham o seu papel de intérprete do direito escrito". Os ministros que integram esse primeiro grupo assumem postura mais discreta, "renunciam à notoriedade do cargo e se refugiam na rotina silenciosa". No segundo grupo estão "os que se rebelam contra o formalismo, o ramerrão, o tradicionalismo obsoleto". Estes são "naturalmente rebeldes às ideias feitas e ao formalismo vetusto". Toda composição tem as duas categorias de ministros e elas se equilibram, de acordo com Trigueiro. Sem os primeiros, não haveria jurisprudência uniforme; sem os segundos, não haveria renovação do direito.

Há um processo na lista de julgamentos históricos do tribunal que, se fosse isolado, faria crer que o AI-2 funcionou, e muito bem. O Supremo precisava decidir se um inquérito aberto para investigar indícios de crimes comuns atribuídos ao ex-presidente João Goulart poderia ser julgado por seus ministros ou deveria ir para a Justiça federal de primeira instância. O ex-presidente era suspeito, conforme os militares, dos crimes de emprego irregular de verbas ou rendas públicas, corrupção passiva e advocacia administrativa. Também era investigado com base na Lei de Segurança Nacional por comprometer a segurança do país e por promover organização subversiva. O Supremo precisava definir se o ex-presidente mantinha o privilégio de foro ou se o perdia depois de seus direitos políticos serem cassados. De acordo com a jurisprudência da corte daquela época, se o crime tivesse sido cometido durante o exercício do mandato, mesmo já encerrado, o presidente ou o parlamentar deveria ir a julgamento no STF. O foro privilegiado era mantido. Hoje, a situação é diferente: se um político comete crime quando parlamentar, mas deixa o mandato, perde o privilégio do foro e passa a ser julgado pela Justiça comum.

Era, enfim, necessário responder: políticos cassados mantinham a prerrogativa de foro? Parte minoritária do tribunal entendeu que todo ex-presidente da República deveria ser julgado pelo Supremo. O relator do processo, Gonçalves de Oliveira, argumentou que a Constituição de 1967 estabeleceu a competência do STF para julgar o presidente da República. "A Constituição atual não tem nenhuma restrição a respeito de presidente da República cassado", asseverou. Entretanto, a maioria dos ministros raciocinou distintamente. Julgaram que aqueles cassados pelo ato institucional nº 2 — mesmo esse ato sendo anterior à Carta de 1967 — também perderiam o foro privilegiado. Do contrário, disse o ministro Thompson Flores, o Supremo estaria ignorando que a Constituição de 1967 deixara expresso que "ficam aprovados e excluídos de apreciação judicial os atos praticados pelo Comando Supremo da revolução de 31 de março de 1964", assim como os atos baseados nos atos institucionais nos 1, 2, 3 e 4. Portanto, João Goulart seria julgado pela Justiça federal da Guanabara. Para o ex-presidente da República, era uma derrota. O Supremo, mesmo sendo permeável a questões políticas, era menos poroso que a Justiça comum.

Votaram a favor do ex-presidente os ministros Hermes Lima, Victor Nunes Leal, Gonçalves de Oliveira, Lafayette de Andrada, Adaucto Lúcio Cardoso e Temístocles Cavalcanti. Com exceção dos dois últimos, todos foram indicados antes do governo militar. Quem votou para que o inquérito tramitasse na primeira instância: Thompson Flores, Moacyr Amaral, Raphael de Barros Monteiro, Djaci Falcão, Eloy da Rocha, Aliomar Baleeiro e Adalício Nogueira. Todos indicados pelos militares, e dois deles nas vagas abertas pelo AI-2.

Esse julgamento, veremos no capítulo seguinte, foi um divisor de águas para alguns integrantes da corte. Apesar de vitorioso, o governo faria uma anotação na ficha de cada um daqueles que votaram a favor de João Goulart. Anos depois, eles pagariam caro por suas posições. Entretanto, apesar desse episódio, o quadro no Supremo, três anos após a edição do AI-2, era similar ao que se percebia antes da interferência do governo, situação que tanto exasperava os militares: habeas corpus concedidos em favor de presos políticos, inquéritos policiais-militares anulados etc. "Não me parece que tivesse cometido, com isso, um erro tático. Em política raramente a escolha é entre o bom e o ruim, mas a menos má entre duas soluções más, sem melhor alternativa", avaliou Aliomar Baleeiro diante desse panorama.

De todo modo, a linha dura continuaria pressionando o governo. E o STF receberia o tiro de misericórdia: o AI-5, a aposentadoria compulsória de três ministros e a suspensão da garantia do habeas corpus. Na figura de linguagem de Baleeiro, o Supremo estava manco. E já não tinha mais instrumentos disponíveis para amparar as liberdades e garantias individuais que o AI-5 eliminara.

5. CASSAÇÕES

> *O Supremo disse que os atos institucionais estavam fora da análise da Constituição. Não se tinha o que discutir. Poder-se-ia, quando muito, ter opiniões. Não adiantava discutir.*
>
> José Carlos Moreira Alves

ERA CERTAMENTE UMA MULHER bem relacionada no Palácio do Planalto. Possivelmente ocupava um cargo menor, a ponto de não ser tida como um quadro de governo. Assim, permanecia nos quadros da presidência da República a despeito das alternâncias do chefe do poder. Decerto discreta, o que lhe permitia dispor com antecedência de algumas das informações que decidiriam os rumos do país. Era igualmente corajosa, talvez irresponsável. Ou uma amiga fiel a ponto de telefonar para o amigo e contar, sabendo que assim arriscava seu emprego, o que ouvia nos gabinetes elevados da ditadura militar. Seu nome nunca se saberá, como impossível será saber onde trabalhava. Só é possível saber que ela foi a primeira pessoa a dizer com toda a segurança a um ministro do Supremo Tribunal Federal (STF) que cinco dos integrantes da corte seriam cassados em 1969.

Primeiro, a informante telefonou ao ministro Evandro Lins e Silva, que foi chefe da Casa Civil no governo João Goulart e que, portanto, deu expediente no Planalto. Do outro lado do telefone lhe anteciparam o que se passaria no dia 13 de dezembro de 1968: seria baixado o ato institucional nº 5. Logo depois, nova ligação para dizer que o governo preparava a edição de um ato complementar para reduzir de dezesseis para onze o número de ministros do STF. Cinco dos integrantes da corte seriam colocados em disponibilidade. A notícia inquietou o tribunal e alimentou teorias discutidas em reuniões secretas.

Semanas antes dos acontecimentos que marcariam os momentos mais dramáticos da história do Supremo, chegava ao protocolo da corte uma representação da Procuradoria-Geral da República contra o deputado Márcio Moreira Alves em razão de dois discursos que ele proferiu nos dias 2 e 3 de setembro de 1968 na Câmara, defendendo, num deles, o boicote à parada militar de Sete de Setembro e tachando o Exército de "valhacouto de torturadores".

"Todos reconhecem ou dizem reconhecer que a maioria das Forças Armadas não compactua com a cúpula militarista que perpetra violências e mantém este país sob regime de opressão", iniciou Márcio Moreira Alves. "Creio ter chegado, após os acontecimentos de Brasília, o grande momento da união pela democracia", acrescentou.

Os "acontecimentos de Brasília" a que se referiu o parlamentar foi a violenta invasão da Universidade de Brasília pelos militares. Centenas de estudantes e professores foram cercados e presos. Um deles — Waldemar Alves da Silva Filho — recebeu uma bala na cabeça. Socorrido pelos colegas, foi levado para dentro de um laboratório de química da UnB. Os militares trancaram a porta e jogaram bombas de gás lacrimogêneo pela janela.

Foi na sequência desses fatos que Márcio Moreira Alves subiu à tribuna da Câmara para chamar os militares de "algozes dos estudantes" e para acusar o Ministério do Exército de promover torturadores. Disse mais:

> Este é também o momento do boicote. As mães brasileiras já se manifestaram. Todas as classes sociais clamam por este repúdio à polícia. No entanto, isto não basta. É preciso que se estabeleça, sobretudo por parte das mulheres, como já começou a se estabelecer nesta Casa, por parte das mulheres parlamentares da Arena, o boicote ao militarismo.

E conclamava "as moças" que "dançam com cadetes e namoram jovens oficiais" a se recusarem a recebê-los.

O pronunciamento foi discreto, durante a manhã, no período conhecido como "pinga-fogo", ou seja, naquele horário em que o plenário está vazio e os parlamentares podem ocupar a tribuna por cinco minutos para tratar do assunto que quiserem. Apesar de a imprensa não ter dado atenção às palavras do deputado, o discurso foi reproduzido e enviado a todos os quartéis do país. Os militares da linha dura já planejavam eliminar da vida política os parlamentares considerados agressivamente antigoverno, também conhecidos como "autênticos". E o discurso serviu de pretexto para deflagrar o plano.

O primeiro a levar o assunto ao presidente da República, Costa e Silva, e a provocar o desencadear dos fatos foi o ministro do Exército, Lira Tavares. O ofício de 5 de setembro vinha com o carimbo "Confidencial". Tavares escreveu no ofício:

> Está certo o Exército de que dentro da harmonia e da independência dos poderes constituídos, que as Forças Armadas têm a missão constitucional de garantir, a coibição de tais violências e agressões verbais injustificáveis contra a instituição militar constitui medida de defesa do próprio regime, sobretudo quando parecem obedecer ao propósito de uma provocação que só poderia concorrer para comprometê-lo.
>
> A despeito da gravidade evidente das ofensas dirigidas pelo deputado Márcio Moreira Alves e do sentimento de repulsa com que elas ainda mais uniram os militares, como integrantes de uma instituição a que tanto já deve a democracia brasileira, o Exército continua empenhado em contê-las dentro da disciplina e da serenidade das suas atitudes, obediente ao poder civil e confiante nas providências que vossa excelência julgue devam ser adotadas.

Entre parlamentares governistas havia quem considerasse um erro a reação contra os discursos de Márcio Moreira Alves. O deputado Daniel Krieger levou a avaliação diretamente para Emílio Garrastazu Médici, então no SNI, o Serviço Nacional de Informações. A ação prejudicaria a imagem do governo. Médici rebateu: "Não importa [se ficará mal com a opinião pública], porque ficará muito bem na opinião do Exército".

O presidente da República pensava igual. Mesmo acreditando que uma representação formal contra o deputado não geraria consequências jurídicas em razão da liberdade de discurso, Costa e Silva sabia que a ação o deixaria bem junto dos colegas de farda. "Precisamos de uma fórmula que desagrave a instituição, de vez que o autor está acobertado pela inviolabilidade, o que torna inútil qualquer iniciativa de responsabilidade legal", disse ele.[8] Naquela situação, acrescentaria depois o presidente da República, ele não poderia "lavar as mãos como Pilatos, o que jamais fiz em minha longa vida de soldado e homem público, sempre assumindo a responsabilidade dos atos que pratiquei e determinei, para bem servir à nação".[9]

No dia 10 de setembro, Costa e Silva encaminhou o ofício assinado pelo ministro do Exército ao ministro da Justiça, Gama e Silva, para que adotasse as medidas que julgasse necessárias em relação a Márcio Moreira Alves. E, para reforçar a posição das Forças Armadas e não parecer apenas uma insatisfação isolada, os outros comandantes das Forças enviaram mensagens no mesmo sentido ao ministro Gama e Silva.

No dia seguinte, viria o documento assinado pelo ministro da Marinha, Augusto Rademaker.

Havia nesse processo uma questão de direito difícil de transpor — ao menos em tempos de normalidade. Da tribuna da Câmara, o parlamentar era inviolável por suas opiniões e por seus votos. Então, por mais que os militares não gostassem das críticas feitas por Márcio Moreira Alves, não havia como processá-lo. Mas naquela conjuntura anômala, tudo era possível.

Coube ao ministro da Justiça buscar as saídas jurídicas para atender aos ofícios das Forças Armadas. Em dezesseis páginas, depois apresentadas ao presidente da República, Gama e Silva tentou justificar por que Moreira Alves poderia legalmente ser processado no Supremo. E traçou seu raciocínio cerebrino.

O ministro admitiu, inicialmente, a tradição do direito constitucional brasileiro da inviolabilidade de deputados e senadores quanto a suas opi-

CONFIDENCIAL

AVISO Nº 002/MINC037   Em 19 de setembro de 1968

Senhor Ministro:

Venho dirigir-me a Vossa Excelência, para expressar a repercussão negativa e altamente indesejável que pessoalmente e os integrantes da Força Aérea Brasileira experimentamos ao conhecer as considerações profundamente ofensivas às Forças Armadas emitidas pelo Deputado Federal Marcio Moreira Alves nas sessões realizadas nos dias 2 e 3 do corrente mês.

2.   Estou convicto que a Vossa Excelência não passa desapercebida a repercussão desagradável das ofensas gratuitas dirigidas à coletividade militar que, fiel aos preceitos constitucionais, espera de Vossa Excelência as providências legais capazes de coibir a repetição das agressões verbais que deliberadamente visem tentar amesquinhá-la.

3.   Permito-me acrescer que o Excelentíssimo Senhor Ministro do Exército deu-me conhecimento, por ocasião de um dos entendimentos pessoais que mantemos, da Exposição de Motivos por êle encaminhada à Sua Excelência o Senhor Presidente da República e cujos conceitos plenamente coincidem com os meus próprios.

Aproveito a oportunidade para apresentar a Vossa Excelência os protestos de elevada estima e distinta consideração.

MARCIO DE SOUZA E MELLO
Ministro da Aeronáutica

Exmo Sr
LUÍS ANTONIO DA GAMA E SILVA
DD Ministro da Justiça

CONFIDENCIAL

2
Ofício enviado pelo ministro da Aeronáutica, Marcio de Souza e Mello, ao ministro da Justiça, Gama e Silva, como reação às críticas do deputado Márcio Moreira Alves.

CONFIDENCIAL

JVT/AHRG
(GM-20)
nº 2913

RIO DE JANEIRO,
Em 20 de setembro de 1968.

Senhor Ministro

    Tomei conhecimento da Exposição de Motivos nº 01, de 5 de setembro de 1968 (CONFIDENCIAL), do Exmº. Sr. Ministro do Exército ao Excelentíssimo Senhor Presidente da República com a qual estou de acôrdo. Em seu pronunciamento de 3 do corrente o Deputado Federal - MARCIO MOREIRA ALVES com o trecho "Vem aí o 7 de setembro. As cúpulas militares procuram explorar o sentimento profundo de patriotismo do povo e pedirão aos colégios que desfilem junto aos algozes dos estudantes. Seria necessário que cada pai, cada mãe se compenetrasse do que a presença de seus filhos nesse desfile é um auxílio aos carrascos que os espancam e os metralham nas ruas. Portanto, que cada um boicotasse êste desfile. Êste boicote pode passar também - sempre falando de mulheres - às môças, às namoradas que dançam com os cadetes e frequentam os jovens oficiais", ofende as Fôrças Militares em têrmos subversivos e inaceitáveis.

    Tornaram-se hábito para êsse Deputado, como pode ser constatado através seus pronunciamentos, as ofensas as Fôrças Armadas e as tentativas de conflitá-las com o povo com intenção nítida de atentar contra a ordem democrática.

À Sua Exª. o Senhor
Professor - LUIZ ANTONIO DA GAMA E SILVA
DD. Ministro de Estado da Justiça

CONFIDENCIAL

3
O ministro da Marinha, Augusto Rademaker, fez coro à reação dos outros comandantes das Forças Armadas ao discurso proferido pelo deputado Márcio Moreira Alves.

(Continuação do Aviso nº 2913 de 20/9/1968, do Exmº. Sr Ministro da Marinha ao Exmº. Sr. Ministro da Justiça).

Afim de coibir tais abusos e violências verbais contra os órgãos que devem defender a Pátria e garantir os Poderes constitucionais a Lei e a Ordem me parece ser o Deputado Federal MARCIO MOREIRA ALVES, passível de enquadramento no Art. 151, da Constituição do Brasil.

Aproveito a oportunidade para renovar a V.Exª. os protestos de minha alta estima e distinta consideração.

AUGUSTO HERMANN RADEMAKER GRÜNEWALD
MINISTRO DA MARINHA

4
No documento confidencial, Rademaker sugere a abertura de processo contra Moreira Alves.

niões, palavras e votos no exercício do mandato. Esse princípio já constava da Constituição Política do Império do Brasil e foi mantido nas constituições republicanas de 1891, 1934, 1946 e 1967. Gama e Silva iniciou assim suas considerações:

> Decorre desse critério, em face da doutrina e da chamada jurisprudência parlamentar, que, na tribuna, os deputados e senadores são inatingíveis. Eventuais difamações, injúrias ou calúnias que, pela lei, constituem crime, nada são para eles. A regra penal não os alcança.

Entretanto — e aqui estava a saída — quem abusasse dessa ou de outras garantias perderia os direitos políticos, mesmo no cargo de deputado ou senador. Nesses casos, seria imprescindível a autorização prévia da respectiva casa legislativa — Câmara ou Senado — para que o processo fosse adiante.

Gama e Silva argumentava que o projeto da Constituição enviado ao Congresso trazia redação distinta para um de seus artigos — o 151. O texto original determinava que o abuso de direito individual ou político de qualquer pessoa com o propósito de subversão do regime democrático importaria na suspensão de seus direitos políticos.

Pronto. Era o argumento de que o governo precisava para transpor a barreira formal imposta pela Constituição à representação contra Márcio Moreira Alves. Vencido esse obstáculo, o governo podia discutir o conteúdo da crítica. O que incomodava os militares era, por exemplo, a acusação de que eles haviam sido os responsáveis pela morte do estudante na Universidade de Brasília.

Gama e Silva afirmou que o deputado abusou do direito à livre manifestação do pensamento. Era ele, Márcio Moreira Alves, que atentava contra a Constituição como "mau brasileiro" ao falar o que pensava da "mais respeitável instituição nacional":

> Injuriando, difamando e caluniando as Forças Armadas, com a evidente e inequívoca intenção de combater o regime vigente, a ordem democrática instituída pela atual Constituição, o que não pode ser

admitido, nem tolerado. Falseando a atuação das Forças Armadas, procurou, ainda, indispô-las até mesmo com as famílias brasileiras.

Esses haviam sido "excessos delituosos", nas palavras de Gama e Silva. E a Câmara dos Deputados deveria permitir ao Judiciário o desfecho que a Constituição e as leis determinassem. O ministro sugeria encaminhar a representação formal ao procurador-geral da República, Décio Miranda, para que este iniciasse o processo criminal contra Moreira Alves.

Em 26 de setembro de 1968 Gama e Silva remeteu o documento para avaliação do presidente da República. Se Costa e Silva concordasse com os argumentos, deveria enviar a ordem ao procurador-geral da República para que desse seguimento ao caso. Uma semana depois de receber o parecer do ministro da Justiça, Costa e Silva escreveu à mão apenas um "Aprovo" sobre o documento.

Ao procurador-geral da República, que recebeu a representação no dia 2 de outubro, não havia discricionariedade. O teor do ofício e as expressões escolhidas revelavam que Décio Miranda agiria apenas como intermediário legal, mero despachante. Não cabia a ele avaliar a possibilidade de um processo contra Márcio Moreira Alves. A ele cabia apenas seguir as ordens do presidente.

O governo elaborou um discurso distinto, e os jornais o reproduziram. As fontes oficiais diziam que o governo não pressionaria o procurador-geral a processar o deputado. Se a avaliação do Ministério Público fosse de que Márcio Moreira Alves usou de suas prerrogativas como parlamentar, poderia arquivar o caso e não remetê-lo ao STF. Mas a versão era nitidamente um despiste na opinião pública.

Primeiro: o procurador-geral, como vimos, podia ser demitido a qualquer momento pelo presidente da República e, portanto, não entraria em confronto com ele. Hoje, se um presidente quisesse demitir o PGR, precisaria dos votos da maioria absoluta dos senadores. Segundo: o procurador-geral da República exercia no passado também a função de advogado-geral da União. Até por isso, o presidente da República buscava para o cargo alguém que pensasse como o governo. Era uma simbiose que obviamente se reproduzia nas ações do PGR.

GM/ 860-B   Em 26 de setembro de 1968 BRASÍLIA,

Aprovo.
Em 2.10.968

Excelentíssimo Senhor Presidente da República

[assinatura] Costa e Silva

1.   Tendo o Excelentíssimo Senhor Ministro do Exército representado a Vossa Excelência sôbre declarações feitas, na tribuna da Câmara dos Deputados, pelo deputado Márcio Moreira Alves, que ferem as Fôrças Armadas e atingem o regime, Vossa Excelência houve por bem determinar que o expediente me fôsse remetido, a fim de que adotasse as providências cabíveis no caso.

Posteriormente, os Excelentíssimos Senhores Ministros da Marinha e da Aeronáutica a mim se dirigiram, no mesmo sentido, solidários com a atitude do Excelentíssimo Senhor Ministro do Exército e protestando contra o comportamento daquele parlamentar.

Assim sendo, passei a examinar quais seriam, na hipótese, as providências que poderiam ser adotadas a fim de apurar a responsabilidade do deputado Márcio Moreira Alves, em face de sua qualificação pessoal e das normas constitucionais vigentes. E não obstante o despacho inicial de Vossa Excelência, conferindo-me a iniciativa da medida que julgar oportuna, desejo, antes de aplicá-la, que Vossa Excelência se digne de aprová-la, tendo em vista a importância do problema que passo a analisar.

5
Presidente Costa e Silva apôs seu "Aprovo" ao parecer que recomendava o pedido de abertura de processo contra Márcio Moreira Alves.

Se o ministro da Justiça analisara juridicamente o caso e se o presidente da República aprovara as conclusões, que liberdade de atuação restava ao procurador-geral? Nenhuma. Além da submissão ao governo que o cargo lhe impunha, Décio Miranda era simpático ao regime militar. Assim, não enfrentou um drama de consciência ao acionar o STF contra um deputado que da tribuna fizera um discurso político. Por isso, em 11 de outubro, as 33 páginas que integrariam a representação nº 786 seguiram para o Supremo.

Por regra, o tribunal deveria receber essa representação e sortear o relator do caso. Qualquer um dos ministros poderia cuidar disso, fosse alguém mais habilidoso politicamente, fosse um juiz sem jogo de cintura. Mas essa regra foi quebrada. À época, ninguém soube disso. A verdade só apareceria em 1972, quando o ministro Gonçalves de Oliveira, presidente em exercício do STF no dia em que a representação nº 786 chegou ao tribunal, confessou o que fizera.

"Gonçalves Oliveira me fez uma visita no STF e confessou-me que, quando recebeu a representação do PGR contra Márcio Moreira Alves, não fez o sorteio. Escreveu meu nome, depois de muito refletir, por isso, aquilo etc.", registrou Baleeiro em seu diário no dia 26 de junho de 1972.

A veia política do relator, sua experiência como parlamentar e seu pensamento liberal foram os fatores que com certeza motivaram a decisão heterodoxa de Gonçalves de Oliveira. Ele considerara, possivelmente, que Baleeiro poderia garantir ao caso um desfecho sem traumas e sem rupturas. O andamento do processo e as negociações nos bastidores com o governo e com o Congresso atestam que foi exatamente isso o que o ministro Baleeiro procurou fazer.

Baleeiro despachou para o Congresso a representação contra Márcio Moreira Alves. Em seu texto de duas páginas deixou evidente para os deputados que havia dúvidas jurídicas fundadas sobre a inviolabilidade do parlamentar. Antes de assiná-lo e remetê-lo ao Congresso, ele mostrou o inteiro teor do documento ao ministro Luiz Gallotti. Apontou a porta que deixava aberta para a Câmara. Os dois concordaram que aquela poderia ser uma boa saída.

Baleeiro poderia ter arquivado o pedido, monocraticamente, se convencido da impossibilidade de processar o parlamentar por discurso proferido na tribuna da Câmara. No Congresso, até mesmo integrantes da li-

TÊRMO DE APRESENTAÇÃO

35

N.º **786**

Distribuído ao Ex.mo Sr. Ministro _Aliomar Baleeiro_

Em _11_ de _Outubro_ de 19 _68_

EX.MO SR. MINISTRO PRESIDENTE,

APRESENTO a V. Ex.ª, para distribuição, êstes autos de _Representação_ em que é Repte.: _Procurador Geral da República_

Secretaria do Supremo Tribunal Federal, _11_ de _outubro_ de 19 _68_

Diretor-Geral da Secretaria

TÊRMO DE CONCLUSÃO

FAÇO êstes autos conclusos ao Ex.mo Sr. Ministro _Aliomar Baleeiro_

Secretaria do Supremo Tribunal Federal, _15_ de _outubro_ de 19 _68_

Demorado para aguardar a aprovação das normas Regimentais.
Despacho separado em 2 fl.
Bras.ª, 21.-10-68
A. Baleeiro

6
O processo contra Márcio Moreira Alves foi distribuído para relatoria do ministro Aliomar Baleeiro. O presidente do STF, Gonçalves de Oliveira, revelou que o processo não foi sorteado entre os ministros, como deveria.

MTA

REPRESENTAÇÃO Nº 786 - DISTRITO FEDERAL

Vistos:

I.   A Representação, aditada por petição de hoje, contém os elementos processuais e essenciais para o despacho inicial do Reg. Interno.

É certo que, de seu próprio contexto, aflora a questão da aplicabilidade do art. 151 e § único a parlamentares, em face da inviolabilidade do art. 34, caput, ambos da Const. Fed., pois o honrado sr. Ministro da Justiça logo se apressou em suscitá-la e contestá-la, citando autoridades doutrinárias. Estas e a jurisprudência americana, além dos precedentes brasileiros, atestam a controvérsia no Direito anterior, pois sobram opiniões pela incompatibilidade da primeira, desde o clássico ERSKINE MAY até os contemporâneos (p.ex., em Kilbourn vs. Thompson, 103 US 168, de 1881, onde se transcreve expressivo trecho do Chief Justice PARSONS; em Tenney vs. Brandhove, 341 US, 367, 377, de 1951, voto de FRANKFURTER pela Côrte, embora dissentisse DOUGLAS; em CLAUDIUS JOHNSON, Government of U.S., 1944, p. 314; PEDRO ALEIXO, Imunidades Parlamentares, 1961, R.B.E.P., com exaustiva exposição de recentes casos brasileiros em confronto com o Direito Comparado; etc., etc.).

Rep. 786 - DF — 2 —

II. Em tais circunstâncias, tratando-se de cláusula novíssima e inovadora da Constituição de 1967, aquela dúvida, por ser dúvida, não prejudica a Representação, pelo menos *se et in quantum*. É, aliás, o que se infere do Regimento Interno. A discussão oportuna dirá o sentido, o alcance e os limites da Constit., posta no banco de prova.

III. Sejam os autos conclusos ao Exmo. Sr. Ministro Presidente, para que S.Ex. se digne de solicitar ao nobre Presidente da augusta Câmara dos Deputados, com as cópias de tôdas as peças, a licença do § único do art. 151 da C.F.

Publique-se.

Brasília, 31 de outubro 1968.

ALIOMAR BALEEIRO
Relator

nha dura consideravam que o bloqueio do caso no STF seria a melhor saída — uma solução técnica e isenta. Se o fizesse, porém, Baleeiro direcionaria toda a insatisfação dos militares para o tribunal. A crise mudaria de endereço. Ou poderia agravar a situação no Congresso. Sem a punição a Márcio Moreira Alves, abriria um flanco à intervenção dos militares, com mais cassações e mais arbitrariedades. O melhor, acreditava ele, seria retardar os acontecimentos, dando tempo ao tempo para que a política solucionasse a crise.

Numa conversa reservada assim que o caso chegou ao STF, Baleeiro sugeriu ao vice-presidente da República, Pedro Aleixo, que a Câmara resolvesse internamente o caso, aplicando uma pena disciplinar a Márcio Moreira Alves. Como parte do plano, um projeto seria apresentado por um parlamentar neutro a fim de regular situações como aquela. A alternativa daria aos militares o que queriam — a punição de Márcio Moreira Alves — e evitaria consequências mais drásticas, como a cassação do parlamentar ou o fechamento do Congresso. Era uma alternativa salomônica.

A imprensa sinalizava que a negociação poderia funcionar. O *Jornal do Brasil*, no dia 15 de outubro de 1968, publicava: "O que os militares exigem do Congresso é um desagravo". Naquele momento de tudo ou nada, o desagravo era a licença para processar o deputado por seus discursos. Os mais ponderados acreditavam, porém, que o desagravo talvez aplacasse os ânimos nos quartéis.

A oposição minoritária, sedenta por uma vitória sobre os prognósticos de uma derrota do governo no Congresso, insuflou especialmente o MDB. Uma das lideranças da legenda, o deputado Mário Covas, manteve-se irredutível. Não admitia que Márcio Moreira Alves fosse punido pelo discurso que fizera da tribuna da Câmara — mesmo que a punição fosse algo menos gravoso, como a censura. Aberta essa exceção, em breve pela força da ditadura ela viraria regra e todo parlamentar se tornaria alvo em potencial em razão de suas ideias e palavras.

O argumento falava ao instinto de sobrevivência dos parlamentares, acionava o histórico dom de preservação institucional do Congresso Nacional. Governistas e oposicionistas, naquele momento, manifestavam-se. O líder do governo no Senado e presidente da Arena, Daniel Krieger, assumiu posição contrária ao governo, colocando-se em situação política delicada. Votos de governistas e oposição poderiam impingir um vexame às autoridades militares.

Covas foi à tribuna da Câmara em 16 de outubro para dizer que a recomendação feita por Márcio Moreira Alves para que o povo boicotasse as paradas militares serviram de "pressão moral legítima para que a cúpula militarista sentisse constrangimento e deixasse de agir como tal". Se o Congresso podia ser criticado, questionava Covas, por que não o poderiam as Forças Armadas?

A despeito das dúvidas e dos prognósticos de uma derrota política, o governo dizia que não usaria suas armas para pressionar o Congresso e o Supremo e que respeitaria, com tranquilidade, uma decisão favorável a Márcio Moreira Alves.

"Governo vai acatar voto sobre Márcio", dizia o título da matéria publicada pelo *Jornal do Brasil*. "O presidente Costa e Silva declarou aos chefes militares, na reunião do alto-comando, que o governo acatará a decisão dos Poderes Legislativos e Judiciário no caso Márcio Moreira Alves, e reafirmou que é contra qualquer solução extrainstitucional", informava a publicação.

Mais uma vez, uma versão pública que desafiava as evidências de como se comportavam os militares e que logo se revelaria meramente retórica. Os prognósticos de uma derrota na etapa inicial, com a votação na Comissão de Constituição e Justiça (CCJ) da Câmara, tirou o disfarce legalista que o governo vestia. Havia boatos de que ministros militares renunciariam caso a licença não fosse concedida pela Câmara.

A visão privilegiada de Carlos Castello Branco, um dos maiores jornalistas da história do país e arguto analista da política brasileira de seu tempo, dava os devidos contornos ao cenário:

> Se a Câmara negar licença para processar o deputado Márcio Moreira Alves — o que é hoje hipótese remota, malgrado o otimismo do MDB —, é possível que os ministros militares se demitam. Seria a maneira de declararem-se inconformados com a decisão, abrindo caminho à afirmação do descontentamento das próprias For-

ças Armadas. De cujas bases teria partido a exigência da deflagração do processo de desagravo.

Se isso acontecesse, o presidente da República poderia ou aceitar o pedido de demissão coletiva, nomeando novos ministros, ou se solidarizar com os demissionários. Na segunda hipótese, teria de apelar para medidas revolucionárias, como a edição de atos institucionais ou o puro e simples fechamento do Congresso.

No dia 18 de novembro, às vésperas do recesso, Márcio Moreira Alves apresentou sua defesa à Comissão de Constituição e Justiça. Em 41 páginas, assessorado pelo professor José Frederico Marques, o deputado afirmou que o voto popular garantia a todo parlamentar o direito à crítica, à denúncia contra violências e desmandos do governo:

> Alega-se, falsamente, que eu teria atacado todo o Exército Nacional, chamando-o de valhacouto de torturadores e dizendo que as cúpulas militares procuravam explorar o sentimento profundo de patriotismo do povo, no desfile de Sete de Setembro, razão pela qual aconselhava a que se boicotasse esse desfile. Em tudo isso poder-se-ia descobrir, quando muito, ataque ao Exército, instituição nacional que se destina à defesa do regime e da nação; mas nem por isso, malgrado o respeito que merecem as Forças Armadas, pode alguém vislumbrar, nas palavras que proferi, atentado contra a ordem democrática.

O governo, contrariando seu discurso de equidistância, pressionou o Congresso, apressou o andamento do caso e promoveu manobra politicamente violenta para vencer a resistência dos aliados que integravam a CCJ. Nove deputados da Arena que compunham a Comissão foram substituídos por se manifestarem contrários à licença para processar Márcio Moreira Alves.

Em razão das substituições, integrantes da Arena ameaçaram uma renúncia em massa nas demais comissões da Casa. O presidente da CCJ, deputado Djalma Marinho, também da Arena, decidiu renunciar à presidência da Comissão. Sua justificativa:

A partir de hoje, o Brasil tem um Poder Legislativo mais uma vez mutilado e não sabe mais quem está à frente do Poder Executivo. A Comissão de Justiça da Câmara, devidamente manipulada pelo ministro Gama e Silva, trocou nove de seus membros arenistas para conseguir aprovar, hoje, a licença para processar o deputado Márcio Moreira Alves: arranjou nove calabares, sob o comando de um Joaquim Silvério dos Reis, que é o deputado Geraldo Freire, líder da Arena.

O Congresso, acrescentou Marinho, mutilava-se "com uma calma de faquir".

O MDB iniciou, diante disso, uma obstrução cerrada para evitar a votação na CCJ. Oitenta deputados da legenda se inscreveram para discursar e atrasar, por consequência, a votação do pedido de licença. O governo convocou uma sessão legislativa extra do Congresso, de dezembro a fevereiro, para fazer frente à resistência da oposição e conseguir a licença. No dia 11 de dezembro, a CCJ concedeu, por dezenove votos a doze, licença para processar o deputado. "Sem surpresa, sem grandeza e apenas por fraqueza", definiu o editorial do *Jornal do Brasil* daquele dia. O caso iria a plenário. No STF, pouco ou nada se falou sobre o assunto, dada a carga de trabalho.

A disputa, contudo, ainda não se encerrara. O caso seguiu para votação no plenário logo no dia seguinte, sob a ameaça velada de uma reação dura do Palácio do Planalto em caso de derrota do governo.

Márcio Moreira Alves subiu à tribuna para se defender. Apelou ao espírito de corpo, ao sentimento de autopreservação de cada parlamentar. Apresentou-se como o símbolo da liberdade de voz na Câmara e deixou a mensagem de que a licença para processá-lo poderia ser a primeira de muitas. Ou os colegas barravam o movimento na origem, ou seriam eles as próximas vítimas.

— Sei que a tentativa de cassar o meu mandato é apenas a primeira de muitas que virão. Sei que o apetite, dos que a esta Casa desejam mal, é insaciável. Os que pensam em aplacá-lo hoje, com o sacrifício de um parlamentar, estarão apenas estimulando a sua voracidade — argumentou Moreira Alves.

Ao final de sua defesa, rejeitou a acusação de que teria atacado as Forças Armadas. Sua crítica, afirmou, foi contra aqueles que queriam direcionar o militarismo para comprometer a ordem democrática:

— Nego aqui e agora que haja, em qualquer tempo ou lugar, injuriado as Forças Armadas. As classes militares sempre mereceram e merecem o meu respeito.

Encerrada a defesa, subiriam à tribuna integrantes da oposição...

— Tem o Poder Legislativo o direito de transferir a outro poder um problema que, surgido no seu âmbito, da sua competência, o colocará em confronto com outros poderes e instituições? É possível que o faça, mas neste instante já não será um poder. Seus componentes já não mais exercerão a função política, mas terão sido transformados em funcionários públicos — disse Mário Covas.

... e do governo:

— A hora é decisiva. Há pressões, sim. Há pressão de certa imprensa, que procura alardear o voto daqueles que entende rebeldes, e procura diminuir aqueles que se consideram fiéis à sua própria formação. Há pressão dos partidos políticos, mas existe a pressão autêntica, que é obedecida por mim e por companheiros que me acompanham, sem desdouro daqueles que votam contra mim, ou contra a vossa causa, que é a pressão da nossa consciência — diria o líder do governo na Câmara, Geraldo Freire.

A Mesa iniciou então o longo processo de votação secreta. Cada um dos parlamentares era chamado nominalmente a depositar seu voto na urna. Uma agonia que durou quase três horas. Aberta a urna e iniciada a contagem ao microfone do plenário, o primeiro voto foi contra a licença.

No exato momento em que começava a apuração dos votos no Congresso, os ministros do Supremo Tribunal Federal estavam em seus gabinetes. Desceriam em breve para o salão contíguo ao plenário e então vestiriam a toga completa para a cerimônia de posse do novo presidente, o ministro Gonçalves de Oliveira.

Aliomar Baleeiro recebeu a visita de Oswaldo Trigueiro. Este, sempre bem informado, tinha notícias atualizadas. Na Câmara, abertas as urnas, nove das onze primeiras cédulas eram pelo "não", por rejeitar o pedido de licença para que Márcio Moreira Alves fosse processado.

O plenário, apesar de repleto de ministros de Estado e de autoridades militares, concentrava-se no que se passava do outro lado da Praça dos Três Poderes. Minutos antes de a sessão no STF começar, o resultado estava dado: a licença fora negada. Oswaldo Trigueiro ironizou a situação:

— Pode rasgar seus estudos sobre o caso Márcio, porque a licença acaba de ser negada por 216 a 140 — disse a Baleeiro.

Iniciada a sessão solene do STF, caberia a Sobral Pinto fazer a saudação ao novo presidente do tribunal em nome da Ordem dos Advogados do Brasil (OAB). Em meio ao seu discurso, ele noticiou em tom inflamado o que alguns ali já sabiam:

— Ainda agora, ali naquele canto, recebi, antes de vir a esta tribuna, a informação jubilosa de que a Câmara dos Deputados acaba de recusar a licença para processar o deputado Márcio Moreira Alves, por *247 votos contra 141*. Senhores juízes, senhor presidente, senhor vice-presidente, não encontro no meu coração, não encontro no meu peito, não encontro na minha alma, expressões capazes de mostrar a minha alegria, porque, neste país, ao contrário do que se pensa e do que se diz, os homens públicos sabem cumprir o seu dever, têm energia, têm coragem e têm bravura; e esta coragem, esta energia e esta bravura têm sido satisfeitas, inúmeras vezes, nesta sala, pelos juízes que agora me ouvem.

A notícia continha uma pequena imprecisão no placar. Mas o impacto foi imediato. Alguns ministros militares, que acompanhavam a solenidade, levantaram-se e deixaram o plenário, algo visivelmente incomum. No Congresso, o resultado foi recebido com empolgação. Os presentes, de pé, entoaram o Hino Nacional. No Supremo, houve aplausos, mas o plenário foi tomado pelo constrangimento dos presentes, uma inquietude das autoridades militares e do ministro Gama e Silva, que lá estava.

À noite, Gonçalves de Oliveira ofereceu uma recepção no Brasília Palace Hotel, o principal ponto de encontro da cidade e uma espécie de anexo do Congresso Nacional, dada a presença constante de políticos e outras autoridades da República. Mesmo com o convite do novo presidente do STF, no entanto, nenhuma autoridade do governo compareceu. Por esse motivo alguns chamam aquela noite de "Baile da Ilha Fiscal", em referência à última grande festa da monarquia antes da proclamação da República.

"Criou-se um ambiente de constrangimento terrível, com aquelas autoridades todas lá sentadas, inquietas [...]. Os ministros do Supremo estavam sentados nas suas cadeiras, no plenário, e não deram uma palavra, não bateram palmas, evidentemente", lembrou Evandro Lins e Silva. Sobre a ausência das autoridades governamentais à recepção no Brasília Palace Hotel, que ficava perto do Alvorada, ele comentou: "Uma coisa estranha; afinal, era a posse do presidente do Supremo. Eu já achei esquisito".

Como o futuro às vezes consagra ironias despretensiosas, a brincadeira feita por Aliomar Baleeiro entre os colegas em breve seria uma verdade amarga para o STF: "Gonçalves terá tempo de ultimar o discurso de posse?".

O dia seguinte foi de intensas movimentações e tensões entre os políticos. No Congresso Nacional, boatos e avaliações eram dos mais variados. A preocupação era única: o que fariam os militares diante da rejeição do pedido de licença? O assunto dominava toda a Câmara, do gabinete do presidente ao pequeno bar-restaurante, à hora do almoço. Alguns arriscavam uma dose de otimismo, mas os jornais começaram a chegar por volta das 10h, sem censura, chamando todos para a realidade. O cardápio no restaurante também não estimulava o otimismo: filé, rabada ou churrasco. O garçom, o pernambucano Mendes, mostrava-se quase tonto com os pedidos.

Mais tarde, no gabinete do presidente da Câmara, às 15h30, o deputado governista Edílson Távora falou em pé para uns quinze colegas, sentados em cadeiras, poltronas e sofás:

— Admito renúncia, deposição, reforma ministerial. Mas ato institucional, não. É ditadura. Não sei por que, mas quando falam em ato institucional, sinto um arrepio — afirmou ele, que era militar da reserva.

No fim do dia, por volta das 19h, dezenas de parlamentares do governo e da oposição aglomeraram-se no amplo gabinete do presidente da Câmara, José Bonifácio, para aguardar o pronunciamento do presidente da República.

— Nesse caso, sou como são Tomé. Só acredito nesse ato lendo — afirmou Mário Covas.[10]

Costa e Silva assinou, em 13 de dezembro de 1968, o ato institucional nº 5. Era o escancarar da ditadura, o mais violento ato de força do governo militar, o abandono do estado de direito.

Às 23h em ponto, a rádio do Ministério da Educação, que irradiava música seguidamente, entrou em cadeia com as demais emissoras do país. O ministro Gama e Silva leu o inteiro teor do texto. No artigo 6º decretava-se a suspensão das garantias constitucionais de vitaliciedade e inamovibilidade e a possibilidade de o presidente da República demitir ou aposentar, por exemplo, magistrados.

Em seu apartamento, no Rio de Janeiro, o ministro Aliomar Baleeiro foi avisado horas antes de que haveria a leitura do novo ato institucional e ligou o rádio para esperar as informações. Ouviu tudo atentamente, anotando artigos, parágrafos e incisos. Ao final, deixou uma observação melancólica no papel sobre os rumos do país. Comentário de alguém que apoiou o golpe de 1964, mas que demonstrava sua discordância com os rumos do governo militar.

Enquanto aguardava a formação da rede de rádio, Baleeiro abriu o livro *Política geral do Brasil*, de José Maria dos Santos, para reler o capítulo relativo ao "golpe" de Deodoro da Fonseca, em 1891, e a ascensão e permanência de Floriano Peixoto no poder, sem convocar novas eleições. "Afinal, não melhorou em nada a República... Como estava em 1964, não poderia sobreviver e foi necessária a revolução. Como nos transplantes de córnea, o doente morre da cirurgia", lamentou em seu diário.

No Supremo Tribunal Federal, o clima foi tomado de incertezas e questionamentos. Adaucto Lúcio Cardoso ficou doente. Adalício Nogueira pensava se os militares mexeriam no tribunal. Hermes Lima estava preocupado; fumando um charuto com Baleeiro depois do almoço, disse que ele e Evandro Lins e Silva seriam os alvejados.

A catarse coletiva foi feita no domingo, dia 15. Às 11h, o ministro Gonçalves de Oliveira dirigiu-se ao apartamento de Adaucto. Baleeiro, também convidado, foi para lá. Gonçalves de Oliveira demonstrava receio especial com a situação de Victor Nunes Leal e Hermes Lima. Mas quem o ouvia percebia que ele também estava preocupado com o próprio destino.

Relatou Gonçalves de Oliveira que, antes de sua posse, estivera com Costa e Silva e com Gama e Silva. Adotara o discurso-padrão, institucional, de harmonia entre os poderes. Adaucto se lembrou dos julgamentos do STF que poderiam ter irritado os militares. Recordou especialmente o termo usado por Sobral Pinto no discurso de posse de Gonçalves de Oliveira — "petulância militar" —, expressão repelida pelo então presidente do STF, Ribeiro da Costa, no conhecido episódio das chaves.

Gonçalves de Oliveira, horas mais tarde, encontrou-se com o ministro das Relações Exteriores, Magalhães Pinto. Sua intenção era falar com Gama e Silva novamente. Sendo ele presidente do STF, os colegas sugeriram que as tratativas fossem de chefe de poder para chefe de poder. O melhor era procurar diretamente o Palácio do Planalto.

Naquele dia, quem passasse pelas bancas não encontraria jornais do Rio de Janeiro. Exemplares de *O Estado de S. Paulo* eram disputados pelos banhistas. Na primeira página, sob o título "Continuam as prisões", a informação de que tinham sido presos Juscelino Kubitschek, Carlos Lacerda, o embaixador Sette Câmara, diretor do *Jornal do Brasil*, o advogado Sobral Pinto, Carlos Castello Branco, Hélio Fernandes, Joel Silveira, Carlos Heitor Cony, Ferreira Gullar, Antonio Calado, Mário Lago, Rafael de Almeida Magalhães e vários outros.

Enquanto isso, Gonçalves de Oliveira ouvia do ministro das Relações Exteriores que o presidente da República sofria pressões de três grupos distintos, um dos quais composto de jovens oficiais. Independentemente disso, Adaucto, que ouvira o relato da reunião, achara o colega um pouco mais tranquilo. Era bom sinal. "Parece que os boatos estão brotando como cogumelos", escreveu em seu diário o ministro Baleeiro. Adaucto ouvira do amigo Antonio Viana Neto, da Caixa Econômica Federal, relatos de que os militares pediam a demissão dele e de Baleeiro, por terem "traído a revolução" depois de assumir a cadeira do STF. O ministro Adalício Nogueira telefonou para Baleeiro para dizer que os militares haviam prendido Hermes Lima e Victor Nunes Leal. Célio Borja, naquela época diretor da extinta Caixa Econômica Federal do Rio de Janeiro, também noticiava a prisão de Hermes Lima desde cedo.

Diante do rumor, Baleeiro foi direto à fonte: telefonou para a casa de Hermes Lima para checar se o colega estava ou não preso. Foi o próprio Hermes Lima que atendeu o telefone. Era mais um boato em meio a tantas incertezas.

Mais tarde, alguns ministros se encontraram no STF da avenida Rio Branco, prédio que, nos primeiros anos após a mudança da capital para

Brasília, permanecia como referência aos juízes da corte. Adalício Nogueira não levara nenhuma informação precisa, e sim o boato de que cinco ministros seriam cassados.

A SOBREVIVÊNCIA

Victor Nunes Leal, também ciente dos riscos que corria desde o golpe de 1964, adotou uma tática de sobrevivência, de autopreservação — providências que adotou para desmentir as informações conspiratórias que chegavam ao gabinete do presidente Castelo Branco e que poderiam comprometer sua permanência no STF. Mais tarde, Nunes Leal comentaria:

> Não obstante, corriam, naquela época, rumores de que o tribunal seria atingido pela revolução. Pessoa de minhas relações, que me parecia bem informada, avisou-me que haviam falado ao presidente — mas não identificou o mensageiro — de um suposto trabalho de três ministros do Supremo Tribunal, entre os quais eu, no sentido de se formar, ali, um bloco hostil ao governo.

O ministro redigiu uma carta e a enviou a outro amigo de sua inteira confiança. A data precisa: 16 de junho de 1964. Afirmava que a tese de que conspiraria no Supremo contra o governo o preocupava. O amigo, que tinha boas relações com o presidente Castelo Branco, daria conhecimento do assunto, sem que parecesse uma ação do ministro do STF. Apenas o então presidente do tribunal, Lafayette de Andrada, sabia do texto.

Na carta encaminhada ao amigo de sua confiança e que, Victor Nunes Leal esperava, chegasse aos ouvidos do presidente Castelo Branco, fez um verdadeiro tratado, uma carta de intenções, uma longa explicação da função institucional do Supremo Tribunal. Mas antes mandou o recado direto para quem fazia intrigas no Palácio do Planalto.

> É evidente que esse arauto da desarmonia ou não conhece, ou fingiu desconhecer o funcionamento do Supremo Tribunal e a

qualidade moral dos seus juízes. Quem chega ao Supremo Tribunal tem um passado pelo qual zelar, na advocacia, na magistratura, no magistério, em funções administrativas ou políticas, e está atento ao julgamento dos contemporâneos e da posteridade. O juiz, mormente do Supremo Tribunal, não recompensa benefícios, mas exerce uma elevada função que exige espírito público e dignidade.

Nunes Leal comparou então o que acontecia nos outros países e aprofundou-se na "essência da missão de julgar":

> Decerto, essa delicada tarefa não é um trabalho mecânico. Valemo-nos de nossa formação profissional e da observação da realidade econômica, social e política. Mas nessa busca, por vezes tormentosa, nossa lealdade é para com a Constituição, as leis, o interesse coletivo e a nossa consciência, porque sem a independência, que é ônus e prerrogativa do juiz, não se pode falar em autêntico Poder Judiciário.
>
> Cada um de nós é cioso da sua responsabilidade pessoal, da sua reputação, do seu compromisso com o país, da sua autonomia de julgamento. Lamento que alguém se tenha animado a transmitir ao honrado presidente da República uma falsa ideia do Supremo Tribunal. Mas nunca tivemos motivos para duvidar do elevado critério de S. Exa., que havia dado, espontaneamente, uma pública demonstração do seu apreço ao Tribunal, correspondendo ao que lhe dispensamos. E já agora me felicito de não haver ele, fiado no seu próprio discernimento, prestado atenção ao mau conselheiro. Se não cuidei de indagar quem era, foi para não aumentar o meu desencanto dos homens.

A carta, soube depois Nunes Leal, chegou às mãos do presidente da República, como planejado. Castelo Branco resistiu às pressões para cassar os ministros do Supremo. O cenário em 1968, porém, era outro.

Houve na imprensa quem defendesse a medida extremada das cassações de ministros do STF desde 1964. O jornal *O Estado de S. Paulo*, em editorial, cobrou a cassação de integrantes do Supremo:

> A Justiça tem de começar pelo alto, apanhando em suas malhas os que assumiram a repugnante tarefa de trair o país, corrompendo e desvirtuando a peça-mestra do Estado. A nossa opinião é de que é este o momento de se proceder à revisão total dos elementos com que a ditadura getulista e os governos que a sucederam atulharam o sistema judiciário brasileiro. Mas se esse deveria ser um dos principais atos dos chefes do movimento vitorioso de 31 de março, a missão precípua e indeclinável que lhes cabe é expurgar, sem a menor perda de tempo, os quadros do Supremo Tribunal Federal.

O editorial foi publicado no dia seguinte à visita que o presidente Castelo Branco fez ao Supremo. O gesto de cortesia do presidente da República foi interpretado como um indicativo de que a ditadura não atingiria o tribunal com as cassações que fulminavam parlamentares, governadores, funcionários públicos e magistrados.

Evandro Lins e Silva registrou a impressão que tinham os ministros naquele momento:

> Muita gente esperava que eu e Hermes Lima, sobretudo, fôssemos atingidos, porque tínhamos servido ao governo João Goulart. Cheguei a admitir que pudesse ser cassado, mas depois que houve a visita do presidente Castelo Branco ao Supremo, passei a achar mais difícil que isso acontecesse.

O motivo principal foi um gesto específico e deliberado de Castelo:

> Quando o presidente Castelo Branco chegou, estávamos todos de pé, em torno das cadeiras, e ele se dirigiu a mim em primeiro lugar: "Ministro, como tem passado?". Eu já o conhecia, porque fui chefe da Casa Civil e ele era o chefe do Estado-Maior das Forças

Armadas. Ele se dirigiu em seguida ao Hermes Lima e ao Victor Nunes Leal, ou seja, àqueles três que eram os mais visados pela propaganda, e depois sentou-se ao lado do presidente do tribunal. Não falou pessoalmente com os demais. Interpretei aquilo como uma mensagem: "Não tenho nada contra os senhores".[11]

Apesar da sinalização do presidente da República, Hermes Lima e Evandro Lins e Silva combinaram uma reação contra *O Estado de S. Paulo*. Escreveram duas cartas e as entregaram em caráter reservado ao presidente do tribunal, ministro Ribeiro da Costa. Queriam os dois ministros que os colegas soubessem que, a despeito de não processarem criminalmente o jornal, estavam reagindo ao que classificaram como infâmia.

Hermes considerou o editorial do jornal "altamente injurioso" e apontou erros na biografia traçada no texto: "Ele inicia-se por uma falsidade, dizendo que fui demitido como professor da Universidade de Brasília". (Hermes era membro do conselho diretor da Fundação UnB.) "O mandato do conselho é que foi extinto. Dessa função gratuita, entretanto, já me havia desligado logo depois de tomar posse no tribunal, conforme se pode verificar no protocolo oficial", explicou. "Tudo o mais, no editorial, são injúrias."

O ministro Evandro Lins e Silva, no mesmo sentido, escreveu: "Não me sinto atingido pelo ódio gratuito de inimigos ostensivos ou ocultos". Acrescentou que escrevia a carta como uma forma de protesto contra o "noticiário pérfido e que visa a fins indisfarçáveis". "Devolvo os insultos aos insultadores e exijo respeito para a toga que tenho a honra de vestir e que nunca deslustrei", enfatizou.

Ao final do texto, Evandro Lins e Silva rogou ao presidente do Supremo que mostrasse a carta aos demais ministros. Mais do que isso, porém, Ribeiro da Costa leu as duas cartas na sessão plenária do Supremo. O julgamento de um habeas corpus foi interrompido para que o presidente desse conhecimento a todos do ocorrido.

— Nestas cartas, esses eminentes juízes denunciam a publicação, num órgão de grande porte do estado de São Paulo, visando à atuação de suas excelências neste tribunal e, tendenciosamente, procurando confundi-los com agitadores, com elementos de má qualidade, com pessoas cujas condições intelectuais, pessoais e morais não se coadunam com a alta função de juiz da Corte Suprema — explicou Ribeiro da Costa.

O ministro ainda colocava em dúvida a tendência do jornal, que na sua opinião demonstrava "incompreensão" reiterada em relação ao Supremo:

— Não há, ao menos, nem conformidade nem compreensão por parte desse jornal que, a propósito de julgamentos deste tribunal, do seu funcionamento ou de providências que aqui se adotem, manifesta-se com evidente demasia de crítica, sem definir seus objetivos nada lisonjeiros.

Ele então leu a íntegra das duas cartas para que todos, inclusive a imprensa presente, soubessem de seu teor. E concluiu:

— Aí está como esses nossos dois eminentes colegas, tão lamentavelmente feridos na sua integridade moral, defendem a maneira ilibada, correta e incensurável com que, antes de atingirem o cargo de juiz da Suprema Corte e, já agora, têm exercido suas funções públicas e privadas.

Em solidariedade, falou em seguida o discreto ministro Hahnemann Guimarães:

— Senhor presidente, não era necessário que os senhores ministros Hermes Lima e Evandro Lins se dirigissem ao Supremo Tribunal Federal em defesa de sua dignidade. Essa dignidade merece todo o respeito deste tribunal. Não merecem, de forma nenhuma, crédito os artigos que os censuraram, que não conheço.

Fugindo da liturgia e da sobriedade da corte, o ministro Vilas Boas aplaudiu calorosamente a manifestação de solidariedade aos dois colegas. Depois se viu obrigado, isolado que estava no gesto, a pedir desculpas pela espontaneidade.

A manifestação do *Estadão* também não impressionou o presidente da República. Ele não cogitou, ao contrário do que demandava o jornal, a cassação dos ministros. Os dossiês preparados por militares contra Hermes Lima e Evandro Lins e Silva provam isso.

Lins e Silva era advogado de renome quando foi convidado pelo então presidente João Goulart para chefiar o Ministério Público e, posteriormente, para ser o chefe da Casa Civil e depois ministro das Relações Exteriores. Deixou o governo quando nomeado por Goulart para compor o STF.

O dossiê que sugeria ao presidente Castelo Branco sua cassação teve resposta negativa. Escreveu o presidente:

> Esquerdista que se aconchega a Goulart. Pertence ao grupo que pensava fazer do comunismo um instrumento de sua política esquerdista. A cassação dará resultados negativos no seio da Justiça e da política. Não fará o comunismo, estou certo. Decisão: não.

Hermes Lima foi, igualmente, um dos quadros da confiança de Goulart no governo. Inicialmente chefe da Casa Civil, de setembro de 1961 a julho de 1962, ministro do Trabalho e Previdência Social e depois escolhido presidente do Conselho dos Ministros e, concomitantemente, ministro das Relações Exteriores, saiu do governo para integrar o STF, indicado também por Goulart.

Seu dossiê traz na primeira página o mesmo desfecho: "Não. Considerações perfeitamente iguais às que fiz quanto a Evandro Lins e Silva. Solução também igual", escreveu Castelo Branco, à mão, na capa do processo.

Anos depois, os ministros avaliariam as circunstâncias daquele momento e a postura de Castelo. O ministro Luiz Gallotti escreveria:[12]

> O presidente Castelo Branco concebeu o Supremo Tribunal Federal como uma instituição autônoma. No período em que lhe foi facultado aposentar servidores públicos, inclusive magistrados, jamais usou essa faculdade contra ministros do Supremo Tribunal Federal, embora sofresse fortes pressões no sentido de fazê-lo.

Nunes Leal também se manifestaria a esse respeito:

> Pelos atos que praticou e que deixou de praticar, o presidente Castelo Branco, embora não aprovasse uma ou outra decisão do Supremo Tribunal, a todas acatou e deu várias demonstrações de seu apreço à instituição. Quando reformou o Supremo, através de emenda constitucional, aumentando-lhe o número de juízes — certamente com a esperança, mas não com o propósito exclusivo,

de aumentar a influência da revolução no Judiciário —, ampliou os poderes do Supremo, ao conferir-lhe autoridade de natureza legislativa para regular o processo das causas de sua competência.[13]

DECISÕES E INCOMPREENSÕES

A ameaça ao Supremo nunca se desfez por completo. Havia uma permanente insatisfação de militares com as decisões dos ministros em julgamentos de habeas corpus ou de inquéritos policiais-militares. Muitos desses casos foram julgados com ampla maioria, com os votos inclusive de nomes indicados pelo governo ditatorial.

Um deles foi julgado dias antes de baixado o ato institucional nº 5. O habeas corpus 46415, impetrado a favor do professor Darcy Ribeiro, foi relatado pelo ministro Adaucto e levado a plenário no dia 28 de novembro de 1968.

O advogado Wilson Mirza alegava que o cliente estava na iminência de sofrer coação ilegal depois da decisão do Superior Tribunal Militar que reconheceu a legalidade de sua prisão, determinada pelo comandante da Divisão Blindada do I Exército. Baseava-se no artigo 156 do Código da Justiça Militar, que autorizava a detenção ou a prisão do indiciado durante as investigações policiais.

Darcy Ribeiro foi indiciado em inquérito policial-militar instaurado pelo general de brigada Ramiro Tavares Gonçalves, comandante da Divisão Blindada. Estaria o professor "envolvido em atividades subversivas, atentatórias não só à segurança nacional, como à Administração Militar". Primeiro, a defesa recorreu ao STM, pedindo liminar para evitar a prisão. A corte militar negou o pedido. Darcy Ribeiro recorreu ao STF e o ministro Adaucto deferiu a liminar:

> No que se refere à medida liminar, defiro-a, atendendo aos precedentes do Supremo Tribunal Federal, nos quais se considera o habeas corpus "como irmão gêmeo do mandado de segurança" para o efeito da concessão da medida. E considero, como no ensinamen-

to do presidente Ribeiro da Costa, que "habeas corpus preventivo, medida assegurada pela Constituição Federal, seria prejudicado sem a determinação suspensiva do ato de coação, enquanto pende de julgamento o remédio heroico".

Nas informações enviadas ao Supremo a pedido do relator do processo, o STM remeteu o acórdão do julgamento. Prevaleceu o entendimento da maioria de que o artigo 156 do Código da Justiça Militar estava em vigor e era aplicável a civis.

Estava em discussão, no julgamento de mérito, a prisão de civil por autoridade militar. "Não se trata de flagrante delito e nem de prisão preventiva. Ocorre a ressurreição da antiga figura da prisão para simples averiguações que, a partir de 1934, se tornou incompatível com a ordem jurídica constitucional", argumentou o ministro-relator no início de seu voto.

A Constituição não amparava a prisão para averiguações, nem mesmo quando investigados crimes contra a segurança nacional, conforme entendimento do ministro Adaucto Lúcio Cardoso. E acrescentou:

> Sustentável que fosse a sua remanência no Código da Justiça Militar, isso só se poderia tolerar no que constituísse interesse relevante dos quartéis, praças de guerra, unidades e estabelecimentos militares. Seria uma disposição específica do processo criminal castrense [militar] cuja extensão ao âmbito civil não se admitiria, em face dos preceitos constitucionais e da própria Lei de Segurança Nacional. A ilegalidade e o arbítrio da ameaça que pesa contra o paciente parecem-me sobejamente comprovados. Concedo o habeas corpus.

O voto foi proferido em 21 de novembro de 1968. O ministro Temístocles Cavalcanti pediu vista dos autos, sendo o julgamento retomado e concluído no dia 28. Em seu voto-vista, Cavalcanti abriu a divergência quanto aos fundamentos, mas também concedia a ordem de habeas corpus. Entendia ser possível a prisão para averiguação de civil investigado por crime contra a Lei de Segurança Nacional. No caso em julgamento, porém, afirmou que a prisão não estava devidamente motivada.

Prevaleceu, entretanto, a opinião do relator, acompanhado pelos ministros Eloy da Rocha, Evandro Lins e Silva, Hermes Lima, Victor Nunes Leal e Gonçalves Oliveira. Os militares, claro, reagiram.

A edição do ato institucional nº 5, no dia 13 de dezembro de 1968, foi a consagração da linha dura. Costa e Silva, então no comando do país, havia protagonizado anos antes, como vimos, embates com o presidente do STF, ministro Ribeiro da Costa, e não nutria pelo tribunal o mesmo respeito que lhe dedicava Castelo Branco. Numa das reuniões do Conselho de Segurança Nacional, segundo relatou o jornalista Carlos Chagas, o ministro da Justiça rascunhou um texto pelo qual o tribunal seria fechado. O quadro mudara de um governo para outro. Conscientes disso, os ministros se agitavam. Em 19 de dezembro, o presidente do STF, Gonçalves de Oliveira, chegou ao Rio de Janeiro e convocou os ministros que estavam na cidade para uma reunião em sua casa às 21h. Adaucto Lúcio Cardoso, Adalício Nogueira e Aliomar Baleeiro foram juntos, de táxi. Estavam à porta quando apareceu o presidente em camisa esporte. Chegaram depois Hermes Lima e Evandro Lins e Silva. Luiz Gallotti não foi convidado. Como morava longe e já era tarde, Gonçalves de Oliveira não quis incomodar o colega. No dia seguinte, à primeira hora, concordaram todos, o presidente deveria visitar Gallotti para relatar a conversa. O presidente do Supremo contou ter se reunido no dia 15 com o ministro de Relações Exteriores, Magalhães Pinto, no Itamaraty. E ouviu que não havia nada no governo contra o STF, pois o presidente Costa e Silva, ao receber o convite de Gonçalves de Oliveira para a posse, comentou com ele, Magalhães Pinto, que, sendo este amigo velho do outro, poderia servir de "oficial de ligação" para um bom modus vivendi com o STF.

Porém, no fim da audiência, Magalhães Pinto deixou tudo em aberto:

— Todavia eu não posso tranquilizá-lo, porque as coisas mudam duma hora para outra. Calcule você que o presidente Costa e Silva, no casamento da filha do Rondon Pacheco, no dia 11, declarou a um homem sisudo e respeitável, como Milton Campos, que, embora esperasse a concessão da licença, não assinaria nenhum ato institucional, pois seu dever era manter a Constituição. Todavia, não conseguiu resistir às circunstâncias e fez o contrário, ficando muito deprimido, porque, aos olhos da nação, parece que foi constrangido a isso.

Gonçalves de Oliveira tentaria marcar, com a ajuda de interlocutores do governo, uma audiência com o presidente da República. O ministro queria saber a opinião dos colegas. O que deveria fazer? Como deveria se portar? Faria de imediato a defesa dos ministros? Ou ouviria Costa e Silva para depois, se fosse o caso, intervir?

De sua parte, o ministro adiantou que pensava dizer ao presidente da República que dez dos juízes do Supremo haviam sido nomeados pela revolução. Intervir no Supremo agora seria "faltar-lhes à justiça, não os considerando de grande confiança e respeito".

Evandro Lins e Silva disse, então, que a raiva dos militares não era tanto contra os "heréticos" — Victor Nunes Leal, Gonçalves de Oliveira, Hermes Lima e ele. As críticas também eram contra o que chamou de "cismáticos", referindo-se aos nomeados em razão do ato institucional nº 2.

Gonçalves de Oliveira concordou. Disse ter recebido informações de que militares dirigiam fúrias contra Adalício Nogueira e Adaucto. Adalício, reparou um colega, "caiu das nuvens". Adaucto, apesar de um pouco inquieto, manteve a compostura.

Lins e Silva considerava que Gonçalves de Oliveira deveria dizer a Costa e Silva sobre suas esperanças de que o governo, cedo ou tarde, modificasse o AI-5 para restabelecer as garantias de vitaliciedade e inamovibilidade dos juízes.

Aliomar Baleeiro discordou e teve o apoio de Gonçalves de Oliveira. Naquele contexto, seria uma insanidade sugerir a alteração do AI-5, e logo para esse propósito. Sugeriu ao presidente que desse corda a Costa e Silva, pois sabia que ele era falador e extrovertido. Assim, Gonçalves de Oliveira poderia tomar o pulso do presidente. Baleeiro registrou:

> Sugeri que Gonçalves no final expressasse suas esperanças e as do STF de que o presidente da República conseguisse, por sua habilidade, energia, patriotismo etc. dominar os acontecimentos e o mais depressa possível restituir o país à normalidade constitucional, como certamente era desejo do próprio Costa e Silva, até para defender a integridade de sua imagem no quadro da opinião nacional, internacional e da história.

Lembrou Baleeiro o que lhe dissera, no passado, o então presidente Castelo Branco: Costa e Silva, por vaidade, faria o possível para deixar um bom retrato na história. Lins e Silva interveio de imediato:

— Não se esqueça, Gonçalves, de que você também fixa agora sua imagem na história.

Todos concordaram com a sugestão. E lembraram o telegrama enviado por 21 senadores arenistas, tendo à frente Milton Campos, Mem de Sá e Eurico Rezende, ao presidente Costa e Silva, manifestando-lhe que esperavam o restabelecimento da ordem jurídica e constitucional. Nesse caso, dariam o apoio esperado ao governo.

Hermes Lima e Evandro Lins e Silva estavam pessimistas. E tinham razão para isso. Hermes Lima, preso por treze meses em razão da repressão ao movimento armado da Aliança Libertadora Nacional, durante o governo de Getúlio Vargas, disse que não queria ser preso novamente.

Ao fim da reunião, já na parte informal da conversa, os ministros que estavam na mira dos militares discutiam qual seria o rendimento que teriam se fossem aposentados pelo governo. Seriam colocados em disponibilidade ou não? Receberiam integralmente? Em meio à situação dramática que vivia o país e diante da violência institucional que sofreriam, os ministros pensavam também na vida prática. Ficou acertado que Gonçalves de Oliveira daria retorno a todos sobre a conversa que teria com Costa e Silva.

As esperanças do ministro Gonçalves de Oliveira, entretanto, eram vãs. Como também foram vãs as intenções expostas pelo presidente Costa e Silva em visita ao Supremo:

> Eu esperava que o STF não fosse atingido, porque o presidente Costa e Silva, quando visitou o Supremo Tribunal, sendo eu presidente deste, ao saudar-nos, afirmou que sempre resistiria, desde quando ministro da Guerra de Castelo Branco, aos que insistiam pelo afastamento de alguns juízes do Supremo.

O pessimismo de Hermes Lima e Evandro Lins e Silva era mais realista. No dia 28 de dezembro de 1968, nove dias depois da reunião informal dos juízes na casa de Gonçalves de Oliveira, um documento assinado pelo

N8PROPAIA.1 9p.4
Supremo

G/ 1002   Rio de Janeiro (GB), 28 de dezembro de 1968

Excelentíssimo Senhor Presidente da República

Conforme dispõem o artigo 6º e seus parágrafos, do Ato Institucional nº 5, de 13 de dezembro de 1968, compete a Vossa Excelência, entre outras atribuições, aposentar, mediante decreto, qualquer pessoa titular de garantias constitucionais ou legais de vitaliciedade, inamovibilidade ou estabilidade.

2.   De outro lado, os artigos 2º e 3º, do Ato Complementar nº 39, de 19 de dezembro de 1968, conferem ao Ministro da Justiça a competência para, de ofício ou mediante solicitação, dentre outros, de Ministro de Estado, representar a Vossa Excelência sôbre a aplicação das medidas previstas naquele preceito do Ato Institucional nº 5, desde que se não trate de pessoal vinculado, direta ou indiretamente, a outro Ministério.

3.   Atendendo a essas disposições, os Excelentíssimos Ministros de Estado da Marinha e da Aeronáutica, em avisos a mim dirigidos (doc. inclusos), e com a aprovação verbal do Excelentíssimo Senhor Ministro do Exército, propuseram que fôssem aplicadas a determinados Ministros do Egrégio Supremo Tribunal Federal, que indicaram, sanções do Ato Institucional nº 5, de 13 de dezembro de 1968, pelos motivos nêles aduzidos, ratificados em manifestações pessoais a mim feitas.

9, 10, 11
Em três páginas, Gama e Silva assina o ato pelo qual seis ministros seriam cassados pelo AI-5. O ato não foi levado adiante; além dos três ministros cassados e dos dois que renunciaram, Gama e Silva incluía na mira dos militares o ministro Adaucto Lúcio Cardoso.

4.   De fato, Excelentíssimo Senhor Presidente da República, para a preservação e consolidação do Movimento Revolucionário de março de 1964, cujo processo prossegue, com a edição do atual Ato Institucional, se impõe que esse procedimento se aplique em todos os Podêres da República, assim como nos Estados, Distrito Federal, Territórios e Municípios, sem o qual ela poderá perecer, inevitàvelmente.

5.   É conhecida a ação desenvolvida por alguns Ministros da mais alta Côrte da Justiça do país, quer por vinculações e comportamentos, mesmo de natureza política, anteriores à Revolução, quer por suas manifestações em votos proferidos nesse Tribunal, sistemática e infundadamente contra os princípios e os fins da mesma Revolução, como ocorreu em vários casos, inclusive na apreciação recente do "habeas corpus" impetrado a favor do senhor Jânio da Silva Quadros, quando se colocaram em campos contrários os que desejam e defendem e os que condenam e combatem o Movimento que veio retirar do cáos iminente a Nação Brasileira. E embora a Revolução se justifique por si mesma , em seus atos e ações, dispensando fundamentá-los, na hipótese é público e notório o comportamento desses membros do Poder Judiciário Federal. E, sòmente assim agindo, é que ela pode ser salvaguardada e consolidada em seus ideais e seus propósitos.

6.   Assim sendo, peço vênia para representar a Vossa Excelência, propondo sejam aposentados, nos têrmos do § 1º , do artigo 6º, do Ato Institucional nº 5, de 13 de dezembro de 1968, os seguintes Senhores Ministros do Egrégio Supremo Tribunal Federal, anexando o respectivo decreto :

Ministro Adaucto Lúcio Cardoso
Ministro Antônio Carlos Lafayette de Andrada

3.

Ministro Antonio Gonçalves de Oliveira
Ministro Evandro Lins e Silva
Ministro Hermes Lima
Ministro Victor Nunes Leal

7. Aproveito-me de mais esta oportunidade para apresentar a Vossa Excelência os protestos de elevada estima e alta consideração.

Luis Antonio da Gama e Silva
Ministro da Justiça

ministro da Justiça, Gama e Silva, indicava quem do Supremo se encontrava na mira do governo: Adaucto, Lafayette de Andrada, Evandro Lins e Silva, Gonçalves de Oliveira, Hermes Lima e Victor Nunes Leal.

Quais as alegações dos militares para incluir tais nomes na lista? Quais as razões, justificativas? E haveria de fato elementos para dar suporte a medida tão extrema? As informações constantes dos dossiês feitos pelos militares sobre a atuação de cada um para instruir a aplicação do ato institucional nº 5 respondem a essas questões, mesmo que algumas sejam apenas citações biográficas que em nada afetam a atuação dos juízes.

VICTOR NUNES LEAL

A exposição de motivos nº 38, de 16 de janeiro de 1969, atribui ao ministro um passado de atividades antirrevolucionárias e atuação no STF em favor de elementos subversivos e contra os "ideais da revolução de 1964". Os relatórios dos órgãos de inteligência apontavam, sobre Nunes Leal:

> Possui o acusado todo um passado de ativa ligação com elementos e entidades subversivas, e possui formação comunista, tendo contribuído, em diversas fases de sua vida, para a nomeação de subversivos e corruptos para diversos postos do Judiciário e no Executivo, propiciando a infiltração de elementos hostis ao regime democrático e à revolução de março de 1964.

O Serviço Nacional de Informações (SNI) afirmava que Victor Nunes Leal era comunista desde seus 21 anos de idade. Um dos indícios de suas ligações vermelhas seria o casamento com a filha de Júlio Torres, fundador da Aliança Libertadora Nacional de Juiz de Fora. Outro fato seria a sociedade no escritório de advocacia, em 1942, com Aydano Couto Ferraz, intelectual de esquerda e figura proeminente do Partido Comunista Brasileiro (PCB).

O SNI recordava que Victor Nunes Leal fora advogado, em 1955, do comandante Cândido Aragão. Em 1949, Aragão foi reformado no posto de capitão de corveta em razão de problemas disciplinares. Só pôde retornar ao serviço graças a uma ordem judicial obtida por Nunes Leal. Depois, Aragão envolveu-se nos episódios decisivos pré-1964.

Victor Nunes Leal sempre disse aos amigos, um deles o ministro Sepúlveda Pertence, que os militares nunca o perdoaram por ter advogado em favor do comandante Cândido Aragão. Essa marca em seu nome era permanente. Somou-se à lista o fato de ele ter sido nomeado chefe da Casa Civil do ex-presidente Juscelino Kubitschek, "cargo de que se utilizou para favorecer ao máximo a infiltração comunista no governo", conforme as teorias do SNI. Depois foi indicado para o Supremo pelo mesmo JK. "Após a revolução de 1964, passou a agir ostensiva e desassombradamente contra a mesma", concluiu o relatório do SNI.

O Centro de Informações da Marinha (Cenimar) produziu a informação 0750 em 28 de dezembro de 1968, com dados semelhantes, mas resumidos, e com menções aos votos que Victor Nunes Leal proferiu no Supremo. O mesmo fez o SNI. A reunião dos casos demonstra que os militares esperavam do STF mais colaboração do que a que foi ofertada pelos ministros. "No STF vota quase sempre a favor dos subversivos, como: Miguel Arraes, Francisco Julião, ex-almirante Aragão, Guy Michel (o célebre diácono vermelho de Volta Redonda) e Vladimir Palmeira", descreveu o relatório do SNI. Nunes Leal também foi apontado como responsável pela proposta de manter Ribeiro da Costa na presidência do Supremo até que se aposentasse. A moção inédita do STF foi uma reação às ameaças feitas pelo governo militar.

Foram essas as explicações dadas pelo secretário-geral do Conselho de Segurança Nacional, general Jayme Portella de Mello, para sugerir a aposentadoria do ministro Victor Nunes Leal e a suspensão de seus direitos políticos por dez anos.

Algumas das alegações estão no campo das conjecturas. Outras poderão, mais adiante, ser analisadas objetivamente. Será possível constatar que Victor Nunes Leal não votou isoladamente em nenhum desses casos. Em julgamentos relevantes do tribunal, ele esteve acompanhado por todos os ministros da corte.

HERMES LIMA

O processo do Conselho de Segurança Nacional relativo ao ministro Hermes Lima é semelhante ao de Nunes Leal, mas especialmente dedicado aos cargos que ocupou e à militância política pregressa à sua nomeação para o Supremo. Sua trajetória o colocou, desde cedo, na lista de cassações dos militares.

O dossiê informava que Hermes Lima teve seu "prontuário organizado com vistas às sanções do AI-2". No SNI, a informação 063, de 9 de janeiro de 1969, descrevia seu passado. Em 1935 foi preso por sua participação na Intentona Comunista. Em 1945, assinou um manifesto publicado na *Tribuna Popular* comunicando a instalação do Comitê Democrático de Copacabana, entidade orientada e gerada pelo Partido Comunista Brasileiro. Em 1946, já deputado federal, eleito pela Esquerda Democrática, fez um convite ao povo para assistir à chegada do embaixador russo ao Brasil. Em 1948, votou contra a cassação de mandatos dos deputados comunistas.

Hermes Lima foi ainda chefe da Casa Civil, ministro do Trabalho, primeiro-ministro e ministro das Relações Exteriores durante o governo de João Goulart, que o indicou para o Supremo. Para os militares, ele e Evandro Lins e Silva — também indicado por Jango — formavam uma dupla coesa no STF. "Juntamente com Evandro Lins, passou a constituir um ponta de lança da extrema esquerda na nossa mais alta corte de Justiça, apoiando o processo subversivo instalado no país", argumentavam os militares.

O Departamento de Ordem Política e Social (Dops) de São Paulo informava que sua "atuação subversiva no Supremo Tribunal Federal tem comprometido os efeitos benéficos que a nação espera da revolução de 31 de março de 1964". E o redator acrescentou: "Tem sido sempre um voto comprometido no Supremo Tribunal Federal, coerente com seu passado de esquerdista muito ativo". O Cenimar, por fim, ressaltava que Hermes Lima votou pela concessão de habeas corpus ao ex-presidente da República Jânio Quadros.

Em anexo a essas fichas feitas pelos órgãos de repressão, o SNI pinçava casos que, aos olhos dos militares, revelavam que o ministro fazia oposição ao governo dentro do Supremo Tribunal Federal. Nos termos usados pelos militares, eram "alguns pareceres e votos que caracterizam o 'animus' antirrevolucionário do ministro Hermes Lima".

Há apenas três processos mencionados entre as centenas de julgados durante a passagem do ministro Hermes Lima pelo STF. Nenhum foi marcado por polêmica ou divisão do plenário. Um deles foi decidido por unanimidade do tribunal. Em outro, o ministro proferiu o único voto vencido. E no terceiro, ele integrou a maioria que concedia a ordem de habeas corpus.

O primeiro deles — HC 43 565 — foi impetrado em 1966 em favor de José Arnaldo Rossi pelo advogado Antônio Evaristo de Morais Filho e julgado na 3ª turma do Supremo Tribunal Federal. Rossi era advogado e professor. Estava em liberdade mas sofria com constrangimento ilegal, conforme a defesa, porque era processado sem justa causa pela 2ª auditoria da 2ª Região Militar. De acordo com o relatório do caso, Rossi foi preso em flagrante em Santos (SP) em setembro de 1962, quando ministrava uma palestra sobre "camponeses e reformas de base". Foi enquadrado no artigo 9º da lei nº 1802 por supostamente tentar reorganizar o PCB, cujo registro fora suspenso. Contra a prisão, foi impetrado habeas corpus na comarca de Santos. O juiz da 1ª Vara Criminal concedeu a liminar por entender que não havia motivo para a prisão. O Ministério Público recorreu. O caso chegou ao STF e, por unanimidade, a corte confirmou a decisão da comarca santista.

Apesar das decisões da primeira instância e do STF, o promotor em exercício na 4ª Vara Criminal de Santos ofereceu denúncia contra Rossi pelo mesmo fato. O juiz de primeira instância rejeitou as suspeitas, e o Ministério Público não recorreu da decisão. Portanto, ficou decidido que não havia justa causa para processar Rossi em razão da palestra que fizera.

Entretanto, depois de baixado o ato institucional nº 2, ele voltou a ser denunciado pelos mesmos fatos. Afirmava o Ministério Público que Rossi era "comunista; frequentava as reuniões de diretoria dos sindicatos e assembleias; contribuindo na exacerbação de ânimos e na eclosão de movimentos grevistas; agitador". Um habeas corpus foi impetrado no Superior Tribunal Militar para contestar essa nova investigação. Por maioria, o STM negou o pedido dos advogados de Rossi. A defesa recorreu então ao STF.

O relator do caso no Supremo, ministro Prado Kelly, admitia em seu voto que a denúncia "poderia ter contato com a matéria de que foi objeto o habeas corpus" julgado no passado pelo tribunal. Argumentava também que os depoimentos de testemunhas colhidos durante as investigações não apontavam para práticas ilegais de Rossi. No entanto, Kelly alegou que havia fatos novos, que distinguiam a nova denúncia daquela já rejeitada no passado pela Justiça. Afirmou ainda que apenas o juiz de primeira instância poderia analisar o teor dos depoimentos e julgar o caso. Votava por negar o habeas corpus.

Logo depois dos votos dos ministros Prado Kelly e Eloy da Rocha — que acompanhava o relator —, Hermes Lima abriu divergência:

— Peço licença ao eminente ministro-relator e ao eminente ministro Eloy da Rocha para conceder a ordem, porque, a meu ver, não poderia haver dois fatos repetidos quanto à reunião na rua do Comércio, número 9. O fato pelo qual o paciente já obteve habeas corpus, quanto a essa reunião, é o mesmo fato da denúncia posterior à concessão dessa medida.

O relator tentou argumentar:

— Consinta vossa excelência um esclarecimento: nesse local ele professava aulas e foi processado, inicialmente, pelo fato de dar aulas de comunismo na referida rua do Comércio, número 9. Mais tarde se inicia o processo novo, sem nenhuma relação com aquele, e se alega, até, que além de ministrar aulas, participava de articulações para instituir uma ditadura trabalhista. É o que diz a denúncia.

Mas o ministro Hermes Lima insistiu. Estabeleceu-se um debate sobre o caso.

— Compreendo o ponto de vista de vossa excelência, mas a imputação capital da denúncia é essa conferência, essa reunião na rua do Comércio, número 9 — afirmou Hermes Lima.

— Houve outras reuniões em outros locais — contra-argumentou o relator.

— Na denúncia posterior ao habeas corpus, o promotor acrescentou alguma coisa, porém que não configura crime — respondeu Hermes Lima.

— Configuraria mais do que a primeira acusação, cujo ilícito penal foi repelido — rebateu Prado Kelly.

— É vaga a acusação de que exacerbava, que incitava greves — continuou Hermes Lima.

— Devo dizer a vossa excelência que conferi os depoimentos das sete testemunhas, e se fosse julgador, me inclinaria para a absolvição do paciente; mas não posso fundar o habeas corpus na apreciação de depoimentos que devem ser examinados, em seu valor jurídico, pela autoridade de primeira instância — admitiu Prado Kelly.

Hermes Lima concluiu, apesar dos esforços do colega a fim de convencê-lo, que a denúncia não podia seguir, pois se baseava nos mesmos fatos já tratados no processo arquivado, e as alegações novas do Ministério Público eram, a seu ver, vagas.

Último a votar, o ministro Gonçalves de Oliveira tangenciou o problema. Admitiu haver outras acusações, mas apontou como decisivo o fato de o denunciado responder ao processo em liberdade.

— Se for condenado, eu me reservo para apreciar mais detidamente as suas alegações — disse Oliveira.

Por três votos a um, o habeas corpus foi negado.

O segundo caso mencionado pelo SNI para dar base ao pedido de aposentadoria do ministro Hermes Lima foi o habeas corpus 45003, de Minas Gerais, julgado em dezembro de 1967. Apenas três ministros participaram do julgamento: Hermes Lima, Amaral Santos, relator do caso, e Eloy da Rocha, os dois últimos indicados pelo governo militar.

Os autos do processo mostram que dois estudantes — Carlos Maluf Wutke e João Batista Rosa — foram presos pela Justiça militar em Juiz de Fora (MG), indiciados em inquérito policial-militar e denunciados por crimes contra a segurança nacional (lei nº 314, de 1967). A prisão preventiva dos estudantes, de trinta dias, foi decretada em 7 de agosto de 1967. Transcorrido esse período, o prazo foi prorrogado por mais trinta dias. Esgotado esse tempo, os pacientes permaneceram presos.

A lei nº 314 estipulava o prazo máximo de sessenta dias para a prisão preventiva do acusado. A fim de driblar a limitação expressa, o Conselho Permanente de Justiça da Auditoria de Guerra da 4ª Região Militar lançou mão do Código da Justiça Militar de 1938 para decretar a prisão por prazo indeterminado, decisão tomada em 12 de outubro.

Quando o processo foi levado ao STF, os estudantes já estavam presos havia aproximadamente cem dias, sem culpa formada. Em razão da quantidade de investigados no mesmo IPM — 22 pessoas — e da quantidade de testemunhas a serem ouvidas — 66 pessoas —, os advogados argumentavam que a prisão seria mantida por meses a fio sem que os estudantes fossem julgados.

Apesar desse relato, o ministro Amaral Santos focou seu voto numa questão eminentemente formal. O Conselho Permanente de Justiça da Auditoria de Guerra não seria autoridade sujeita à jurisdição do STF. Assim, tampouco o crime imputado aos estudantes estaria sujeito ao Supremo. Dessa maneira, por esses rápidos fundamentos, o ministro-relator julgava que o Supremo não tinha competência para avaliar o pedido de habeas corpus. E votava, por consequência, para que o processo fosse remetido para o STM.

Nesse julgamento, a divergência não foi aberta por Hermes Lima, mas pelo ministro Eloy da Rocha, lembrando que aquela era a última sessão de turma no ano de 1967. Se o voto do relator fosse mantido, os estudantes só poderiam pedir liberdade ao STM no ano seguinte, quando o Judiciário retornasse do recesso de final de ano.

— Senhor presidente, o impetrante alega excesso de prazo. Não conhecido o pedido agora, 13 de dezembro, ele não terá meios...

O ministro foi interrompido pelo relator:

— Mas ele já deveria ter pedido ao outro tribunal [STM], como os outros pediram — argumentou o ministro Amaral Santos.

Hermes Lima interveio na discussão, indo ao cerne do problema:

— Ele ficará preso e preso ilegalmente, porque a violência está consumada.

— Creio que preparou esta armadilha para sermos obrigados a conceder a ordem — reclamou Amaral Santos, sugerindo que a defesa tivesse recorrido diretamente ao STF para constranger o tribunal.

— Não é armadilha. A verdade é que se trata de uma violência consumada. É um excesso de prazo que já foi reconhecido pelo tribunal — protestou Hermes Lima.

O ministro Eloy da Rocha pediu a palavra, ponderou que aquela era a última sessão de 1967 e afirmou que, no mérito, a prisão era ilegal. Por isso, votava para conceder a liberdade aos dois estudantes.

No mesmo sentido votou o ministro Hermes Lima:

— É evidente que a prisão é ilegal e o paciente está sofrendo uma coação que se pode prolongar, porque o tribunal vai entrar em férias e ele ficaria preso por tempo indeterminado. A violência está consumada por este fato, e o tribunal, em face dessa violência, a meu ver, pode conhecer do habeas corpus. Concedo a ordem.

Vencido na discussão preliminar, o relator seguiu o entendimento dos colegas no mérito e também concedeu a ordem de habeas corpus. Assim, foi unânime a decisão do julgamento usado pelos militares para consubstanciar a perseguição a Hermes Lima.

Ao final do dossiê contra o ministro, o veredicto assinado pelo secretário-geral do Conselho de Segurança Nacional, general Jayme Portella de Mello:

> Nestas condições, peço vênia sugerir, ouvindo o Conselho de Segurança Nacional, na conformidade do art. 5º do ato complementar nº 39, sejam suspensos os direitos políticos, pelo prazo de 10 (dez) anos, do ministro Hermes Lima, do Supremo Tribunal Federal, consoante dispõe o art. 4º, bem como seja lavrado decreto aposentando-o, nos termos do parágrafo 10 do art. 6º, tudo do ato institucional nº 5, de 13 de dezembro de 1968.

EVANDRO LINS E SILVA

O terceiro ministro da lista dos cassados tinha pecados semelhantes, na visão dos militares, agravados pelo fato de ele, assim como Hermes Lima, ter sido nomeado por João Goulart. Os fatos atribuídos a Lins e Silva são dignos de referência: "comunista e corrupto", "simpatizante de Cuba", "advogado de notórios comunistas e corruptos", "implicado na infiltração comunista no Judiciário", "manifestou-se contra o emprego da bomba atômica", "foi apontado pelo *New York Times* como admirador de Fidel Castro".

Daí em diante, os militares relatariam a atuação de Evandro Lins como ministro: "Relator do processo que negou à Justiça militar competência para julgar o ex-governador Miguel Arraes", "manifestou-se, como relator, no sentido de os atos dos governadores baseados no artigo 7º do ato institucional nº 1 poderem ser apreciados pelo Poder Judiciário, abrindo, desta forma, as portas da Justiça a todos os que foram punidos nos estados com base naquele édito revolucionário", "em voto vencedor na 2ª turma do STF, entendeu que não constituem crime contra a segurança nacional as manifestações estudantis pelo retorno da extinta UNE", "votou em favor da concessão do habeas corpus a Jânio Quadros quando do seu confinamento", "nomeou seu assessor no Supremo Tribunal Federal o promotor público de Brasília, sr. José Paulo Sepúlveda Pertence, apontado como elemento de extrema esquerda".

Do prontuário preparado pelos militares constava a íntegra do voto do ministro Evandro Lins e Silva como relator do habeas corpus em favor de Miguel Arraes (HC 42108). Nesse processo, o Supremo decidiu que a Justiça militar era incompetente para processar Arraes. Apesar de o entendimento ter sido referendado por todos os ministros do Supremo, os militares viram no voto do ministro motivo para cassá-lo.

ADAUCTO LÚCIO CARDOSO

Como muitos dos políticos daquela geração, o deputado Adaucto Lúcio Cardoso — indicado pelo presidente Humberto Castelo Branco para o Supremo Tribunal Federal — foi um entusiasta do golpe militar. Integrante da chamada "Banda de Música" da UDN, participou ativamente dos preparativos do movimento que depôs o presidente João Goulart em março de 1964.

Empossado presidente o marechal Castelo Branco, Adaucto foi escolhido para liderar o bloco parlamentar de sustentação do governo militar. Em março de 1966 elegeu-se presidente da Câmara dos Deputados, algo que só seria possível com o apoio do governo. Em 1967, aceitou o convite de Castelo Branco para integrar o STF, na vaga aberta pela aposentadoria do ministro Ribeiro da Costa.

Com esse perfil afinado com os militares, o que fazia o nome de Adaucto na lista dos ministros do STF que deveriam ser cassados? O processo do Conselho de Segurança Nacional detalha o que motivava a perseguição dos militares, segundo texto do secretário-geral Jayme Portella de Mello:

Esta secretaria-geral, após proceder a minucioso estudo do assunto, compulsando a documentação encaminhada pelo Serviço Nacional de Informações e pelos Serviços de Informações dos Ministérios Militares, concluiu pela inteira procedência das medidas propostas, em face das atividades antirrevolucionárias desenvolvidas pelo indiciado, através de sua atuação constante e agressiva de proteção a corruptos e subversivos catalogados como inimigos da revolução, provocação acintosa ao governo revolucionário e investigadas contra a legislação protetora da Segurança Nacional. Sua ação persistente e destruidora tornou-o inimigo declarado dos princípios e ideais da revolução de 1964, e sua presença em nossa mais alta corte de Justiça é incompatível com a mesma e constituirá origem permanente de atritos com os propósitos revolucionários.

Em seguida, Jayme Portella de Mello detalharia as atividades de Adaucto consideradas hostis ao governo militar. Na primeira parte, o dossiê abordava sua carreira política e, especialmente, os conflitos com o governo que levaram ao fechamento da Câmara dos Deputados em 1966 e à sua renúncia da presidência da Câmara.

Como mencionará telegraficamente o texto, em 1966, Adaucto, como presidente da Câmara, e Auro de Moura Andrade, como presidente do Senado, defenderam em reunião com o presidente Castelo Branco a revogação dos artigos 14 e 15 do ato institucional nº 2.

O artigo 14 autorizava a suspensão das garantias constitucionais ou legais de vitaliciedade, inamovibilidade e estabilidade dos juízes. Permitia ainda que os magistrados fossem demitidos se assim entendesse o Conselho de Segurança Nacional. O artigo 15 possibilitava suspender os direitos políticos de quaisquer cidadãos pelo prazo de dez anos e cassar mandatos legislativos federais, estaduais e municipais.

As ameaças permanentes do AI-2 enfraqueciam o Legislativo, mantinham o império da força sobre a lei e minavam a legitimidade do parlamento, essencial para votar uma nova Constituição. O governo não aceitou o pedido; mas Adaucto dizia ter ouvido do presidente a proposta de que não haveria mais cassações de mandatos na Câmara dos Deputados.

Confiando na promessa — que governistas como Célio Borja negam ter sido feita —, Adaucto prometeu aos parlamentares que, se houvesse novas cassações, não as reconheceria.

No dia 12 de outubro de 1966, o presidente Castelo Branco cassou o mandato de seis deputados: Doutel de Andrade, César Prieto, Pais de Almeida, Abraão Fidélis de Moura, Adib Chammas e Humberto El-Jaick. O presidente da Câmara cumpriu a promessa: não reconheceu as cassações e afirmou que os deputados só teriam o mandato extinto se houvesse maioria dos votos do plenário da Casa.

Em 20 de outubro de 1966 Castelo assinou então o ato complementar nº 23, colocando o Congresso Nacional em recesso. O prédio foi cercado pelos militares. No dia 29 de novembro, Adaucto renunciou ao mandato de presidente para não cumprir o decreto de cassação.

Outro episódio mencionado pelos militares data de 1964. Em protesto contra a deposição do presidente João Goulart, um grupo de deputados permaneceu na Câmara, protestando contra o golpe. Entre eles estava Francisco Julião, líder das Ligas Camponesas. Dentro da Câmara, Julião estava protegido, mas se tentasse sair seria alvo fácil para os militares que cercavam a sede do Congresso. Adaucto decidiu ajudar Julião: ao deixar a Câmara, escondeu o colega no carro, entre os bancos da frente e os de trás. Julião passou incólume.

A vida política do deputado Adaucto foi esquadrinhada, mas nenhum dos fatos era desconhecido quando o presidente Castelo Branco decidiu indicá-lo para o STF. Faltava, portanto, saber por que a curtíssima atuação do ministro Adaucto — nomeado em fevereiro de 1967 — nutria a desconfiança do Exército.

A explicação estaria em suas decisões? "Como ministro do Supremo Tribunal Federal", relataram agentes do SNI, "prosseguiu em sua atuação antirrevolucionária, votando sempre em desacordo com os interesses da revolução, beneficiando corruptos e subversivos e investindo contra os princípios legais adotados pelos governos revolucionários".

Diante desses fatos, conjecturas, suposições e juízos de valor, o ministro da Justiça, Gama e Silva, recomendou ao presidente da República a aposentadoria do ministro Adaucto. Atendia aos avisos dirigidos a ele pelos ministros da Marinha, da Aeronáutica e com provocação verbal do ministro do Exército.

GONÇALVES DE OLIVEIRA E LAFAYETTE DE ANDRADA

Os documentos produzidos pelos militares a respeito desses dois ministros são vagos. Confirmam apenas o que um deles, Gonçalves de Oliveira, já sabia: ambos estavam na mira dos militares. Gonçalves de Oliveira nutria a esperança de não ser atingido por estar na presidência do Supremo Tribunal Federal. Cassar um ministro do STF seria uma coisa; aposentar compulsoriamente o presidente da corte seria mais grave. Era o que pensava o ministro, de acordo com seu filho, Antônio Carlos.

Mas ele sabia que era visado. Um dos motivos seria a relação de amizade com Juscelino Kubitschek, de quem foi auxiliar. Os dois se correspondiam com certa frequência. E mesmo que JK colocasse como destinatário o "ministro" Gonçalves de Oliveira, o envelope chegava violado. Numa das ocasiões, recorda-se o filho, a carta chegou rasgada.

Outro motivo seria a liminar que Gonçalves concedeu em favor do governador de Goiás, Mauro Borges, e que desagradou aos militares, levando o presidente Castelo Branco a intervir no estado. Havia ainda a suspeita de que ele tinha propriedades incompatíveis com sua renda. Sua esposa, Maria das Mercês, chegou a se queixar com Darly Baleeiro, casada com o ministro Aliomar Baleeiro, dos boatos alimentados, inclusive por colegas de tribunal, sobre a posse de fazendas. Não haveria nada mais mineiro, disse certa vez a ministra Cármen Lúcia, que a renúncia antecipada para evitar a cassação pelos militares.

Lafayette de Andrada beirava os setenta anos e já não gozava das melhores condições de saúde. Presidiu a corte de 29 de janeiro de 1962 a 10 de dezembro de 1963. Comandou também o Tribunal Superior Eleitoral. Já havia atingido o auge da carreira, portanto.

A ficha produzida pelo Conselho de Segurança Nacional e disponível no Arquivo Nacional data de 3 de fevereiro de 1969 — posterior, portanto, ao expurgo dos ministros do STF. "Sempre acompanhou os votos dos ministros Hermes Lima, Victor Nunes Leal e Antonio Gonçalves de Oliveira, inclusive no rumoroso 'habeas corpus' concedido, pelo STF, ao professor Darcy Ribeiro", detalhou o SNI.

CASSAÇÃO

O presidente do Supremo viajou a Brasília para conversar com o presidente da República e sondá-lo sobre a aposentadoria compulsória de ministros da corte. A audiência com o presidente Costa e Silva, para a qual tinha se preparado com a ajuda dos colegas, não ocorreu. Era um mau sinal, notaram Hermes Lima e Aliomar Baleeiro. Gonçalves de Oliveira foi recebido por Rondon Pacheco, chefe do Gabinete Civil da presidência da República, na Granja do Ipê, uma das residências oficiais do presidente. Gonçalves ouviu o que queria ouvir. O Supremo seria preservado. Não haveria cassações.
Mas...
Assim como aconteceu com sua conversa com Magalhães Pinto, a audiência com Rondon Pacheco terminou com um porém: o que o governo dizia valia apenas para aquele dia. Tudo podia mudar a qualquer momento.
Apesar das incertezas e dos riscos evidentes, no Supremo ainda circulavam informações de que o tribunal não estava na mira de Costa e Silva. Gonçalves de Oliveira disse ter ouvido de pessoas próximas do presidente que ele fez de tudo para ganhar tempo e recobrar o controle da situação, sem para isso ter de violar o STF.
A sessão do Conselho de Segurança Nacional que encerraria os rumores estava marcada para fins de dezembro de 1968. Mas o presidente a adiou para meados de janeiro e isolou-se em Petrópolis. No Supremo, a agonia aumentava.
No dia marcado, 16 de janeiro de 1969, o Conselho se reuniu. O presidente Costa e Silva assumiu a responsabilidade, explicando por que cassaria três ministros e por que os militares preservaram o Supremo em 1964. Logo após o golpe, relatou ao CSN, ele mesmo defendera o expurgo dos ministros que, de acordo com sua avaliação, haviam sido indicados com base em critérios políticos. Nenhum deles era juiz de carreira. Foi o

advogado Francisco Campos, um dos principais colaboradores da ditadura militar na área jurídica, quem convenceu Costa e Silva de que um dos poderes deveria ser preservado.

Três ou quatro meses depois, ainda em 1964, Costa e Silva disse ter sido procurado por Francisco Campos. E dele ouviu as seguintes palavras:

— Como erramos! O senhor é que estava certo.

— Não esqueça: se houver outra oportunidade, eles não escapam — respondeu o presidente.

Ao Conselho, Costa e Silva disse que corrigiria seu erro:

— [...] vamos tomar — não é para apreciação do Conselho de Segurança Nacional, vou apenas fazer a participação — algumas medidas para sanar uma das maiores omissões da revolução de 1964, que foi justamente a de ter considerado intangível o STF. Nós íamos, naquela ocasião, eliminar alguns ministros, mas o dr. Francisco Campos sugeriu não o fazermos, para preservar, pelo menos, um dos poderes. Mas os homens que lá ficaram e que deveriam ter sido aposentados, ou cassados, ou afastados naquela ocasião não se comportaram de acordo com a devida dignidade, com relação à revolução.

Evandro Lins e Silva, Hermes Lima e Victor Nunes Leal "ostentaram muitas e repetidas vezes suas ideias antirrevolucionárias e contrarrevolucionárias", não corresponderam ao que "esperávamos deles, que era pelo menos a justiça". Num estudo "apolítico" feito com "extremo cuidado", disse Costa e Silva, o governo chegou à conclusão de que os três deveriam ser aposentados.

Com as cassações, o governo poderia aguardar a aposentadoria próxima dos ministros Lafayette de Andrada e Temístocles Cavalcanti. Ambos completariam, em 1969, a idade-limite de setenta anos. Assim, concluiu Costa e Silva, o tribunal voltaria a ser integrado por onze ministros sem que fosse preciso cassar dois deles.

Evandro Lins e Silva soube pela televisão que não era mais membro da Suprema Corte. "A notícia saiu à noite. No dia seguinte, de manhã, todos os ministros que estavam no Rio de Janeiro — Adaucto, Baleeiro, Adalício, Trigueiro, Temístocles, Gallotti — foram à minha casa manifestar solidariedade", lembrou ele.[14]

Hermes Lima encontrava-se em sua casa, em Petrópolis. E reclamava jocosamente do modo como o governo anunciara o afastamento dos ministros. "Ficamos esperando e, de fato, a 16 de janeiro, Hermes Lima, Victor Nunes e eu fomos aposentados numa reunião de ministério em que, no final, Costa e Silva disse: 'Aproveito a oportunidade'..." Ele não se conformava com isso: "Aproveitou a oportunidade para nos cassar? O sujeito aproveita a oportunidade para alguma coisa boa, não é?".[15]

Com o passar dos anos e o distanciamento dos fatos, Hermes Lima expôs uma visão de realpolitik sobre o ato que o cassou. Escreveu em seu livro de memórias, publicado em 1974: "[...] o que tem traumatizado a função protetora do Supremo é a rotura da ordem constitucional. Quando ela se verifica, o poder político armado e deliberante, exigindo seu arbítrio em norma de ação, vai até o extremo de julgar os próprios juízes".

Victor Nunes Leal, que permanecia em Brasília para trabalhar num processo de modernização do Supremo, ouviu pelo rádio a notícia enquanto recebia para o jantar um belga que o ajudaria nessa tarefa — Mr. Deer. Era 16 de janeiro de 1969 e a novidade veio pelo rádio, na transmissão do noticiário do Conselho de Segurança Nacional. O ministro Sepúlveda Pertence lembra que Nunes Leal se dirigiu ao convidado e disse:

— Mr. Deer, continuo interessadíssimo na sua conversa, mas o senhor já não está falando com um ministro do Supremo.

A cassação não deteve os boatos no Supremo. A imprensa passou a apurar informações de que os ministros do STF haviam acordado uma renúncia ou a aposentadoria coletiva. O primeiro passo seria dado por Gonçalves de Oliveira, segundo notícia vinda de Brasília.

Gonçalves, de fato, renunciou à presidência e se aposentou. Foi ao STF no sábado e entregou nas mãos do diretor-geral do tribunal, Jarbas Couto, a carta de renúncia. Couto deveria viajar no dia seguinte para o Rio de Janeiro, a fim de levar a carta ao destinatário — o ministro Lafayette de Andrada, o decano da corte.

> Brasília, 18 de Janeiro de 1969.
> Exmo. Sr. Ministro Lafayette de Andrada
> Supremo Tribunal Federal — Brasília — DF

> Tenho a honra de dirigir-me a vossa excelência, ministro mais antigo da excelsa corte, aposentado que foi o vice-presidente, ministro Victor Nunes Leal, para passar-lhe a presidência do tribunal. Por isso renuncio, nesta data, ao cargo de presidente do Supremo Tribunal Federal, para o qual fui eleito, por honrosa votação, por votação unânime de meus eminentes colegas, na sessão de 11 de dezembro passado, tendo-me empossado e entrado em exercício na sessão do dia 12 do mesmo mês.
>
> Solicito se digne vossa excelência de tomar as providências cabíveis para a eleição dos novos presidente e vice-presidente.
>
> No discurso em que o ilustre presidente ministro Luiz Gallotti transmitiu-me o cargo, referiu-se sua excelência a exemplo histórico em que o presidente Joaquim José Pinheiro de Vasconcelos, barão de Montserrat, tomou atitude idêntica. Inspira-me, exclusivamente, o exemplo do saudoso magistrado brasileiro.
>
> Nesta data, apresento a vossa excelência, em anexo, o requerimento de minha aposentadoria do cargo de ministro do tribunal, encarecendo a vossa excelência providências para efetivação dessa mesma aposentadoria.
>
> Reitero ao eminente colega os protestos do meu mais alto apreço.

O ministro Lafayette de Andrada, por sua vez, recebeu a carta de renúncia, mas passou-a adiante. Telefonou para Luiz Gallotti e pediu que tomasse conhecimento do ofício de Gonçalves de Oliveira, porque também ia se aposentar. E assim o fez, alegando estar com a saúde debilitada.

Em outra carta, esta remetida a todos os integrantes da corte, Gonçalves disse que não tinha alternativa senão renunciar. Lembrou que, no Império, em 1863, em situação idêntica, o presidente do Supremo renunciou ao cargo. Em 1931, Getúlio Vargas aposentou ministros. O presidente do STF, Godofredo da Cunha, não tomou nenhuma atitude porque ele próprio fora uma das vítimas. "Agora, em 1969, ante o ocorrido, pareceu-me, como presidente, que representa o tribunal perante os demais poderes, que não tinha alternativa senão a renúncia à presidência", explicou Gonçalves.

Procurado pela imprensa, ele se esquivou das perguntas, dizendo apenas uma frase: "O silêncio fala por mim, pois o meu gesto vale mais do que qualquer palavra". O ministro indicava que deixaria o Supremo em solidariedade aos colegas. Os demais integrantes da corte demonstraram, primeiro, incômodo com a postura de Gonçalves. Afinal, ao dizer que a renúncia era um ato de solidariedade, preenchia as entrelinhas com a cobrança para que os demais magistrados também se solidarizassem.

Em nota divulgada à imprensa, em razão das insistentes perguntas dos jornalistas sobre a possibilidade de ele também se aposentar, Gallotti mandou um recado direto para Gonçalves de Oliveira. Ele, Gallotti, não se aposentaria naquele momento, até para que não pensassem que agira por medo de ser cassado:

> Notoriamente, um pedido de aposentadoria não é coisa que tenha estado fora de minhas cogitações, pois conto 43 anos de serviço público e, aposentado, poderia retornar ao Rio com vantagens maiores do que as auferidas no exercício de minhas árduas e trabalhosas funções. Mas, requerer aposentadoria agora, quando é possível a suposição de que me teria movido o temor de um afastamento compulsório, isso não o farei. Continuarei, como sempre, e enquanto puder, a cumprir o meu dever.

Por fim, ainda corrigiu o exemplo histórico mencionado por Gonçalves de Oliveira para justificar — e estimular — uma aposentadoria coletiva dos ministros do STF em solidariedade aos cassados. O barão de Montserrat renunciara à presidência do Superior Tribunal Federal (o STF do Império) em 1863 em solidariedade aos integrantes que haviam sido aposentados por d. Pedro II a bem do serviço público. Mas não renunciou ao mandato, porque não havia cogitação de que seria aposentado. Portanto, não havia precedente na história que justificasse a aposentadoria de toda a corte, ao contrário do que queria fazer crer Gonçalves de Oliveira.

Gallotti e outros colegas, descontentes com a narrativa de Gonçalves, contestaram também a real motivação para a aposentadoria voluntária. A explicação seria menos nobre. No plenário do Supremo, na primeira sessão posterior às aposentadorias compulsórias, Gallotti disse que a renúncia era surpreendente, mais do que o expurgo dos outros três colegas. Havia explicação para isso. No dia seguinte à aposentadoria dos ministros Victor Nunes Leal, Hermes Lima e Evandro Lins e Silva, Gonçalves ainda se reuniu no Rio com os ministros Adalício Nogueira, Oswaldo Trigueiro, Temístocles Cavalcanti e o próprio Gallotti para traçar os planos de trabalho de sua gestão. Pediu também que no dia 5 de fevereiro, ao reabrir-se o tribunal depois do recesso, estivessem todos os colegas em Brasília. "Pode assim avaliar quanto nos surpreendeu a notícia, recebida, na tarde de 18 de janeiro, da sua renúncia à Presidência e simultâneo pedido de aposentadoria", contou Gallotti, deixando nas entrelinhas a dúvida sobre o que motivara a resolução de Gonçalves.

Solidariedade, esperteza ou medo? Qual a real causa da saída voluntária dos dois ministros? A versão oficial, repetida ainda hoje no Supremo, é a mais honrosa. Mas os documentos e as declarações dos colegas suscitam dúvidas plausíveis. Luiz Gallotti afirmou categoricamente que Gonçalves de Oliveira se aposentou por medo de ser cassado ("Tanto que me solicitava pressa em comunicar ao governo o seu requerimento" de aposentadoria).

O ministro Baleeiro também interpretava criticamente a renúncia do ministro. Para ele, a decisão do colega fora estratégica: "Parece que Gonçalves de Oliveira jogou bem, porque afinal se convenceu de que seria atingido mais adiante e, na pior hipótese, poderia parecer a Victor Nunes Leal, Evandro Lins e Silva e Hermes Lima que livraria a própria pele, deixando-os na boca da onça".

Numa conversa reservada, Gallotti contou a Baleeiro que Gonçalves de Oliveira estivera com ele no maior otimismo na sexta-feira, dia seguinte às cassações. Mas mudou de ideia depois de uma troca de impressões com Victor Nunes Leal. Provavelmente, disse Gallotti, Gonçalves soube que seria aposentado se não tomasse a iniciativa, desconfiança que seria reforçada no ano seguinte, numa inconfidência do ministro Temístocles Cavalcanti a Aliomar Baleeiro. "Temístocles Brandão Cavalcanti, que me visitou ontem, disse-me ter ouvido de Costa e Silva palavras duras sobre Gonçalves de Oliveira, pois tinha gravações de conversas dele com JK", escreveu Baleeiro em 1º de abril de 1970.

O gesto de Gonçalves não era unanimidade nem mesmo entre os ministros cassados. Evandro Lins confidenciou, semanas depois de deixar o tribunal, as restrições e críticas que fazia. Disse que, como presidente do Supremo, Gonçalves não agira à altura do momento. E declarou desconfiar da veracidade do relato que ele fez aos colegas sobre a conversa com Gama e Silva, na qual teria ouvido que o Supremo não seria atingido. Tinha elementos para desconfiar.

Pela versão de Gonçalves de Oliveira, o governo assegurou que nada havia contra o STF. Contudo, Gama e Silva garantiu ao ministro Gallotti que o presidente do Supremo fora prevenido de que seriam cassados quatro ministros — Victor Nunes, Hermes Lima, Evandro Lins e o próprio Gonçalves. Concordaria o governo em retirar seu nome da lista se assumisse o compromisso de renunciar?

A explicação para a saída de Lafayette de Andrada era semelhante. Dias antes das aposentadorias, Gallotti foi procurado por José Bonifácio de Andrada e ouviu dele o pedido para que, com tato, transmitisse a Lafayette o recado de que deveria se antecipar e deixar o Supremo para não ser aposentado. Apesar de serem irmãos, Bonifácio e Lafayette estavam sem se falar desde que o ministro do Supremo proferira um voto contra os interesses do governo. De alguma forma, a mensagem chegou e Lafayette se aposentou.

Os documentos existentes, indicando a possível cassação de seis ministros, os comentários internos, os relatos feitos por integrantes do STF e a posterior redução de dezesseis para onze no número de cadeiras no Supremo colidem com o que o presidente Costa e Silva falou na reunião do Conselho de Segurança Nacional. Independentemente das versões, era inegável que o Supremo fora atingido de maneira grave. O que seria do tribunal no futuro?

Recebida a notícia, os três ministros cassados precisavam resolver problemas burocráticos. Victor Nunes Leal morava em Brasília, mas Hermes Lima e Evandro Lins precisavam mudar-se para o Rio de Janeiro. E daí surgiu uma nova ameaça contra os ministros cassados. Os militares queriam levá-los para "tocar piano" — eles os interceptariam no caminho para o aeroporto e os conduziriam para o quartel e depois para o Dops, a fim de deixarem impressões digitais e serem fotografados. O objetivo era evidente: constrangê-los.

Evandro Lins e Silva recordou o episódio:

— Logo que se consumou a nossa aposentadoria, a primeira providência que resolvi tomar foi voltar a Brasília para apanhar meus móveis, minha biblioteca, tudo o que estava na minha casa lá. Contratei a empresa transportadora, e já estava tudo pronto, encaixotado, a caminho do Rio de Janeiro, quando, através do Vitor Nunes Leal, que por sua vez ouvira do Gonçalves de Oliveira, tive a notícia de que havia uma ordem impedindo a nossa saída de Brasília, sem atendermos a certas exigências das autoridades militares e policiais.

O ministro procurou saber se a informação era verídica ou se não passava de mais um boato. O secretário do tribunal, em contato com um coronel do Exército, confirmou a ameaça. Evandro Lins e Silva, se quisesse sair de Brasília, deveria comparecer ao quartel com seu imposto de renda e, ao mesmo tempo, prestar declarações. Em seguida, seria levado ao Dops para ser fotografado e identificado.

Sepúlveda Pertence, que foi secretário de Lins e Silva no STF, estava na casa do ministro, ajudando-o nos preparativos da mudança. Evandro era um dos três juízes do STF que moravam na Península dos Ministros — àquela época um local isolado, distante do centro da cidade e pouquíssimo habitado; hoje é uma das áreas mais nobres de Brasília. Ele recorda que o telefone da casa tocava com frequência, como se quisessem monitorá-lo para saber quando partiria em direção ao aeroporto. No caminho, certamente o abordariam e o levariam para o Dops. "Eu atendia o telefone e do outro lado perguntavam: 'É da casa do Evandro Lins e Silva?'. E eu respondia: É da casa do *ministro* Evandro Lins e Silva!", rememora Sepúlveda Pertence.

Nesse episódio, o ministro Luiz Gallotti desempenhou papel fundamental. A "identificação" do ministro do Supremo, ainda mais da forma como os militares planejavam fazer, era inadmissível para a instituição STF. E se isso acontecesse, as consequências seriam graves, ameaçou Gallotti. Assim que soube do plano dos militares, Lins e Silva o avisou. Com bons contatos no governo e provisoriamente no comando da corte, ele poderia ajudá-lo.

Gallotti primeiro telefonou para o Rio de Janeiro. Queria falar com o ministro da Justiça, Gama e Silva. Sem sucesso. Depois, ligou para o ministro da Guerra, Aurélio Lira Tavares. A conversa funcionou. Evandro Lins e Silva conhecia Aurélio Lira Tavares desde os oito anos de idade. O irmão do ministro da Guerra, Roberto Lira, era amigo fraterno do ministro do Supremo. Mas não foram apenas as relações de amizade que levaram o governo a desobstruir o caminho do ex-ministro do STF. Lira Tavares ouviu um ultimato.

— Eu renuncio à presidência — ameaçou Luiz Gallotti na conversa com o general. — Aí vai ser efeito em cadeia — acrescentou, ressaltando que sua decisão levaria presidentes de tribunais estaduais a adotar a mesma posição, insatisfeitos com a postura da ditadura em relação ao Judiciário. — Tenho que me render [à decisão de cassar os ministros], mas não posso admitir que eles sejam humilhados.

Lira Tavares emitiu ordens. Falou com seus subordinados e determinou que o ex-ministro do Supremo não fosse abordado. Evandro Lins e Silva foi avisado de que poderia seguir tranquilamente até o aeroporto e viajar para o Rio de Janeiro.

De volta do recesso de final de ano e depois das cassações, o Supremo fez uma homenagem aos ministros que haviam deixado a corte. Em seu discurso, Luiz Gallotti acenou para os militares, mas deixou um recado para quem enxergava voluntarismos e posições político-ideológicas nos votos dos magistrados:

— Respeitamos os que, inspirados no bem da pátria, são impelidos, por motivos inelutáveis, a fazer com que se ouça o ruído das armas. Será um dever seu, em circunstâncias excepcionais. Mas também temos nós, juízes, o dever de não ficar como aquele de quem disse Montaigne "que o ruído das armas o impedia de ouvir a voz das leis" — disse. E concluiu com uma mensagem indireta aos militares: — Uma coisa é a lei e outra a nossa opinião; quando não coincidem, nada nos priva de dizer o que pensamos; mas devemos saber distinguir o que é a lei daquilo que é somente nosso desejo.

O que teria acontecido se, seguindo a provocação de Gonçalves de Oliveira, outros ministros renunciassem? E se o Supremo fechasse as portas após as aposentadorias compulsórias? A ditadura sofreria um duro golpe, inclusive com repercussão internacional? Ficaria mais que evidente que o Brasil vivia um período de absoluta anormalidade? Ou o país assistiria ao fechamento da última trincheira de alguma, mesmo que vaga, liberdade? As violações aos direitos humanos ficariam sem nenhum freio, por mais mísero que fosse, se o Supremo cerrasse as portas?

Não foi somente Gonçalves que defendeu um ato de protesto do STF. O advogado Sobral Pinto, em carta enviada ao ministro Luiz Gallotti na semana posterior às cassações, defendeu que o Supremo suspendesse suas atividades:

> Afirmei sempre, por toda a parte, que estes órgãos [Supremo e Congresso Nacional] deveriam, quando feridos pela prepotência dos dirigentes militares que se apoderaram do Poder Executivo, fechar as suas portas, alegando que sem força para repelir os atentados de que foram vítimas, na pessoa de alguns de seus membros, só um caminho lhes restava: a renúncia coletiva.

Sobral Pinto era da tese de que o Supremo passara a ser subalterno do Executivo quando se manteve aberto depois que os ministros foram atingidos. Não era mais um poder autônomo. Os militares deixaram claro que os ministros permaneceriam na cadeira até quando o Executivo quisesse. Se o governo não concordasse com este ou com aquele voto, poderia apelar novamente para atos excepcionais.

Gallotti respondeu, em partes, a essas perguntas, na carta que enviou a Sobral Pinto dois dias depois, em papel timbrado do Supremo.

> Tenho como respeitável a sua opinião, de que o Supremo Tribunal Federal e o Congresso Nacional deveriam renunciar coletivamente. Outros, entretanto, têm o entendimento, não menos respeitável, de que preferível será continue a instituição, mesmo ameaçada ou atingida, embora sujeitos os seus membros a perigos e sacrifícios, desde que saibam manter uma linha de dignidade.

A opinião de Sobral Pinto, ressaltava Gallotti, era isolada, fosse no tribunal, fosse no mundo jurídico. "Devo dizer-lhe que no sentido da sua opinião não se manifestou nenhum dos meus colegas, nem, que eu saiba, qualquer outro dos nossos juristas", concluiu.

Apesar das críticas e das aposentadorias, o Supremo seguiu em frente, extirpado pelos militares e impedido de julgar habeas corpus. O tribunal permanecia sob ameaça. A eleição do novo presidente da corte, que assumiria após a renúncia de Gonçalves de Oliveira, demonstrou o receio dos ministros na relação com o Executivo. A ordem natural das coisas no STF, com a eleição do ministro mais antigo dentre aqueles que ainda não haviam exercido a presidência da Casa, seria quebrada. Era preciso escolher um ministro com bons contatos no governo e sem restrição entre o pessoal da caserna. Adalício Nogueira, mesmo indicado pelos militares para o Supremo, não poderia assumir o comando da corte, por motivos que veremos em breve.

O tribunal voltaria a ser composto de onze ministros. O governo não quis preencher as vagas que criou para que não supusessem que as cassações visavam trocar magistrados ou abrir espaço para A, B ou C. Assim, com exceção de Luiz Gallotti, os demais integrantes da corte foram indicados pelos governos militares de Castelo Branco e Costa e Silva.

A despeito disso, cassações de ministros foram outra vez consideradas pelo governo militar. Adaucto Lúcio Cardoso, poupado na primeira leva de cassados, entraria de novo na lista dos alvos. No dia 27 de fevereiro de 1969, o ministro Gama e Silva recebeu a mensagem dos militares. Dessa vez, a Comissão de Investigações Sumárias do Exército (Cisex) havia aprovado parecer favorável e recomendado ao ministro do Exército, Lira Tavares, que instigasse o governo para avaliar a cassação de Adaucto. Diante disso, o ministro da Justiça encaminhou o caso para nova avaliação do presidente Costa e Silva.

Adaucto, que já constava das primeiras listagens, sobreviveu mais uma vez. Renunciaria anos depois ao Supremo, insatisfeito com as limitações impostas ao STF e com o que considerava um comportamento passivo do tribunal diante do governo militar. Essa, contudo, é outra história.

SECRETO

N8.pro.CSS 3.3, p.63

AVISO Nº 030 /CISEx   RIO DE JANEIRO, GUANABARA
                           EM 25 DE FEVEREIRO DE 1969

Senhor Ministro

Tenho a honra de remeter a V Exa, nos têrmos do Ato Complementar nº 39, de 20 de dezembro de 1968, o processo anexo, referente a ADAUTO LÚCIO CARDOSO — Ministro do STF—sendo de parecer que o mesmo seja submetido a estudos nesse Ministério que, por intermédio de sua Comissão de Investigação, está capacitado a enquadrar o indiciado no Ato Institucional número 5.

Aproveito a oportunidade para reiterar a V Exa os protestos de elevada consideração e apreço.

A. de Lyra Tavares

Exmo Sr
Professor LUIZ ANTÔNIO DA GAMA E SILVA
MD-Ministro de Estado da Justiça

SECRETO

12
Aviso secreto assinado por Lyra Tavares, recomendando que o ministro Adaucto Lúcio Cardoso fosse enquadrado no AI-5.

N8.Pro.css.3.3, p.64 p.64

O Presidente da República, no uso da atribuição que lhe confere o § 1º do art. 6º do Ato Institucional nº 5, de 13 de dezembro de 1968,

R E S O L V E aposentar o Doutor ADAUCTO LÚCIO CARDOSO no cargo de Ministro do Supremo Tribunal Federal.

Brasília, em   de   de 1 969; 148º da Independência e 81º da República.

13
Ato preparado pelo governo, mas não assinado pelo presidente da República para cassar o ministro Adaucto Lúcio Cardoso.

6. HISTÓRIA DE UMA RENÚNCIA

> *A história não registra e não se satisfaz com queixas, explicações ou desculpas.*
>
> Nelson Jobim

LUCY SÁ NOGUEIRA CASOU-SE COM JURACY MAGALHÃES JÚNIOR no dia 5 de novembro de 1960. Passou a chamar-se Lucy Nogueira Magalhães. O casamento aproximou também o pai da noiva — o desembargador baiano Adalício Nogueira — e o pai do noivo — o governador da Bahia, Juracy Magalhães.

Dois anos depois, às vésperas das eleições, Juracy Magalhães se afastaria do cargo para disputar uma vaga no Senado pelo estado da Guanabara. O vice-governador baiano, Orlando Moscoso, não poderia assumir o governo, pois também era candidato. O presidente da Assembleia Legislativa, deputado Orlando Spínola, igualmente disputaria as eleições e por isso não lhe era permitido ocupar a cadeira.

Adalício Nogueira acabara de ser eleito presidente do Tribunal de Justiça da Bahia para o biênio 1962-3. As limitações da lei eleitoral impuseram a solução. O consogro Juracy Magalhães convidou Adalício para assumir o comando do estado da Bahia.

A imprensa da capital baiana registrou a mudança no governo, mas ressaltou — jocosamente — que, apesar da troca de nomes, os netos do governador ainda eram Aludia e Juracy Neto — filhos de Lucy e Juracy Jr., netos de Adalício e Juracy Magalhães.

O gracejo da imprensa parece ter contaminado também a família. Logo após a posse, Lucy fez uma brincadeira com seu marido, Juracy Jr.:

— Juracyzinho, meu pai agora está no governo e, se você precisar de alguma coisa, não tenha acanhamento.

Alguns anos mais tarde, Juracy Magalhães se alinhou àqueles que apoiaram o golpe militar de 1964. No governo Castelo Branco, foi embaixador do Brasil nos Estados Unidos e depois ministro da Justiça.

Em 27 de outubro de 1965, as eleições nos estados mostrariam que o governo militar perdia apoio — especialmente entre a classe média — em razão das medidas de repressão e, sobretudo, do programa de estabilização econômica pensado por Roberto Campos e Otávio Bulhões, respectivamente ministros do Planejamento e da Fazenda.

Os militares sofreram derrotas nas urnas de Minas Gerais e da Guanabara. A reação do presidente da República veio com o ato institucional nº 2. Além de dissolver os partidos políticos e estabelecer eleições indiretas para presidente da República e governadores, o ato criou, como vimos, cinco novas vagas no Supremo Tribunal Federal.

Em 1965, 8456 processos foram protocolados, 13 929 distribuídos, 6241 julgados, e 5204 acórdãos foram publicados. Naquela época, os ministros não dispunham da grande estrutura de assessoria de que dispõem hoje os integrantes do STF. As estatísticas do tribunal mostram que, em 2014, foram protocolados 79 943 processos, distribuídos 57 799, julgados 92 722 monocraticamente e 15 242 colegiadamente, com 15 649 acórdãos publicados.

Juracy Magalhães, o então ministro da Justiça, sugeriu a Castelo Branco — responsável pela escolha dos nomes que ocupariam as novas vagas — a indicação do consogro. O presidente não quis negar a seu ministro a indicação e fechou a lista: Oswaldo Trigueiro, Aliomar Baleeiro, Carlos Medeiros, Prado Kelly e Adalício Nogueira. Este último agradeceu publicamente a influência de Magalhães em sua indicação ao STF:

> Modesto desembargador do Tribunal de Justiça da Bahia, jamais sonhara atingir a tão conspícuas alturas. Nunca me passara pela mente enfileirar-me entre os que, pelos seus méritos notórios, me foram companheiros de tão enaltecedora jornada. Devo-o, sem dúvida, aos bons fados que me favoreceram, através da prestigiosa indicação, que tanto me exaltou e me valeu, com que me

inculcou ao chefe da nação, o então insigne ministro da Justiça, general Juracy Magalhães.

A comparação dos perfis dos escolhidos revela a importância que as relações pessoais exerceram sobre o processo de indicação de Adalício. Oswaldo Trigueiro, por exemplo, foi prefeito de João Pessoa de 1936 a 1937, governador da Paraíba de 1947 a 1950, deputado federal de 1951 a 1954 pela UDN, embaixador do Brasil na República da Indonésia entre 1954 e 1956, ministro do Tribunal Superior Eleitoral (TSE) na vaga dos advogados e era procurador-geral da República quando nomeado para o Supremo.

Aliomar Baleeiro foi deputado da constituinte baiana, deputado federal constituinte em 1946, deputado federal em sucessivos mandatos, deputado constituinte da Guanabara e secretário da Fazenda da Bahia. Participou das articulações do golpe de 1964, tendo comparecido a reuniões, inclusive com Castelo Branco, para discutir o assunto.

Carlos Medeiros foi promotor público, chefe de gabinete do ministro da Justiça nas gestões de Francisco Campos, Sampaio Dória e Carlos Luz, além de consultor-geral e procurador-geral da República.

Prado Kelly, eleito em 1933 deputado à Assembleia Nacional Constituinte, integrou a Comissão de Constituição presidida por Carlos Maximiliano. Na Constituinte de 1946, foi vice-presidente da Grande Comissão da Constituição, integrada por 37 parlamentares e presidida por Nereu Ramos. Deputado federal em outras três legislaturas, foi ministro da Justiça no governo do presidente Café Filho.

Adalício Nogueira, ao contrário dos demais, era juiz de carreira, nomeado, mediante concurso, juiz de direito de Maracás em 1929. Promovido por merecimento, passou a ter exercício na 1ª Vara Cível de Itabuna (8 de dezembro de 1937 a 6 de dezembro de 1938), 1ª Vara Criminal de Ilhéus (7 de dezembro de 1938) e finalmente ocupou, na capital do estado, a Vara do Comércio e a 4ª Vara Cível (23 de fevereiro de 1940 a 2 de agosto de 1944). Foi promovido a desembargador do então Tribunal de Justiça da Bahia em 1944, do qual foi presidente em 1962. Somava-se a seu currículo a cátedra de direito romano da Faculdade de Direito da Universidade da Bahia.

Tinha, portanto, currículo. Isso era inegável. Contudo, tirando a experiência de interinidade no governo da Bahia — ele assumiu provisoriamente o cargo entre os meses de agosto e outubro de 1963 na condição de presidente do Tribunal de Justiça —, não tinha nenhum traquejo político. Assim, estaria preparado para enfrentar a ditadura militar e as relações conturbadas do Executivo com o Judiciário? Teria vivência suficiente para lidar com a situação do país? Disporia de bagagem para decisões dramáticas? Mantinha relações em Brasília para negociações políticas sensíveis naquele momento agudo?

ELEIÇÃO

A escolha do presidente do Supremo Tribunal Federal é um processo tradicionalmente sem turbulências. Os eleitores são os ministros — com exceção de um período da nossa história, quando Getúlio Vargas avocou para si esse poder. De regra, elege-se o ministro mais antigo que ainda não tenha exercido o cargo de presidente da corte. O processo, dessa forma, evita conflitos, conchavos, conspirações e campanhas políticas internas. Tudo transcorre na mais absoluta tranquilidade e previsibilidade.

Mas nem sempre foi assim.

A primeira sessão do tribunal, em 28 de fevereiro de 1891, destinou-se também à eleição de seu primeiro presidente. O relato da sessão, registrado por Rodrigo Otávio em *Minhas memórias dos outros*, traduz o que poderia acontecer se o tribunal adotasse outra forma de eleição, colocando os colegas para disputar o posto.

> Assumindo [o visconde de Sabará] a presidência do novo tribunal e abrindo a sessão, já era manifesto o seu mau humor. Empossados os demais ministros e instalado assim o novo tribunal, dever-se-ia proceder à eleição do presidente, e justamente ao visconde, como o de mais idade, cabia a presidência. Recolhidas e contadas as cédulas, começou o visconde a apurá-las. Abriu a primeira e leu: Freitas Henriques. Tomou da segunda, já com a mão tremendo,

abriu e leu de novo: Freitas Henriques. Da terceira vez, já quase não pôde pronunciar o nome que lera na cédula, e, daí em diante, num acesso crescente de raiva, com os dentes cerrados, ia abrindo as cédulas e pronunciando uns sons roucos, cada vez menos inteligíveis, até que, chegando à última, nada mais pôde dizer, levantando-se e deixando a cadeira, apoplético e furioso.

Mais tarde, em 1951, a possibilidade de reeleição do presidente do Supremo criou problemas *interna corporis*. O ministro Barros Barreto, presidente, pretendia exercer um segundo mandato à frente da Casa, mas viu-se compelido a antecipar a aposentadoria após a derrota. Como não recebeu o voto dos colegas, deixou o tribunal, certo de que não merecia a confiança dos pares.

O Supremo estabeleceria posteriormente a praxe de eleger, como presidente — para um mandato de dois anos —, o mais antigo ministro da corte, dentre aqueles que ainda não tivessem sido eleitos. O costume é respeitado até hoje, por mais que, numa ocasião isolada, um ou outro ministro tenha pensado em não segui-la, em retaliação aos destemperos de determinado colega.

Assim, o processo eleitoral no STF é absolutamente protocolar. Todos os votos são dados a um ministro, com exceção do voto daquele que é eleito — que, para não votar nele mesmo, escolhe o colega seguinte na ordem de antiguidade.

Em 1969, certamente o ano mais dramático da história do STF, a prática era essa. Mas o Supremo estava na contingência de eleger um novo presidente e um novo vice, pois a ditadura militar havia retaliado a corte com as cassações de ministros e a aposentadoria do presidente e do vice-presidente do STF. Na retomada dos trabalhos, a corte teria de eleger o novo presidente.

ALMOFADA

A quebra da normalidade deixou o STF refém de boatos e contaminou o processo protocolar de escolha de seu presidente. Militares e integrantes do governo alimentavam o falatório. Diziam que Luiz Gallotti, que mantinha boas relações com o governo militar, poderia ser novamente eleito presidente do tribunal. Afirmavam que não seria caso típico de reeleição, porque durante um mês Gonçalves de Oliveira presidira a corte. Mas Gallotti era avesso à tese da reeleição e tratou de rejeitá-la.

Mesmo que não tivessem consequência ou apelo no tribunal, essas notícias e cogitações demonstravam que havia algo no ar. E os jornais reforçariam esse clima. Zózimo Barroso do Amaral, em sua coluna no *Jornal do Brasil*, publicou em 4 de fevereiro de 1969 que havia no Supremo um movimento para mudar o critério de eleição do presidente e do vice-presidente, com o abandono da tradição da escolha dos dois ministros mais antigos. "Maior liberdade na escolha dos dirigentes da Corte Suprema evitaria a eleição de ministros menos sincronizados com o Poder Executivo e permitiria, de outro lado, a eleição dos verdadeiros expoentes da Casa", escreveu o colunista. Como nenhuma notícia surge por combustão espontânea, a simples publicação da nota insinuava a existência de algum movimento nesse sentido.

O *Correio da Manhã* reforçava essa impressão ao anunciar um cenário de maior turbulência:

> A prevalecer a praxe, a escolha recairá, respectivamente, nos srs. Adalício Nogueira e Oswaldo Trigueiro, que são os dois mais antigos da atual composição do tribunal. Todavia, há indícios de que o primeiro, por motivos pessoais, se dispõe a requerer, também, a sua aposentadoria, circunstância que ensejaria ao ex-deputado udenista pela Paraíba e ex-procurador-geral da República no governo Castelo Branco a oportunidade de assumir a presidência da corte.

No dia seguinte, matéria no *Jornal do Brasil* traçava, ainda por linhas imprecisas, o que poderia vir a acontecer no Supremo. Adalício Nogueira seria escolhido o novo presidente. O mesmo *JB*, porém, fazia a ressalva:

> Mas o próprio ministro Adalício Nogueira não demonstrou aos seus íntimos qualquer entusiasmo pela missão, transpirando que

apelaria ao tribunal, na reunião administrativa marcada para hoje, às 9h, a fim de ser liberado do compromisso [devido à praxe] de ser guindado à chefia do Poder Judiciário brasileiro.

O fato, porém, não era bem esse. Adalício queria sim ocupar o mais alto cargo do Judiciário brasileiro. Que juiz recusaria alcançar o ápice da carreira? Seria impensável. Os documentos reservados do Conselho de Segurança Nacional nos ajudam a explicar o que se passava na cabeça dos militares.

No dia 17 de dezembro de 1968, um "informe especial" encaminhado à presidência da República relatava em detalhes os movimentos no gabinete do ministro Adalício Nogueira. O documento se referia ao que ocorrera na corte na semana anterior, no dia 10. O STF deferira um pedido de habeas corpus para libertar 46 estudantes presos pela Força Pública de São Paulo e por agentes do Dops no XXX Congresso da União Nacional dos Estudantes, em Ibiúna (SP). A decisão seria estendida para outros 36 estudantes na mesma situação. E teria impacto sobre o pedido de habeas corpus que seria julgado dias depois em favor dos líderes do movimento estudantil — Vladimir Palmeira, presidente da União Metropolitana de Estudantes (UME), José Dirceu, presidente da União Estadual dos Estudantes (UEE), e Luís Travassos, presidente da UNE.

De nada adiantaria essa resolução.

No dia 13, o governo militar escancarou a ditadura e baixou o ato institucional nº 5. Foi suspensa a garantia de habeas corpus nos casos de crimes políticos, decretado o recesso do Congresso e eliminados os direitos políticos.

O jornalista Franklin Martins, preso no Congresso de Ibiúna e que esperava a liberdade concedida pelo ministro Adalício Nogueira, assim descreveu as consequências:

> Fui preso em Ibiúna e saí graças a um habeas corpus, na véspera do AI-5. Meu habeas corpus foi concedido no Supremo no dia 11 de dezembro, chegou à Auditoria Militar em São Paulo no dia 12 de manhã e na tarde do mesmo dia eu saí. Para a outra turma — nós

éramos nove —, em que estavam Ribas (que morreu depois no Araguaia), Vladimir, Dirceu e Travassos, o habeas corpus foi concedido pelo STF no dia 12. No dia 13, quando chegou a São Paulo, não havia expediente na Auditoria Militar, por causa do Dia do Marinheiro. À noite, houve a edição do AI-5. Resultado: o habeas corpus foi jogado no lixo e eles continuaram presos.

Diante do recrudescimento do governo, sabendo que sua decisão teria forte repercussão naquele momento, Adalício Nogueira montou um estratagema para se proteger. Os detalhes estão expostos em documento reservado dos órgãos de inteligência do governo militar do dia 17 de dezembro de 1968.

De acordo com as informações obtidas, o auxiliar de plenário do ministro, Francisco Atanásio da Silva, recebeu no dia 16 de dezembro de 1968 um telefonema de Adalício. O ministro estava na Guanabara e pediu ao auxiliar que providenciasse o envio do processo para que ele voltasse a analisá-lo. "Segundo o sr. Francisco Atanásio, o ministro Adalício Nogueira tem a intenção de modificar o parecer que emitiu, a fim de resguardar o seu prestígio perante o Poder Executivo, particularmente após o AI-5", informava o relatório.

No dia 17, às 7h, Atanásio e sua secretária, Maria Orminda Vinhares, deveriam partir para o Rio, "via rodoviária, em um auto Aero Wyllis, levando o processo dentro da almofada do banco do motorista".

O informante lembrava, por fim, que o ministro Adalício Nogueira fora relator de outro caso emblemático em que o governo sofreu uma derrota marcante. Em 1967, a Procuradoria-Geral da República pedia o sequestro dos bens do ex-presidente Juscelino Kubitschek sob a acusação de corrupção passiva. A suspeita fora apurada pela comissão de inquérito instituída pelo então ministro Juarez Távora para verificar possíveis irregularidades na construção da ponte Brasil-Paraguai. O Ministério Público apontou JK como responsável pela entrega da construção para uma empresa — sem concorrência pública — em troca de uma casa de alto luxo.

Em seu voto, o ministro Adalício Nogueira refutou a alegação de que o sequestro de bens pudesse ter por base "indícios de que o prédio na avenida Vieira Souto, 206, embora figure em nome de outrem, seja de propriedade do ex-presidente da República". Também não aceitava o argumento de que o valor do apartamento correspondesse ao preço da ponte. E enfatizava: "Esses indícios, no caso, não têm o caráter de veemência indispensável à decretação da medida excepcional que se propõe. Não bastam indícios. Impõe-se que se carreguem de tintas mais fortes, de modo que o juiz possa escudar a sua decisão num fundamento seguro e induvidoso".

Houve outro julgamento que talvez tenha contribuído para que o nome de Adalício permanecesse no imaginário dos militares como uma interrogação: o habeas corpus em favor do jornalista Flávio Tavares (HC 44 859), julgado em 22 de novembro de 1967. Preso havia oitenta dias, Flávio Tavares pediu a liberdade ao Superior Tribunal Militar — conseguiu apenas quatro votos a seu favor (ministros Lima Torres, Saldanha da Gama, Peri Bevilacqua e Murgel de Rezende) — e depois recorreu ao STF. Seu advogado, Antônio Evaristo de Morais Filho, alegou excesso de prazo para a instrução criminal. Flávio Tavares era acusado de tentar subverter a ordem e a estrutura político-social do Brasil e de praticar atos destinados a provocar guerra revolucionária, crimes previstos no decreto-lei nº 314, de 13 de março de 1967.

Adalício Nogueira assentou em seu voto o limite de tempo para a prisão preventiva, e a decisão teria impacto sobre outros tantos casos nos quais a Lei de Segurança Nacional era aplicada. Em seu voto, Nogueira escreveu:

> Está translúcido o pensamento do legislador: a medida poderá ser revogada, desde que não se faça mais necessária, mas uma vez transcorridos trinta dias, a mesma não poderá sobreviver, salvo se for prorrogada por mais trinta dias, unicamente. Esse é, pois, o limite máximo imposto à custódia preventiva. A esta altura, ele já conta cerca de cem dias de prisão, sem que lograssem encontrar no processo a justificativa de tamanho retardamento. Concedo o habeas corpus, por excesso de prazo, sem prejuízo do prosseguimento regular da ação penal.

Todos os ministros seguiram esse voto, e o habeas corpus venceu por catorze a zero.

Na Câmara dos Deputados, a decisão foi celebrada da tribuna por um parlamentar que mais tarde contribuiria para alterar o destino do STF. Márcio Moreira Alves (MDB-Guanabara) afirmava que o julgamento relatado por Adalício Nogueira provocaria reação em cadeia. "Em homenagem a esta decisão da Corte Suprema, acredito, todos os corações brasileiros de democratas e de patriotas se alegraram no dia de hoje", afirmou o deputado.

Flávio Tavares seria preso novamente e integraria o grupo de presos políticos trocados pelo embaixador estadunidense Charles Burke Elbrick, sequestrado por militantes brasileiros de esquerda em setembro de 1969.

BASTIDORES

O então diretor-geral do Supremo, Hugo Mósca, andava amargurado com o presidente do STF, Gonçalves de Oliveira. No dia 4 de fevereiro de 1969, uma terça-feira, ele telefonou para Aliomar Baleeiro a fim de queixar-se do ex-chefe. Disse que sofrera uma "cachorrada" quando Gonçalves de Oliveira ainda era ministro. Convidado por Oliveira, dias antes da posse como presidente, para dirigir os trabalhos administrativos do STF, Hugo Mósca começara a trabalhar para organizar a cerimônia. De pronto, viu-se numa saia justa com a esposa do novo presidente do tribunal. Contou a Baleeiro que d. Maria das Mercês Oliveira fez de imediato um pedido pouco ou nada republicano: que promovesse o irmão dela, funcionário do STF. Mósca recusou e "ela ficou feroz". Maria das Mercês ainda teria mandado contratar garçons para servir o chá nos intervalos das sessões, mesmo com o STF sem verbas para isso. Também teria insistido para a compra, sem concorrência, de materiais para a corte.

No Natal, Hugo Mósca pediu dispensa para passar as festas com a família no Rio Grande do Sul. Lá recebeu um telegrama. O texto dizia que o presidente Gonçalves de Oliveira aceitava o pedido de exoneração do diretor-geral. Mas o pedido nunca existiu. Gonçalves de Oliveira, portanto, o demitiu por telegrama em meio às festas de final de ano.

De saída, nessa conversa com Baleeiro, Mósca declarou despretensiosamente que o ministro Oswaldo Trigueiro seria eleito presidente do STF. Baleeiro retrucou, surpreso, lembrando-o de que Adalício Nogueira era o ministro mais antigo da corte e que ainda não havia exercido a presidência. Nogueira e Trigueiro haviam tomado posse no STF no mesmo dia 25 de novembro de 1965. Sendo Adalício Nogueira três anos mais velho que Oswaldo Trigueiro, ele estaria à frente do colega na lista de antiguidade.

Portanto, os colegas deveriam eleger Adalício para o cargo, e não Trigueiro. A frase do bem informado diretor-geral acendeu o alerta para Baleeiro. "Isso me impressionou porque correspondia às conversas de Carlos Medeiros Filho, de que havia movimento contra Adalício Nogueira", escreveu Baleeiro em seu diário. "Fiquei intrigado", admitiu.

SEGREDOS

No dia 5 de fevereiro de 1969, às 9h, véspera da eleição no STF, os ministros se reuniram para uma sessão secreta na chamada Sala da Saudade, assim batizada pelos ministros que durante a mudança da capital para Brasília descumpriram as recomendações do arquiteto Oscar Niemeyer e levaram para a nova sede peças antigas do tribunal. Móveis, tapetes e objetos de mesa que não combinariam com os traços modernos da obra de Niemeyer foram dispostos na Sala da Saudade. Inicialmente, os ministros discutiram questões regimentais e de que forma seria "o necrológico dos cinco aposentados", como escreveu Aliomar Baleeiro. Como o tribunal lidaria com os cortes? Abriria os trabalhos daquele ano homenageando os cassados?

O ministro Luiz Gallotti invocou o precedente de 1931, quando o governo provisório, liderado por Getúlio Vargas, aposentou seis ministros do STF num só decreto. "Considerando que imperiosas razões de ordem pública reclamam o afastamento de ministros que se incompatibilizaram com as suas funções por motivo de moléstia, idade avançada e outros de natureza relevante", estipulava o decreto de Vargas, o governo aposentava Godofredo Cunha (presidente), Edmundo Muniz, Pires e Albuquerque, Pedro Mibielli, Pedro dos Santos e Germiniano da Franca.

O ministro Luiz Gallotti, genro de Pires e Albuquerque, lembrou que a homenagem aos atingidos se limitou a "um chocho documento lido pelo presidente Leoni Ramos e um discurso de Hermenegildo [de Barros], sem elogios e com queixas contra o imposto de renda [que passara a ser cobrado dos ministros]".

O ministro Amaral Santos, nomeado para o cargo pelo presidente Costa e Silva, tentou justificar a aposentadoria dos três colegas. Numa clara e escancarada demonstração da falta de união dos integrantes da corte em favor da instituição, afirmou que "os aposentados sistematicamente votavam por espírito partidário os casos políticos". Alegou ainda Amaral Santos — para anuir com a violência do governo — um episódio ocorrido na posse do ministro Gonçalves de Oliveira na presidência do STF. O advogado Sobral Pinto, comemorando a decisão da Câmara de não conceder licença para o processamento do deputado Márcio Moreira Alves, fez um discurso contundente contra a ditadura. Logo depois, em conversa com o então ministro da Justiça, Gama e Silva, teria dito: "Tenho tantos mil cruzeiros novos no banco e você disponha deles para seu exílio".

Assim sendo, Amaral Santos dizia que o governo teria razões suficientes para agir como agiu. "Houve silêncio. Apenas Temístocles Brandão Cavalcanti fez um gesto aprovativo de cabeça com algumas frases", relatou Baleeiro em seu diário. Ele então propôs que os colegas discutissem a pauta mais importante: a eleição para presidente do Supremo. "Concordaram e interpelei Luiz Gallotti: resiste no propósito de não aceitar a reeleição? Porque, se a aceitar, terá meu voto." Baleeiro tinha informações de que o presidente Costa e Silva queria que Gallotti fosse o escolhido e que os demais militares preferiam Trigueiro. Gallotti insistiu na recusa. Não concordava com a reeleição para a presidência do STF. Baleeiro registrou no diário:

> Então perguntei se era tradicional o critério da antiguidade. Com a resposta afirmativa, perguntei se, sendo Adalício Nogueira o mais velho, havia alguma restrição ao nome dele, inclusive por motivos de considerações políticas, em face das circunstâncias atuais. Nenhuma resposta. Indaguei então dos ministros ligados a Gama e Silva se havia alguma objeção do presidente da República

ou de militares a considerar realisticamente, já que, desarmado, o STF teria de contornar problemas.

Amaral Santos respondeu não haver restrições ao nome de Adalício. Sendo assim, prosseguiu Baleeiro, o candidato estava escolhido e deveria ser eleito no dia seguinte. "Ninguém piou, mas o acolhimento foi glacial", percebeu o ministro.

À saída da reunião, Adalício aproximou-se de Baleeiro e agradeceu o apoio. Confidenciou que, entre sussurros, um dos ministros fez menção de protestar à forma como Baleeiro encaminhara a discussão: "Mas isso é uma coação sobre nós". Contou o fato, mas não revelou o nome do santo.

Baleeiro deixou o Supremo no carro do colega Adaucto Lúcio Cardoso. Os dois queriam conversar em privado — o que era difícil no tribunal, dadas as precárias estruturas físicas e a proximidade dos gabinetes dos demais integrantes da corte. As salas ficavam todas no segundo andar do prédio principal. Uma movimentação anormal num dos gabinetes seria facilmente detectável pelos outros.

Adaucto contou ao colega que parte do colegiado queria eleger Oswaldo Trigueiro, preferido pelos militares. Nada tinham contra Adalício. Gostavam dele. Seria um bom presidente em tempos de normalidade. Entretanto, não o consideravam "homem para as circunstâncias" político-institucionais que o país vivia em 1969. Era "tímido, provinciano, sem conhecer ninguém, incapaz de conversar em pé de igualdade com os homens do momento em qualquer vicissitude", conforme relatou Baleeiro, repetindo os argumentos que ouvira de Adaucto. Além disso, a proximidade com Juracy Magalhães era vista com desconfiança. O governo Costa e Silva colocara Magalhães na geladeira.

DIFICULDADES

Desde o golpe de 1964, os militares cobravam do STF solidariedade ao governo golpista. O Supremo, timidamente, mantinha certa autonomia decisória no começo, com casos julgados em desfavor dos interesses dos militares. O resultado dos julgamentos contra o professor Sérgio Cidade de Rezende e do governador Mauro Borges, por exemplo, pontificou esse momento. E aumentou o desconforto institucional entre o movimento revolucionário e o tribunal.

No primeiro semestre de 1965, segundo o então presidente do Supremo, as relações institucionais entre a corte e a presidência da República pareciam normais. O diálogo permanecia, mesmo que com certo ruído. Começavam a aparecer alguns sinais de que o Executivo poderia discutir aspectos da estrutura do Poder Judiciário, embora eles parecessem distantes e improváveis.

Naquele ano, já se falava em aumentar a composição do Supremo Tribunal. Sob o argumento de que havia uma crise de números, com aumento expressivo na quantidade de processos, a ampliação da corte parecia uma solução exclusivamente técnica. Não era. O tribunal tinha ciência disso e expressou sua posição no relatório de reforma do Judiciário encaminhado ao Executivo:

> Essa ideia, entretanto, além de não estar suficientemente justificada, levaria a resultados contraproducentes. De acúmulo de serviço já não se poderia falar, porque três dos projetos contêm medidas destinadas a reduzir, drasticamente, a carga do Supremo Tribunal. Há, portanto, contradição em propugnar-se, ao mesmo tempo, a limitação da competência do Supremo Tribunal e o aumento do número de seus juízes.
>
> De outro lado, a sobrecarga atual resulta, em grande parte, de deficiências que serão sanadas com a melhor organização da atividade do tribunal. [...] Por último — além do inevitável aumento de despesa —, seria contraproducente aumentar o número de ministros, porque prolongaria a duração média de cada julgamento no tribunal pleno [pelo maior número de votos a ser proferido].

De nada adiantou a argumentação dos integrantes do STF. Tampouco serviu de blindagem para o tribunal a ameaça feita pelo presidente Ribeiro da Costa de fechar o Supremo e entregar as chaves ao presidente da

República em caso de retaliação. O governo baixou o ato institucional nº 2 em 27 de outubro de 1965, ampliando de onze para dezesseis o número de ministros; o ato institucional nº 5, de 13 de dezembro de 1968, cassando três juízes e esvaziando o habeas corpus; e o ato institucional nº 6, de 1º de fevereiro de 1969, novamente alterando o número de integrantes da corte — de dezesseis para onze.

O Supremo entendia que aquele momento demandava um presidente com pulso, força e interlocutores tanto no governo como entre os militares. Se nova crise se estabelecesse entre o Judiciário e o Executivo, Adalício saberia o que fazer ou com quem falar? Não, consideravam os ministros. Já Oswaldo Trigueiro, na avaliação deles, dispunha de currículo extenso, vivência política, sagacidade, energia, era frio, respeitado, ouvido pelos colegas e próximo dos militares desde quando ministrara aulas na Escola Superior de Guerra. Era preciso demonstrar a Adalício que sua eleição seria insustentável.

ACORDO

Adaucto Lúcio Cardoso e Baleeiro acertaram uma estratégia. Baleeiro exporia os fatos a Adalício; Adaucto confirmaria tudo logo em seguida.

De volta ao tribunal, no dia 5 de fevereiro, ambos convidaram Adalício para uma reunião. Às 13h15 os três se trancaram no gabinete que, até o AI-5, era ocupado pelo ministro Evandro Lins e Silva.

A conversa foi franca. Baleeiro relatou o que ouvira dos colegas, poupando Adalício das restrições mais severas que os demais faziam a seu nome. Mesmo assim, diria mais tarde Baleeiro, Adalício Nogueira ficou transtornado. Perguntou se o que lhe contavam era uma suposição ou se os outros ministros partilhavam da mesma visão. Aliomar Baleeiro registrou:

> Respondi que Adaucto Lúcio Cardoso, ali presente, é quem estava mais informado e que eu ficara impressionado com a coincidência das conversas do Carlos Medeiros Filho, as notas do jornal, o que eu ouvira em Brasília [sobre o caso Mósca] e o que me

contara Adaucto. Este confirmou tudo, também sem mencionar as restrições pessoais.

Baleeiro deixou no ar que a melhor solução talvez fosse o colega renunciar à candidatura. Adalício despediu-se e pediu para refletir até o dia seguinte sobre o que faria. Combinaram jantar juntos naquela noite, no apartamento de Baleeiro.

À tarde, durante a sessão, Aliomar Baleeiro relatou os detalhes da reunião a Oswaldo Trigueiro. E ouviu do colega:

— Eu votarei nele.

O ministro Temístocles Cavalcanti, com franqueza, disse a Baleeiro que preferia votar em Trigueiro. E explicou suas razões: Adalício "não conhecia ninguém, nem era conhecido, incapaz de enfrentar o que fatalmente teriam de sofrer". Enfim, considerava que ele não tinha envergadura para a gravidade do momento.

À noite, terminado o jantar, o telefone tocou. O jornalista Carlos Castello Branco avisou Baleeiro de que os militares não queriam Adalício. Queriam que o Supremo elegesse Trigueiro. Castelinho ouvira isso do vice-presidente da República, Pedro Aleixo. Baleeiro o convidou para uma conversa em seu apartamento, às 22h. Calculou que Adalício já teria ido embora. Assim, poderia ouvir os detalhes que Carlos Castello Branco talvez não pudesse contar na frente daquele que era o personagem central do problema.

Encerrada a ligação, Baleeiro voltou para a sala e contou aos dois colegas o que ouvira pelo telefone, sem dizer o nome do emissário. Ele e Adaucto garantiram a Adalício que, caso decidisse manter a candidatura, teria o voto de ambos. "Era evidente que ele estava numa luta interna, desejoso de ser eleito, ainda que com o perigo de passar por vexames", escreveu Baleeiro.

RENÚNCIA

Em 6 de fevereiro de 1969, dia da eleição do novo presidente do STF, Adalício apareceu às 9h à porta do apartamento de Aliomar Baleeiro. Foram os dois ao Brasília Palace, hotel onde moravam várias autoridades da República, para encontrar Luiz Gallotti. Este, que resistira à mudança da capital para Brasília, decidiu, quase que em caráter de retaliação, morar no hotel.

Adalício e Baleeiro seguiram diretamente para o quarto de Gallotti. Encontraram-no de pijama "num quarto horrivelmente quente". Baleeiro resumiu as conversas do dia anterior com Adaucto, Trigueiro e Temístocles. Disse que, em razão disso, havia comunicado os fatos a Adalício, o principal interessado. Adalício então leu o esboço do discurso que fizera para renunciar à presidência depois de eleito. Gallotti ouviu atento, sugeriu alterações de palavras que faziam referência à conjuntura atual do país e lembrou que, em 1966, Hahnemann Guimarães também fora eleito presidente e renunciara em seguida. Naquele caso, por motivos de saúde, os mesmos que o levaram a antecipar a aposentadoria aos 66 anos.

Estava tudo programado: Adalício Nogueira seria eleito. Assim, não haveria a impressão de que o tribunal desconfiava dele, não sobraria espaço para maledicências ou cogitações de que os militares resistiam a ele. Adalício recebeu os votos de todos os colegas. E no momento seguinte ao anúncio do resultado, recusou a presidência da mais alta corte de Justiça do país, confessando os motivos que o tinham levado a essa decisão.

— Circunstâncias poderosas, porém acrescidas da reflexão que me acudiu ao espírito, fortaleceram-me na certeza de que já me falecem as forças necessárias para a delicadeza de uma tarefa que exige habilidade, competência e tato excepcionais — disse durante a sessão. — Sei que outros mais experientes e capazes poderão suprir as minhas deficiências. Não subestimo a grandeza da atitude da presidência do Supremo Tribunal Federal, mas sempre, mercê do meu feitio, fugi das seduções da vaidade.

Passaram-se novamente as cédulas, e Oswaldo Trigueiro foi eleito para chefiar o Judiciário naquele momento de crise intensa. "Um silêncio tumular na sala cheia", resumiu Baleeiro. Adalício demonstrava muita amargura. Seus filhos, seus netos e sua esposa estavam entusiasmados com a eleição. "Uma dúvida terrível o roía. Deveria ter afrontado", escreveu Baleeiro, lembrando o que ouvira do colega.

À noite, Baleeiro o convidou para jantar. Sabia dos momentos difíceis que vivera o colega e da decepção por não poder assumir o cargo. O apetite de Adalício indicou que ele havia superado a decepção que sofrera horas antes. Louvou o tempero da cozinheira. "Isso me aliviou", confidenciou a seu diário o ministro Baleeiro.

No dia seguinte, sozinhos em casa, d. Darly Baleeiro contou ao marido a cena a que assistira no aeroporto, quando viajava do Rio para Brasília, percurso que vários ministros ainda faziam semanalmente. Adalício Nogueira, Adaucto e Temístocles Cavalcanti estavam no mesmo voo. Quando caminhavam todos para o avião, Adaucto e Temístocles atrasaram o passo e deixaram Adalício seguir à frente, sozinho. Ali, na pista do aeroporto, a poucos metros do colega, os dois conversavam animadamente.

Durante a cerimônia de posse, Adalício permanecera de feição fechada, procurando culpados para seu insucesso. O plenário estava cheio, prestigiado. Mas o momento era de sobriedade. A cerimônia foi simples e num ambiente grave. Na sessão viam-se apenas oficiais inferiores e ajudantes de ordem. Os de alta patente não compareceram. Os discursos de praxe se seguiram sob o olhar "mortificado" de Adalício Nogueira. Teria se arrependido da renúncia? Provavelmente, ainda mais depois que o ministro das Comunicações, Carlos Simas, lhe disse que o presidente Costa e Silva nada tinha contra ele. "Está furioso com Temístocles Cavalcanti e desconfia do Adaucto Lúcio Cardoso. Desconfiará de mim? Talvez, embora o houvesse poupado da humilhação que o esperava", anotou Baleeiro.

7. A TOGA DE ADAUCTO

> *O ministro renunciante repudia o sistema e, não tendo como corrigi-lo, emendá-lo ou desafiá-lo no âmbito da missão que exercia, desliga-se de tudo para ressalvar sua liberdade interior de novas e futuras pressões implícitas.*
>
> Carlos Castello Branco

ADAUCTO LÚCIO CARDOSO, egresso da Câmara dos Deputados, tomava café da manhã com a família antes de embarcar no Rio de Janeiro a caminho de Brasília, em março de 1971, para mais uma semana de trabalho. Assim como outros ministros do STF, ele mantinha o costume de passar o final de semana no Rio de Janeiro, a antiga capital. Brasília ainda era uma cidade que vivia quase exclusivamente às segundas, terças, quartas e quintas; na sexta-feira, deputados, senadores e ministros se encontravam no aeroporto para embarcar no Electra, o avião comercial produzido pela Lockheed na década de 1950, em direção ao Rio de Janeiro.

Naquela manhã, seu filho faria um comentário despretensioso, mas duro e real. Percebera que o pai, já com problemas cardíacos aos 67 anos, estava agastado com o tribunal, aborrecido especialmente com um dos integrantes da corte. Adaucto não estava bem. E o Supremo parecia agravar a situação.

— Não sei o que o senhor vai fazer no Supremo. O tribunal não tem mais poder para decidir questões de Estado — disse Carlos Eduardo Paladini Cardoso.

— Mas eu só poderei advogar depois de dois anos. Você acha que eu posso esperar dois anos? — questionou o ministro, pensando na saúde e na situação financeira.

— Vai se sentir melhor se deixar o Supremo — respondeu o filho.

Dois anos antes desse diálogo, o STF fora amputado, com a aposentadoria compulsória de três ministros e voluntária de outros dois. O ato institucional nº 5, baixado em 13 de dezembro de 1968, dilapidara as competências do tribunal ao suspender a garantia do habeas corpus para crimes políticos e de segurança nacional, entre outras medidas restritivas. E manteve sobre os juízes uma ameaça permanente ao suspender suas garantias constitucionais de vitaliciedade e inamovibilidade.

Fruto dos ataques e da pressão permanente da ditadura, o Supremo driblou sua tradição para eleger presidente de fato do tribunal um ministro que fosse mais palatável aos militares. Como diagnosticou o filho de Adaucto Lúcio Cardoso, o Supremo já não decidia mais as questões de Estado e não tinha segurança, garantias e meios de cumprir sua tarefa de resguardar a Constituição.

"Um coxo não pode amparar um aleijado", resumiria o ministro Baleeiro ao se referir à situação do tribunal naqueles anos. Mesmo assim, Adaucto iria para Brasília cumprir seu papel.

Quem presidia o Supremo desde o mês anterior — fevereiro de 1971 — era Aliomar Baleeiro, seu amigo pessoal e antigo companheiro na "Banda de Música" da UDN, o ruidoso grupo que movimentava a oposição na Câmara dos Deputados. Baleeiro havia marcado para 10 de março um julgamento que concentrava as atenções da imprensa e da sociedade e contestava a censura imposta pelo governo militar: a reclamação nº 849, cujo reclamante era o partido oposicionista, o Movimento Democrático Brasileiro (MDB), e o reclamado, o procurador-geral da República, Xavier de Albuquerque.[16]

Aquela seria a última sessão do ministro Adaucto Lúcio Cardoso. E ele protagonizaria um episódio inédito, que nunca ocorrera no STF, que dificilmente se repetirá e que é contado hoje com certa dose de romantismo e heroísmo. Uma cena que, aparentemente, foi menos teatral do que a versão quis contar.

Foi uma decisão radical de Adaucto, talvez intempestiva, como era de seu temperamento, e que pode ter agravado seus problemas de saúde. A portas fechadas, uma renúncia — depois convertida em aposentadoria — que gerou conflitos internos, dissabores, ameaças e intrigas depois de realizada.

Porém, no mérito e na motivação, a postura inesperada do ministro — que a todos surpreendeu — verdadeiramente marcou a história do controle de constitucionalidade das leis e dos atos de governo pelo Supremo Tribunal Federal.

INDICAÇÃO

Adaucto era mineiro de Curvelo. Havia completado 67 anos em 1971. Bacharel pela Faculdade de Direito do Rio de Janeiro em 1927, iniciou na política durante o Estado Novo e participou da elaboração do Manifesto dos Mineiros, divulgado em 1943 em oposição à ditadura Vargas.

O primeiro cargo eletivo que ocuparia seria o de vereador no Distrito Federal pela União Democrática Nacional (UDN) em 1947, do qual renunciou por discordar da decisão do Senado Federal de restringir os poderes da Câmara Municipal.

Seria eleito pela primeira vez para a Câmara dos Deputados em 1954. Integrante da "Banda de Música" da UDN, legenda que ajudou a fundar, Adaucto Lúcio Cardoso participou ativamente do golpe de 1964 e em 1966 foi eleito presidente da Câmara dos Deputados, prometendo zelar pela "dignidade" da casa legislativa.

Nesse mesmo ano, renunciaria pela segunda vez, agora à presidência da Câmara. Adaucto, pela Câmara, e Auro de Moura Andrade, pelo Senado, defenderam junto ao presidente da República, Humberto Castelo Branco, a revogação dos artigos 14 e 15 do ato institucional nº 2. Esses excertos permitiam ao governo militar cassar mandatos parlamentares ou demitir juízes, por exemplo. O que o presidente da Câmara e o do Senado queriam, buscando justamente cumprir o juramento que fizeram ao tomar posse, era o restabelecimento da autonomia e da inviolabilidade do parlamento.

Os dois políticos reuniram-se com o presidente Castelo Branco em setembro para discutir o tema. O pleito não prosperaria. Em compensação, Castelo Branco assegurou que deputados federais e senadores não seriam atingidos. Ao menos foi isso que o presidente da Câmara pensou ter ouvido.

Ele buscava tranquilizar deputados que sabiam estar na mira dos militares. Dizia que novas cassações representariam o fechamento do Congresso, o que não acreditava que pudesse acontecer naquele momento. Adaucto repetia aos colegas que não haveria cassações de mandatos na Câmara. Comentava que o próprio presidente da República assumira esse compromisso.

No mês seguinte, Adaucto foi ao Palácio do Planalto depois de ouvir rumores de que o governo planejava uma nova leva de cassações. Era uma preocupação sincera que o presidente da Câmara expressava havia muito. Numa terça-feira depois do almoço, em julho de 1966, Adaucto telefonou para o amigo Aliomar Baleeiro. Seu médico o aconselhara a fazer caminhadas diárias, uma forma de combater os problemas cardíacos que enfrentava. Convidou Baleeiro para acompanhá-lo. Saíram da rua Santa Clara e dirigiram-se ao Forte de Copacabana. Ida e volta, quatro quilômetros de conversa. Adaucto disse que estava preocupado. Não esperava boa coisa do presidente Costa e Silva. Não o via, inclusive, como qualificado para o cargo. Entre os militares, avaliava, só tinham "gabarito para governo" Humberto Castelo Branco e Ademar de Queirós. Com Costa e Silva na presidência, seu receio acerca das cassações no Congresso aumentava. E isso geraria graves problemas, antecipava.

Na semana seguinte, Baleeiro visitou o amigo em seu apartamento. Adaucto não parecia bem, não podia caminhar. Já sofria os efeitos de uma cardiopatia. Queixava-se de dor no coração. Fez eletrocardiograma; o médico ordenou que repousasse por 48 horas. Em uma visita rápida, Baleeiro saiu convicto de um desejo do amigo: "Ele ainda sonha com o STF".

Outra preocupação incomodava Adaucto. Em abril daquele ano de 1966, o presidente Castelo Branco instituíra uma comissão de juristas para elaborar o projeto de uma nova Carta, que substituiria a Constituição de 1946, alterada pelos atos institucionais baixados desde 1964. A comissão era formada pelo jurista Levi Carneiro, pelos ministros Orozimbo Nonato e Miguel Seabra Fagundes e pelo professor Temístocles Brandão Cavalcanti. A tarefa dos quatro era revisar as emendas constitucionais, inserir no texto dispositivos dos atos institucionais e sugerir novos artigos que contribuíssem para a manutenção dos planos do governo militar.

Em agosto o anteprojeto foi entregue ao presidente da República em cerimônia realizada no salão nobre do Palácio das Laranjeiras, no Rio de Janeiro, e depois enviado para o Ministério da Justiça. Após revisão e estudo, o texto deveria ir para as mãos do Congresso Nacional. Em 7 de dezembro de 1966, o presidente da República editou o ato institucional nº 4, pelo qual o Congresso Nacional foi instado a se reunir, extraordinariamente, de 12 de dezembro daquele ano a 24 de janeiro de 1967, para votação e promulgação da nova Constituição.

Deputados e senadores receavam não ter a liberdade de alterar, elaborar e votar o texto constitucional. Adaucto, por exemplo, queria extirpar a possibilidade de o Executivo cassar mandatos de parlamentares, como permitia o ato institucional nº 2.

No dia 12 de outubro, Adaucto foi recebido por Castelo Branco. Da conversa, saiu com as esperanças renovadas e reforçadas. Disse ter ouvido do presidente da República o compromisso de que não haveria novas cassações no Congresso. Foi com essa compreensão que deixou a reunião. Contudo, naquele mesmo dia, Castelo Branco se valeu do ato institucional para cassar o mandato de seis deputados próximos aos ex-presidentes Juscelino Kubitschek e João Goulart.

Adaucto sentiu-se traído. Por isso, assim que soube da notícia, viajou para Brasília, instalou-se na Câmara, avisou que ignoraria as cassações, permitiria aos cassados que se valessem da tribuna para discursos e permaneceria, junto com outros parlamentares, em vigília. Estava aberta a crise entre o Congresso Nacional e o governo. Naquele mesmo dia, procurou se aconselhar com os mais próximos. Conversou primeiro com um conterrâneo, o ministro Vilas Boas, do Supremo. Depois, procurou outro mineiro, o procurador-geral da República, Alcino Salazar. À noite, marcou um jantar com Aliomar Baleeiro, que registrou suas impressões sobre o amigo: "Estava arrasado. Pareceu-me, no fundo, indeciso. Contou que fora a Humberto Castelo Branco e ele nada lhe dissera, expondo-o a uma situação humilhante e triste". Com esse sentimento, e impetuoso como era, Adaucto queria reagir. Baleeiro tentou dissuadi-lo: "Derramei sobre ele baldes de água gelada, ponderando que, afinal, Castelo Branco exercia um poder jurídico, que se arrogara com o ato institucional nº 2, contra o Congresso e o STF. Em relação a isso, ele, Adaucto, nada opusera".

A legislação de exceção dava ao presidente da República o poder de fato de cassar mandatos de parlamentares. O direito, lembrou Baleeiro, é o poder efetivo — consentido ou suportado —, responsável por ditar normas. Portanto, Castelo Branco não tinha de lhe pedir licença para uma decisão como aquela. Adicionalmente, ouviu Adaucto, o Congresso Nacional não lhe pertencia, nem lhe cabia deliberar pelo grupo de parlamentares, ainda mais num tema de tamanha gravidade. Deveria, em vez de se encastelar, aguardar a reação da Casa — se é que haveria alguma.

"Aconselhei-o a meditar mais sobre os compromissos com a revolução, que ele quis e apoiou antes e depois, e sobre o realismo de que os adversários não dormem de touca", escreveu Baleeiro. E por que não procurava o presidente da República para uma conversa franca, cara a cara? "Enfureceu-se e deu formidável banana para Castelo Branco", anotou o ministro.

Adaucto procurou também outras pessoas de confiança, mais experientes, para ouvir novas opiniões. Foi a Prado Kelly, por exemplo. E dele ouviu:

— Você tem as atitudes, mas não tem os instrumentos.

Ou seja, nenhum gesto de indignação produziria os efeitos que Adaucto procurava. Todos, portanto, tentaram acalmá-lo. Pareciam ter conseguido isso, mas, quando supunham malograda a crise, uma nova lufada de vento ergueu as labaredas. Com quórum para abrir a sessão da Câmara, Adaucto permitiu que os deputados cassados assomassem à tribuna para se manifestar. Ignorou a decisão do governo e ainda deu voz aos cassados, que estavam amotinados no Congresso Nacional.

Do lado de fora, agentes da repressão cercavam o prédio, como flagrou o próprio Adaucto ao avistar uma caminhonete sem placa, mas com antena de rádio. Dentro, homens o observavam. Desconfiado, o deputado deu a volta, de carro, na sede do Congresso, e notou que outras caminhonetes, uma em cada saída, enquadravam o prédio. Parou junto do primeiro dos automóveis e perguntou aos homens que o ocupavam a que serviço pertenciam. Os ocupantes do veículo hesitaram e, afinal, responderam que só poderiam se identificar depois de consultar "a Central". Ligaram o rádio e disseram enfim que eram do Dops. Adaucto dirigiu-se em seguida ao posto telefônico. Ligou para o presidente do Senado, Auro de Moura Andrade, para narrar o que estava ocorrendo. Depois telefonou para Luciano Alves Souza, diretor do Congresso Nacional, para prevenir aos cassados que não saíssem do edifício.

O presidente Castelo Branco procurava contornar o caso. Fazia referências honrosas a Adaucto, mas não transigia: as cassações eram atos perfeitos e acabados, independentemente da homologação ou aceitação de qualquer outro poder.

No STF, os ministros se mostravam apreensivos. Todos consideravam que Adaucto vinha se portando com imprudência. Vilas Boas responsabilizava o temperamento, que o magistrado herdara do pai. Outros inferiam um pouco de vaidade, explorada pelo oposicionista MDB.

No dia 19, completada uma semana de crise, o presidente da República ligou para o ministro Aliomar Baleeiro e propôs uma conversa reservada, por telefone mesmo. Eram 11h.

Além de levar em consideração as ponderações de Baleeiro, Castelo Branco sabia de sua amizade com Adaucto. Portanto, usaria o ouvido de um para chegar ao ouvido do outro. Durante a conversa, contou, em detalhes, o motivo de seu descontentamento em relação a Adaucto. Formalmente, as cassações estavam dadas, não eram submetidas a outro poder nem passíveis de veto ou homologação. E pessoalmente, disse Castelo, não desejava de modo algum magoar o "dr. Adaucto", cuja amizade prezava, merecendo-lhe respeito e apreço.

Confidenciou, entretanto, que ficou contrariado com Adaucto porque este permanecera em silêncio quando um deputado subira à tribuna e chamara o presidente da República de mentiroso, sem palavra. Castelo disse saber que a crise poderia levar Adaucto a renunciar, mas ponderou que ele, presidente da República, não poderia renunciar ao cargo ou a seus poderes em função das atitudes do presidente da Câmara.

Baleeiro tentou serenar o clima: "Expliquei-lhe que Adaucto era como o pai, o velho Joaquim Cardoso, rusgão, de Pirapora, como me contara o ministro Vilas Boas". Além disso, prosseguiu, "inconscientemente, refletia a influência dos anos de mocidade, como companheiro de escritório do Sobral Pinto, seu padrinho e a quem beijava a mão".

Baleeiro perguntou então se podia transmitir a Adaucto os termos da conversa. Propunha-se a fazer a "boa intriga", como a qualificou. "Não estamos tramando rasteira contra ninguém e o que desejamos é a paz do país", respondeu o presidente, autorizando-o a levar o conteúdo do diálogo a Adaucto.

Logo que desligou o telefone, o ministro do Supremo ligou para o amigo, convidando-o para almoçar às 11h45. Como haveria sessão no STF naquela quarta-feira, o ministro precisaria chegar ao tribunal às 12h55. Foi direto e contou toda a conversa com o presidente, a começar pela afirmação de que Castelo não assumira o compromisso de poupar a Câmara das cassações. Adaucto, por sua vez, relatou em detalhes a conversa que tivera no dia 12 com o presidente, que o chamara para convidá-lo a integrar o Supremo. Adaucto respondera que estava empenhado na revogação dos artigos 14 e 15 do AI-2. Assim, se aceitasse a indicação naquele momento, poderia ser interpretado de forma equivocada, como se houvesse transigido com o governo.

O modo como Castelo conduzira a conversa o convencera de que não cassaria ninguém, explicou Adaucto. Ao deixar o gabinete do presidente, ele fez declarações públicas de que não haveria cassações para, à noite, saber que mais deputados haviam sido atingidos pelo governo.

Baleeiro transmitiu-lhe a possibilidade de os deputados cassados deixarem o prédio sem serem ameaçados pelas forças de repressão. Ninguém seria preso. Adaucto aceitou a ideia, mesmo sabendo que ficaria em posição ruim. Seu maior receio, contudo, era de que os deputados fossem presos, à revelia de Castelo Branco.

Encerrado o almoço, o deputado saiu apressado. O telefone no apartamento de Baleeiro tocou às 12h45. Era Navarro Brito, chefe do Gabinete Civil da presidência da República. Os dois haviam combinado de conversar logo depois da saída de Adaucto. Baleeiro narrou a conversa com o presidente da Câmara e pediu a Navarro que repassasse as informações a Castelo Branco. Por via das dúvidas, perguntou: "Você acredita que a ordem dele será fielmente cumprida? Ou algum coronel por conta própria prenderá os pássaros, vindo o *fait accompli*?". A resposta o deixou aflito:

— Mestre, eu não garanto, não...

Adaucto transmitiu, na Câmara, a proposta aos colegas. Disse ter o compromisso do presidente da República de que nada aconteceria aos deputados cassados se estes quisessem deixar o prédio. Mas a oposição rejeitou a possibilidade e manteve a resistência às cassações. E ele, Adaucto, disse que mantinha sua decisão de não reconhecer as cassações. A crise, então, permanecia.

A resposta de Castelo Branco veio no dia seguinte, 20 de outubro. O Exército deveria evacuar o Congresso, retirando do prédio todos os que lá estivessem no "plantão da resistência". O presidente baixou o ato complementar nº 23 e decretou o recesso da Câmara até 22 de novembro.

O deputado Nilo Coelho, primeiro-secretário da Câmara e governador nomeado de Pernambuco, recebeu a incumbência de levar o texto do recesso para Adaucto. Rumou para o apartamento dele às 7h da manhã e, não o encontrando lá, dirigiu-se para a Câmara. Adaucto estava no plenário desde as 3h da madrugada. Recebeu o documento, leu e afirmou:

— Poderemos voltar quando existirem melhores dias, depois de 22 de novembro, ao se encerrar a vigência do recesso forçado.

Às 8h, Adaucto postou-se diante do coronel Meira Matos, encarregado da missão. A cena foi descrita pela imprensa da época.

— Coronel, estranha a sua missão de violentar um poder civil!

— Perdão, dr. Adaucto, o senhor me dá a oportunidade de também estranhar que tenha tido atitude tão antirrevolucionária.

— Coronel, eu sou, antes de tudo, um servidor do poder civil.

— E eu, deputado, sou um servidor do poder militar.

"AGUARDE O DIA DO STF"

Baleeiro acordou no dia 20 sobressaltado pelo telefonema que recebera às 7h. Do outro lado da linha, o ministro Adalício Nogueira contaria a novidade: Castelo Branco decretara o fechamento do Congresso Nacional.

Ministro do Supremo, mas parlamentar de formação, Baleeiro sentia-se decepcionado e envergonhado com o fechamento do Poder Legislativo.

Ao sair da Câmara, Adaucto levou no carro um dos parlamentares cassados, que permaneceu deitado no banco para despistar eventuais constrangimentos. Levou-o para o seu apartamento na SQS 105, B. 8, ap. 303, no Plano Piloto, um trajeto curto. Depois mandou que o motorista o deixasse em casa.

À tarde, estavam desertas a Esplanada dos Ministérios e a Praça dos Três Poderes. Na embocadura de cada entrada do Congresso havia um caminhão ou um jipe do Exército, com soldados de baionetas caladas. Outros se postavam de um lado e de outro das portas, sobre o teto, nos fundos e nas calçadas externas. Nenhum curioso.

Às 17h30 Baleeiro iria ao hotel Nacional, o principal ponto de encontro de políticos em Brasília fora do Congresso Nacional. Ouviria nas conversas com Josaphat Marinho, Maurício Goulart e outros parlamentares que aguardasse, pois o Supremo não passaria incólume.

"Disseram-me: 'Aguarde o dia do STF!'. 'Seu dia chegará!' No Supremo, os comentários foram os mesmos. Houve uma espécie de desafogo", relatou Baleeiro.

À tarde, Baleeiro conversou com Adaucto. O deputado estava calmo e disse apenas que "os pássaros" haviam se recusado a sair espontaneamente. À noite, seguiu para o Rio de Janeiro. Três dias depois da tomada do Congresso pelos militares, o presidente da República explicou sua decisão, negando que tivesse comentado com Adaucto que não haveria cassações e rejeitando a acusação de ter omitido do presidente da Câmara as decisões que viriam horas depois do encontro entre os dois.

— Primeiro, asseguro-lhes que o presidente da República nunca tomou o compromisso de não mais aplicar os artigos 14 e 15 do ato institucional nº 2, perante quem quer que fosse. Apenas declarou, em público e para todo o Brasil, no discurso de Campinas, que o governo poderia, depois de ouvido o Conselho de Segurança Nacional e perante a alta direção da Arena, assentar a suspensão do artigo 15 para casos especiais. E mantém esse comprometimento — disse Castelo Branco no dia 24 de outubro, em reunião do Conselho de Segurança Nacional. — Outra acusação improcedente é a de ocultar ao excelentíssimo senhor presidente da Câmara dos Deputados, no próprio dia das últimas cassações, a existência dos decretos que iam efetivá-las. À hora da conferência eu não conhecia ainda o conjunto das opiniões dos senhores membros do Conselho de Segurança Nacional, e mais, dois deles solicitavam audiência para ponderar sobre o assunto. Estava assim o processo ainda em fase de completo sigilo e, mesmo, alguma opinião contrária poderia pesar na decisão e as ponderações aguardadas mudarem, ou cancelarem, o projetado decreto. Se errei, o que não acredito, foi com a minha formação que me impregnou do senso das responsabilidades e das oportunidades.

Apesar da crise, Castelo Branco mantinha a admiração — antiga, por sinal — e o apreço pelo presidente da Câmara. E deixou consignado na reunião do Conselho de Segurança Nacional:

— O deputado Adaucto Lúcio Cardoso merece a mais elevada consideração do governo, o tratamento próprio a um dos revolucionários mais dignos e o respeito a quem muito deve a defesa das instituições democráticas. Era necessário e justo acertar com ele, e somente com ele, a defesa do processo da revolução. Nada se conseguiu, o que deploramos sinceramente.

Castelo Branco já havia demonstrado esse respeito por Adaucto ao convidá-lo, mais de uma vez, para uma vaga no STF. O deputado recusara todas as sondagens. Em meio à crise política e a um mês de vagar uma cadeira no STF — o ministro Ribeiro da Costa completaria setenta anos em janeiro de 1967, mas deixaria a corte ao final de 1966 —, o presidente da República faria nova investida.

Quem o abordou com argumentos para que aceitasse a vaga foram o senador Daniel Krieger e o ministro do Planejamento, Roberto Campos. Castelo chegou a enviar uma carta a Adaucto, lembrando o episódio protagonizado sessenta anos antes pelo então presidente da República Afonso Pena e pelo advogado e professor Pedro Lessa. Afonso Pena convidara Pedro Lessa para compor o STF, mas o advogado de renome, sabendo que sofreria uma queda considerável em seus rendimentos, recusou o convite. O presidente então lhe disse que cumpria sua função ao convidá-lo e que Lessa deveria cumprir a sua, aceitando a indicação. Ele foi nomeado ministro do STF em 26 de outubro de 1907.

Diante do convite feito por Castelo, desgastado pela crise que enfrentara — e protagonizara — e com a perspectiva de insucesso nas urnas naquele ano, Adaucto enfim aceitou ir para o Supremo. Renunciou à presidência da Câmara em novembro de 1966, quando a Casa voltaria a se reunir, terminado o período de recesso forçado. Foi indicado para o STF em 14 de fevereiro de 1967 e empossado no dia 2 de março. Na corte, ao lado de ex-companheiros da UDN, Adaucto manteria essencialmente a postura de um liberal. E isso, evidentemente, incomodaria os militares.

Em setembro de 1968, Adaucto levou a julgamento do plenário do STF o habeas corpus em favor do líder estudantil Vladimir Palmeira. O advogado Marcelo Nunes Alencar — posteriormente governador do Rio de Janeiro — alegava que o estudante estava preso preventivamente, de modo ilegal, por decisão do Conselho Permanente de Justiça da 2ª Auditoria da Aeronáutica. Palmeira respondia a inquérito policial-militar (IPM) instaurado pelo comando da 1ª Divisão de Infantaria.

O habeas corpus foi pedido ao Superior Tribunal Militar. Em razão da negativa, a defesa procurou o STF. Argumentando, em síntese, que as autoridades militares — "em face do disposto no artigo 8º, VII, letra a, da Constituição" — não tinham competência para apurar infrações penais contra a segurança nacional ou contra a ordem política e social; que seria incompetente o Conselho Permanente de Justiça da 2ª Auditoria da Aeronáutica; que houvera excesso de prazo para a conclusão do IPM — "em face do disposto no artigo 115, § 4º do Código da Justiça Militar"; e que não havia fundamentação para a prisão preventiva.

Vladimir Palmeira, presidente da União Metropolitana dos Estudantes, foi preso na madrugada de 2 de agosto de 1968. Nas semanas que antecederam a prisão o país assistiu a grandes manifestações estudantis, com destaque para a Passeata dos Cem Mil, no dia 26 de junho, no Rio de Janeiro. Palmeira foi levado para a delegacia de polícia e depois para o Dops. Permaneceu incomunicável.

Relator do processo, Adaucto centraria seu voto na competência ou incompetência constitucional dos órgãos militares para investigar infrações penais contra a segurança nacional.

— É preciso deixar claro, como dado fundamental da questão sub judice, que, no caso do paciente, não se trata de prisão preventiva em ação penal ajuizada mediante denúncia regular do Ministério Público. Trata-se de prisão feita antes mesmo da abertura do IPM, transformada em medida preventiva antes do processo judicial e enquanto se realiza o inquérito policial-militar — iniciou Adaucto.

Pela leitura que o relator fazia da Constituição, os civis poderiam ser processados e julgados no foro especial dos militares, mas *apenas* processados e julgados — a fase de investigação não caberia aos militares. Citava como exemplo o decreto baixado pelo governo, que atribuiu à Justiça militar a competência para julgamento dos crimes contra a economia popular. Caberia aos militares investigar essas infrações mais simples? Não fazia sentido, argumentava o ministro.

Portanto, a investigação estaria separada do processo e do julgamento.

— O certo é que a Constituição nega competência à autoridade policial-militar para apurar infrações contra a segurança nacional, uma vez que defere essa mesma competência à Polícia Federal — acrescentou.

A tese que o ministro construía em sua argumentação, se apoiada pela maioria, impactaria outros processos semelhantes, em que civis eram perseguidos pelos militares sob a acusação de ameaça à segurança nacional. Se fosse negada a competência dos militares, muitos inquéritos poderiam ser anulados. E foi a essa conclusão que Adaucto chegou.

Vladimir Palmeira, um civil, respondia a inquérito policial-militar para a apuração de possível infração da Lei de Segurança Nacional. A autoridade militar que instaurou esse inquérito prendeu o líder estudantil para levar a cabo diligências consideradas necessárias para colher indícios contra ele. Era uma espécie de "prisão para averiguação", ou seja, primeiro se prende e depois se averigua a existência de crime; foi a comparação que o ministro do Supremo fez. Somente depois disso a Justiça autorizou a prisão preventiva com base no inquérito aberto pelos militares.

— A autoridade é incompetente e o inquérito é nulo. A prisão preventiva foi decretada com base num inquérito nulo e solicitada por autoridade incompetente. Daí por que concedo a ordem para cassá-la, sem prejuízo de outra, que seja decretada pela autoridade competente, com a necessária e suficiente fundamentação — concluiu Adaucto, votando pela liberdade de Vladimir Palmeira.

Logo em seguida, o ministro Thompson Flores pediu vista, interrompendo o julgamento. A argumentação e o impacto da decisão motivaram a pausa de uma semana na discussão. Flores chegaria ao mesmo resultado — a concessão do habeas corpus —, mas por fundamentação distinta e com consequências muito restritas. Ao contrário do argumento de Adaucto, Thompson Flores não via incompetência das autoridades militares para investigar civis. Esse era o ponto mais importante para o governo e, evidentemente, para os militares. Se o Supremo decidisse que as autoridades militares não tinham competência para abrir inquéritos, todos os IPMs abertos e concluídos — e que levaram à condenação de civis — seriam nulos? Era a pergunta que o ministro fazia.

— Para mim, a única resposta possível é a negativa — disse Thompson Flores.

Mas, apesar dessa provocação, ele decidiu libertar Vladimir Palmeira usando um argumento formal: a investigação deveria ficar a cargo da 2ª Auditoria da Marinha, que recebera inicialmente o caso. Como o pedido de prisão partira da 2ª Auditoria da Aeronáutica, o decreto era nulo.

Duas teses em mesa e o presidente do Supremo colheu os votos dos demais. A tese encampada por Adaucto, mais ampla, destinada a restringir a atuação dos militares na investigação de civis, foi acompanhada apenas pelos ministros Hermes Lima, Victor Nunes Leal e Gonçalves de Oliveira.

Nunes Leal afirmou em seu voto que admitir a investigação pelos militares seria criar uma polícia federal com poderes extremamente alargados:

— Na revolução de 1964 não tivemos estado de sítio. E por quê? Seriam ingênuos os seus comandantes? Não. Ao contrário. Eles descobriram que, se autorizassem, por um ato revolucionário, a abertura de inquéritos policiais-militares, com a possibilidade de abranger não apenas um indiciado, ou poucos, mas um grande número, poderiam montar, como de fato o fizeram, em todo o país, uma polícia federal ad hoc, um poder de polícia paralelo, capaz de suplantar o dos estados, uma vez que nem todos os governadores eram revolucionários.

Mas a tese foi derrotada pelo voto da maioria. Prevaleceu o entendimento de que os militares também têm competência para instaurar inquéritos policiais contra civis. Mesmo assim, Vladimir Palmeira foi solto.

Dois meses depois, em 28 de novembro, Adaucto capitanearia o julgamento do habeas corpus em favor de Darcy Ribeiro (HC 46 415), ministro da Educação do governo João Goulart. Ameaçado de prisão por ordem da Divisão Blindada do I Exército sob a acusação de promover atividades subversivas, Darcy Ribeiro recorreu ao Superior Tribunal Militar. Sem sucesso, decidiu apelar ao STF. Adaucto concedeu a liminar. E no mesmo dia 28 submeteu o caso — e a decisão que deferira sozinho — ao plenário do STF. Nesse caso, o ministro argumentou que a prisão era ilegal porque não fora devidamente justificada. Insistiria no argumento de que os militares prendiam primeiro para apurar depois, prática abolida desde a década de 1930:

— A ilegalidade e o arbítrio da ameaça que pesa contra o paciente parecem-me sobejamente comprovados — ponderou.

Outros ministros discordaram do relator nos fundamentos, mas seguiram — com exceção de Amaral Santos — a conclusão pela liberdade a Darcy Ribeiro. Para esses ministros, o Código da Justiça Militar permitia que qualquer autoridade militar ordenasse a detenção ou a prisão de um civil indiciado durante as investigações policiais. Adaucto defendia o oposto, no que foi enfaticamente acompanhado pelo ministro Evandro Lins e Silva:

— O Código da Justiça Militar permite que as autoridades aí mencionadas abram inquéritos policiais-militares. Contra quem? Contra civis, indiscriminadamente? — questionou ele.

Pelo voto de Evandro Lins e Silva, a legislação só permitia a abertura de inquérito policial-militar para apurar crimes cometidos por militares, não por civis.

— Está na lei, com todas as letras, que nenhuma autoridade militar pode abrir inquérito contra civil para apurar crime por este cometido — insistiu.

Amaral Santos, único a negar o pedido de habeas corpus, travou uma discussão com Lins e Silva:

— Ao ver de vossa excelência, a Constituição está revogada — provocou Amaral Santos. — A Constituição admite que a Justiça militar se estenda a civis em sua competência. Vossa excelência diz que não.

— Justiça militar é uma coisa, ao passo que autoridade militar... — começou a responder Lins e Silva.

— Vossa excelência está revogando a Constituição, data venia — interrompeu Amaral Santos.

— ... é coisa inteiramente diferente, inteiramente diversa. Por isso é que pergunto: por que a Justiça militar julga, excepcionalmente, o civil? Porque a Constituição assim o determinou. A autoridade competente para prender é o juiz, e não qualquer pessoa. A autoridade militar pode agir e abrir inquéritos policiais para apurar a responsabilidade de militares, não de civis. [...] Sem ordem de juiz, ninguém pode ser preso — enfatizou o ministro Evandro.

Ao final do julgamento, ante a divisão de fundamentos, o relator propôs que o tribunal deixasse claro que a maioria dos ministros do STF decidiu que a prisão ou a detenção de qualquer pessoa deveria ser imediatamente comunicada ao juiz competente, que a relaxaria no caso de ilegalidade.

Com posições como essa, Adaucto voltou a ser alvo dos militares. Em fevereiro de 1969, o general Lyra Tavares remeteu ao ministro da Justiça, Gama e Silva, parecer por sua cassação.

TOGA

Depois do café da manhã com o filho, relatado no início deste capítulo, Adaucto seguiu para Brasília. Na sessão plenária do dia 10 de março de 1971, o STF julgaria a reclamação nº 849, movida pelo MDB e relatada pelo ministro Adalício Nogueira.

O partido havia encaminhado representação à Procuradoria-Geral da República, contestando a constitucionalidade do decreto que instituiu em 1970 a censura prévia no Brasil — decreto-lei nº 1077, de 26 de janeiro de 1970. Assinado pelo presidente Emílio Garrastazu Médici, ele visava, segundo o governo, proteger "a moral e os bons costumes". O texto atribuía ao Ministério da Justiça a competência para censurar previamente livros, jornais e revistas.

A Constituição de 1967 não legitimava os partidos políticos a acionar diretamente o Supremo Tribunal Federal, contestando a constitucionalidade de leis por meio de ações diretas de inconstitucionalidade. Apenas o procurador-geral da República tinha competência para tal. Somente em 1988 a Constituição ampliaria o rol de legitimados.

O MDB então representou ao procurador-geral da República, Xavier de Albuquerque. Para seguir com a ação, era preciso que o procurador concordasse com os argumentos da representação. Xavier, entretanto, arquivou de pronto a petição, "por não lhe acolher a fundamentação". Era possível esperar outra postura, sabendo quem era o procurador e quais suas funções e fragilidades institucionais na época?

Xavier de Albuquerque, amazonense, mudou-se para Brasília em maio de 1964 como advogado do Banco do Brasil. E acompanhava os julgamentos do Supremo Tribunal com frequência. Sempre presente às sessões, tornou-se conhecido dos ministros. E em 1968 foi incluído na lista tríplice feita pelo Supremo com os nomes de advogados que disputariam uma vaga no TSE. Foi indicado, apesar de o presidente Costa e Silva considerá-lo "um guri" em razão de seus 42 anos.

Numa das sessões noturnas do TSE, antes de instalado o governo Médici, Xavier recebeu o telefonema de um oficial da Marinha. O presidente Médici o convidava para jantar. Muito provavelmente, pensou Xavier, seu nome fora lembrado ao presidente pelo amigo Alfredo Buzaid, convidado por Médici para assumir o Ministério da Justiça. A relação pessoal, tudo indica, pesara em sua indicação para chefiar o Ministério Público.

— Fui jantar. Botei o domingueiro e cheguei pontualmente na hora que o oficial tinha marcado: 20h. Não havia ninguém. Só eu. Aí fui entrando e tal... depois de me identificar. E achando tudo estranho. Aí despontou o presidente lá adiante, vindo sozinho também. Encontramo-nos nos corredores que davam para os salões e eu me apresentei: "Presidente, eu sou Xavier de Albuquerque, que o senhor acaba de nomear procurador-geral da República". Ele riu e comentou: "Estou surpreendido". Retruquei: "Espero que não esteja arrependido".

Pela legislação e de acordo com a conformação institucional naquela época, como recordou Xavier, o procurador-geral era demissível a qualquer momento e atuava como um misto de advogado do governo e procurador. Assim, era compreensível e previsível que Xavier emitisse parecer contrário à ação do MDB. Ele defendeu — como realmente previa a legislação — que competia apenas ao procurador acionar o Supremo em casos como aquele. E se o procurador não via fundamento para a ação, simplesmente arquivava a representação.

Inconformado com a resolução do procurador, o MDB ajuizou uma reclamação no STF. Afinal, argumentava a legenda, a decisão do procurador impedia que o Supremo julgasse o assunto, que exercesse sua missão de resguardar a Constituição. O procurador-geral da República, portanto, podia se sobrepor ao Supremo? Poderia decidir "sozinho e de forma irrecorrível uma relevante questão constitucional"? A reclamação, argumentava o MDB, seria o meio adequado para preservar a jurisdição do tribunal.

A corte teria, assim, de decidir se o procurador-geral tinha poder discricionário para arquivar uma representação como aquela ou se seria obrigado, ante a provocação, a encaminhar o questionamento ao STF. E se caberia reclamação contra a decisão do procurador-geral.

Nas informações encaminhadas ao Supremo para embasar o julgamento, o procurador-geral tachou de nonsense a reclamação ajuizada pelo MDB. Caso o procurador tivesse, necessariamente, de propor a ação correspondente à representação que lhe fosse encaminhada por qualquer partido político, poderia se defrontar com desdobramento sui generis, segundo o raciocínio de Xavier de Albuquerque:

> Se o procurador-geral deverá sempre, por estar obrigado a fazê-lo, propor a representação que lhe solicitar qualquer interessado, mas poderá oferecer parecer contrário, disso resulta simplesmente que, se não existisse a norma (como não existe no momento), o procurador-geral estaria obrigado a sustentar a representação que entendesse improcedente só porque outro lha havia solicitado.

Ou seja, o procurador-geral, mesmo contrário à tese que lhe fosse apresentada, seria obrigado a "violentar a própria consciência".

Lido o relatório, os ministros passariam a analisar uma questão preliminar: o Supremo poderia ou deveria conhecer da reclamação? Ou deveria dizer simplesmente que, desconhecendo do processo, não o julgaria? Adalício Nogueira, relator, pensava que o caso não deveria ser tratado como "reclamação". Esse tipo de ação se destinava a preservar a jurisdição do tribunal ou a garantir o cumprimento das decisões do STF. Como não havia nenhuma causa já julgada pelo Supremo que estivesse sob ameaça, não seria caso de fazer uma reclamação.

Contudo, apesar dessa formalidade, o relator admitia a possibilidade de julgar o mérito da questão "em razão da relevância da matéria" e "porque está em discussão a competência do Supremo Tribunal Federal". A maioria dos ministros superou esse obstáculo e o julgamento seguiu.

Nogueira iniciou o voto, lendo o artigo 119 da Constituição. "Compete ao Supremo Tribunal Federal processar e julgar a representação do procurador-geral da República, por inconstitucionalidade da lei ou ato normativo federal ou estadual". Assim, continuou o relator, a iniciativa do procurador-geral seria "insubstituível pela ação de terceiros":

— É essa uma atribuição sua, específica, de que ele é o órgão exclusivo. Seria inconcebível que outrem se lhe sobrepusesse nesse procedimento, maiormente quando, como no caso vertente, se pretende declarada a inconstitucionalidade de uma lei, em tese.

Seu voto, portanto, era pela improcedência da reclamação.

Vieram os demais votos, no mesmo sentido. Primeiro, tomou a palavra Bilac Pinto:

— Meu voto é no sentido de negar acolhimento à reclamação porque entendo que o procurador-geral da República age no exercício de competência privativa quando delibera sobre se uma representação deve ou não ser encaminhada ao Supremo Tribunal Federal.

Em seguida, veio o argumento de Thompson Flores, que seria seguido pelos demais integrantes:

— Reconhecida a legitimidade única do procurador-geral para a iniciativa, poderia arquivá-la, de plano, como o fez, convencido da sua improcedência. Assim procedendo, operou nos limites de suas atribuições, sem invadir a área de competência desta corte.

Apenas Adaucto seguiu direção oposta. E sua posição demonstrava verdadeiro incômodo com a conclusão da maioria dos ministros:

— Senhor presidente, encontro-me diante de uma encruzilhada deveras difícil.

Para ele, a lei era peremptória: a representação que fosse dirigida ao procurador-geral da República e que indicasse alguma inconstitucionalidade deveria obrigatoriamente ser encaminhada ao STF pelo procurador no prazo de trinta dias.

— O nobre e douto procurador apreciou desde logo a representação, não para encaminhá-la, com parecer desfavorável, como lhe faculta o regimento, mas para negar-lhe a tramitação marcada na lei e na nossa Carta interna. Com isso, ele se substituiu ao tribunal e declarou, ele próprio, a constitucionalidade do decreto-lei nº 1077/70. Essa é para mim uma realidade diante da qual não sei como fugir.

O ministro Luiz Gallotti aparteou, dizendo que o regimento estabelecia que o procurador "poderia" — e não "deveria" — encaminhar a representação. Não a oferecendo, qualquer interessado poderia acionar o tribunal por mandado de segurança, por exemplo.

Adaucto retrucou:

— Considero o argumento de vossa excelência com o maior apreço, mas com melancolia.

Quem, na conjuntura política do país e diante das ameaças de censura do governo, se atreveria a contestar no Supremo a constitucionalidade do decreto-lei que estabeleceu a censura prévia? Mas Gallotti insistiu no argumento:

— Então escritores ou empresas não poderão fazê-lo.

— Vossa excelência está argumentando com virtualidades otimistas, que são do seu temperamento. Sinto não participar de suas convicções e acredito que o tribunal, deixando de cumprir aquilo que me parece a clara literalidade da lei nº 4337, e deixando de atender também à transparente disposição do § 1º, do artigo 174 do regimento, se esquiva de fazer o que a Constituição lhe atribui e que a lei nº 4337 já punha sobre seus ombros, que é julgar a constitucionalidade das leis, ainda quando a representação venha contestada na sua procedência, na sua fundamentação, pelo parecer contrário do procurador-geral da República — retorquiu Adaucto.

Proclamado o resultado do julgamento, Adaucto ficou isolado com seu pessimismo — que se revelaria, verdadeiramente, um pensamento realista. A censura no Brasil teria vida longa.

O ministro pediu a palavra. O relógio marcava 14h45. Sua voz era calma:

— Senhor presidente, com esta deliberação que o Supremo Tribunal Federal acaba de tomar, entendo, naquilo que o eminente ministro Luiz Gallotti chama de meu pessimismo, que se suprimiu a ação direta de declaração de inconstitucionalidade sempre que ela contrariar pontos de vista ou interesses do governo, cujo forçado patrocínio cabe ao doutor procurador-geral da República. O meu ponto de vista, externado nesta assentada e que, infortunadamente, ficou solitário, é, segundo se viu, segundo se evidenciou, o ponto de vista de quem conhece menos o direito. A minha interpretação das leis não excede a literalidade delas. Aquilo que vi na lei nº 4447 e no regimento interno que recentemente votamos é qualquer coisa de extremamente simples e que não abona a presunção de notório saber jurídico que deveria eu ter como ministro do Supremo Tribunal Federal.

O ministro Amaral Santos interveio:

— Não apoiado. Isso é excesso de humildade de vossa excelência.

— Não. Estou diante de realidades ineutáveis.

— Ou, então, faz uma censura a todos os nossos votos — retrucou Amaral Santos.

— Eu seria incapaz de censurar os votos de vossas excelências. Encontro-me diante de realidades ineutáveis, sozinho contra a totalidade da mais alta corte do meu país, defendendo pontos de vista que não mereceram apoio — lamentou-se.

Amaral Santos novamente contestou:

— Eu também, julgando, há pouco, fiquei sozinho.

Luiz Gallotti acrescentou:

— Quantas vezes cada um de nós ficou vencido neste tribunal...

Adaucto então concluiu:

— Mas cresce de gravidade a situação em que me vejo, porque sinto que, com essa solidão em que me coloquei, mais relevo adquire a incapacidade em que me encontro para defender alguma coisa cujo resguardo constituía a finalidade da minha presença nesta Casa. Assim sendo, senhor presidente, tenho a dizer a vossa excelência que me retiro do tribunal, encaminhando hoje a vossa excelência meu pedido de aposentadoria.

Adaucto levantou-se, tirou a toga, colocou-a sobre o espaldar da cadeira e dirigiu-se à porta do tribunal. Aliomar Baleeiro, que presidia a sessão, contestou o colega:

— Vossa excelência está dando extrema dramaticidade ao caso.

O ministro Eloy da Rocha sugeriu que o tribunal passasse a funcionar em Conselho. Baleeiro, vendo Adaucto a caminho da saída do pleno, chamou-o de volta:

— Ministro Adaucto Lúcio Cardoso, peço a vossa excelência que participe desta sessão.

— Senhor presidente, não posso fazê-lo.

— É um apelo que lhe faço como companheiro de muitas dezenas de anos.

— Senhor presidente, declarei a vossa excelência que me retiraria deste tribunal e me retirarei. Sinto muito.

Adaucto deixou o plenário e subiu ao segundo andar do prédio do Supremo, dirigindo-se a seu gabinete. A sessão foi suspensa, por sugestão do ministro Oswaldo Trigueiro. Longe do olhar dos advogados e jornalistas, os corredores do STF foram tomados por comentários dos ministros e de tentativas de demover Adaucto de sua grave decisão.

Trigueiro ponderou que a reação podia estar relacionada com o estado de saúde do ministro, acometido por uma cardiopatia. Bilac Pinto concordou. Baleeiro lembrou que no dia anterior Adaucto lhe pedira uma licença longa para ir à Inglaterra a fim de se tratar num instituto de arteriografia. Acrescentou que o colega havia passado por violento choque com a morte do irmão Fausto na semana anterior.

Baleeiro subiu então ao segundo andar para conversar com Adaucto. Estava acompanhado de Eloy da Rocha e Bilac Pinto. "Tentei convencê-lo, a princípio, de não fazer o pedido de aposentadoria, e, em seguida, de tomar a licença desejada na véspera, finda a qual deliberaria sobre a aposentadoria. Recusou", lembrou Baleeiro.

O presidente do Supremo chamou uma secretária e ditou os termos de um ofício em que concedia licença para ele viajar à Inglaterra. Bastava Adaucto, pálido e de mãos geladas, assinar o papel. Ele pediu alguns minutos para pensar.

Eloy da Rocha fez o possível para demovê-lo da decisão de aposentar-se. Bilac Pinto, silencioso, fumava um cigarro atrás do outro. Apesar das tentativas de convencê-lo a ficar, os ministros estavam furiosos. Adaucto os havia exposto à execração de todo o país.

Oswaldo Trigueiro combinou que se reabrisse a sessão às 15h30 como se nada tivesse ocorrido. Alguns ministros reuniram-se na Sala da Saudade e discutiram os termos de uma nota de repulsa para o caso de Adaucto não lhes prestar uma satisfação das críticas que fez.

Thompson Flores chegou a falar com ele sobre a necessidade de esclarecer — ou baixar o tom — das críticas que fizera. Luiz Gallotti apoiava a divulgação de uma nota, considerando que o colega ofendera a todos e os expusera à execração nacional.

Afinal, quase às 16h, Adaucto foi ao encontro dos demais ministros e, em tom brando, anunciou que declararia não ter nenhum propósito de magoá-los ou de duvidar deles. Aliomar Baleeiro então reabriu a sessão plenária. "Não se ouvia o voo da mosca", registrou o presidente do Supremo. Adaucto foi logo pedindo a palavra:

— Senhor presidente, desejo que vossa excelência mande consignar, em seguida à minha fala da primeira parte da sessão, as seguintes declarações, que considero de meu dever enunciar: é que, na minha decisão de aposentar-me, não incluo, nem de longe, qualquer mágoa ou sentimento de menosprezo para com os ilustres colegas, com quem convivi durante quatro anos, e que, ao contrário disso, levo desta excelsa corte a mais elevada recordação, a mais alta recordação no que diz respeito à sua dignidade e independência. Em cada um dos juízes que a compõem, habituei-me a ver homens que constituem padrões de probidade e altivez, e de independência.

Pediu, em seguida, licença para retirar-se do Supremo. Baleeiro solicitou que aguardasse um minuto e o ouvisse.

— Devo dizer a vossa excelência, falando por mim, que o fato de o ter tido como companheiro, também aqui, foi um motivo de orgulho, de vaidade e de alegria. Se vossa excelência permanece inabalável na resolução que manifestou na primeira parte da sessão, nenhum de nós tem o direito de interferir em motivos íntimos que a ditaram, ou mesmo em motivos de consciência. Creio que, pelo menos para mim, pessoalmente, o gesto de vossa excelência deixa um vácuo profundo no coração.

Baleeiro pediu então que os ministros Oswaldo Trigueiro e Eloy da Rocha acompanhassem Adaucto até a porta. "Quando ele e os dois se levantaram, as oitenta ou cem pessoas presentes ficaram em pé e bateram palmas", recordou Baleeiro.

Adaucto seguiu para seu apartamento, na SQS 105, a poucos quilômetros do Supremo. Para lá também se dirigiu o ministro Gallotti.

— Foi uma coisa inesperada. Uma surpresa para todos. Isso nunca havia acontecido no tribunal, um ministro deixar a corte por ter sido voto vencido — comentou Gallotti aos jornalistas de plantão na portaria do prédio.

Adaucto, ao aposentar-se, não repudiou o Supremo e seus colegas, mas a lei como estava posta e como era interpretada, impedindo que o Supremo examinasse questões vitais para o regime político brasileiro. Por trás da questão específica, legal e formal, viu o problema geral do quadro político. No fundo, protestou contra a censura prévia e o cerceamento das liberdades públicas.

Nos dias que se sucederam, a renúncia ainda incomodaria os colegas, a ponto de se negarem a prestar a homenagem que o tribunal realiza para todos aqueles que o deixam. Baleeiro atuou como apaziguador, mas enfrentou a resistência dos ministros mais antigos, a quem chamava de "os velhinhos". Telefonou para Adaucto no domingo, perguntando se ele poderia comparecer à sessão do Supremo na quarta-feira, 17 de março, para assistir à homenagem que o tribunal lhe faria. Depois, combinaram, jantariam juntos. Diante da anuência do ex-ministro, Baleeiro chamou Eloy da Rocha, que fora escolhido por Adaucto para fazer-lhe o discurso de despedida, para tratar dos detalhes. Mas houve uma surpresa.

"Os velhinhos" ficaram furiosos com o noticiário e os comentários que a imprensa fez sobre a aposentadoria. A cobertura foi majoritariamente favorável ao gesto do ministro. Por isso, Eloy ponderava ser imprudente o comparecimento de Adaucto à sessão. Quinze minutos depois, Baleeiro recebeu um telefonema do próprio Adaucto. Melhor refletindo, disse que não compareceria. Alegou que a saúde não suportaria a emoção.

Baleeiro telefonou então para Eloy, a fim de tranquilizá-lo e dizer que Adaucto não assistiria à homenagem. Mas nos dias que se seguiram, o presidente do STF percebeu a resistência invencível dos colegas à atitude do ministro. Ameaçavam barrar a homenagem que o tribunal costumava fazer aos ministros que se aposentavam.

O recado foi dado a Baleeiro por Luiz Gallotti e Djaci Falcão. O presidente convocou uma sessão administrativa fechada para tratar do assunto. Quando mencionou o caso, ouviu reações imediatas e ásperas. Djaci Falcão, Thompson Flores, Amaral Santos, Barros Monteiro e Luiz Gallotti caíram de modo implacável sobre Adaucto. Consideravam que o discurso do ex-colega vilipendiara o STF.

Amaral Santos suspeitava que Adaucto tramara o gesto político, convocando inclusive a imprensa para lá estar. Outro indício seria a publicação extensa de dados biográficos do colega no dia seguinte à aposentadoria. Os jornais, claro, possuem arquivos de todos os homens públicos. Hoje, os dados são facilmente encontrados na internet. Na época, os centros de documentação deixavam os dados preparados para alguma emergência.

Baleeiro tentou ponderar e sensibilizar os colegas. Lembrou dos lances dramáticos da vida política do amigo, invocou a doença e o pedido de licença que Adaucto fizera reservadamente para se submeter a um tratamento de saúde na Inglaterra. Luiz Gallotti, apesar de cordato, era dos mais intransigentes. Adalício Nogueira, Bilac Pinto e Oswaldo Trigueiro permaneciam calados. Davam a entender os ministros que queriam uma carta de retratação de Adaucto, especialmente por ele ter declarado que o presidente da República passou a ser o juiz das inconstitucionalidades no Brasil, solapando o Supremo.

A sessão administrativa terminou sem solução. Os ministros combinaram reunir-se novamente em outro dia. "À saída, Trigueiro me comentou a emoção com que levou Adaucto à porta — um homem velho, encanecido, doente, mão geladas, deprimido por luto recente, depois duma vida de lutas. Temeu que morresse...", anotou Baleeiro. Ao comentário de Trigueiro, que permaneceu calado na sessão administrativa, Baleeiro respondeu que a atitude do Supremo ao resistir à homenagem de Adaucto fazia lembrar a reação dos colegas às aposentadorias de ministros pelo AI-5. Hermes Lima, um dos atingidos, revelava mágoa pela frieza com que foi tratado apesar de ter cercado de gentilezas todos os colegas. A apatia se repetia.

O assunto ficou em ponto morto. Baleeiro evitava-o para não reforçar a antipatia dos colegas. Apostava que o tempo amainaria os ânimos e diminuiria as resistências. A revista *Veja*, ao publicar uma matéria em fevereiro sobre Adaucto, sua carreira política e seu histórico de renúncias em momentos graves, atiçaria as críticas entre "os velhinhos". O título da matéria dava o tom do texto: "O heroísmo solitário".

Baleeiro voltou, no dia 18 de março, a apelar aos colegas de tribunal para que compreendessem o ato de renúncia de Adaucto e concordassem com a homenagem ao ex-colega. Novamente lembrou-os da idade de Adaucto, da cardiopatia e das perdas que sofreu; não causaria boa impressão se o Supremo buscasse uma revanche. Oswaldo Trigueiro lembrou a Luiz Gallotti, o mais reticente, que a despedida consistia apenas num discurso que não exigia votação ou pronunciamento dos ministros. Era, afinal, a palavra de um deles, que poderia ser medida.

Quando Baleeiro terminou de defender a homenagem a Adaucto, rompeu-se a fuzilaria. Gallotti imediatamente ameaçou: "Mas os outros podem não comparecer ou até não dar número". O grupo formado por Gallotti, Amaral Santos, Djaci Falcão e Thompson Flores insistia na carta que Adaucto deveria enviar, retratando-se com os colegas. Gallotti acrescentou que até seria aceitável se o discurso de Eloy da Rocha fizesse um elogio ao passado, mas que deixasse claro que não fora um magistrado ao abandonar o Supremo.

Diante novamente das resistências, Baleeiro desistiu. Disse que cumpriu o que lhe cabia fazer e que todos eram "maiores, casados, vacinados, pais de filhos". "Rematei, lembrando que todos tínhamos, pela idade, encontro próximo na eternidade, exceto Djaci Falcão por ser mais moço. Não valia a pena o estraçalhamento sem fim", assinalou.

Baleeiro não tentaria mais convencer os colegas, mas insistiria na homenagem. E valeu-se do cargo de presidente para fazê-lo. Na sessão do dia 31 de março de 1971, o ministro leu ao plenário a carta que recebeu de Adaucto Lúcio Cardoso.

"Quero acentuar a estima em que tenho cada um dos membros dessa excelsa corte, não só por causa das altas virtudes que possuem, como pelo excelente convívio que com eles tive nos meus quatro anos de exercício no Supremo Tribunal Federal", manifestou Adaucto.

Baleeiro escreveu a resposta e disse que a enviaria ao ex-colega e amigo se nenhum ministro fizesse objeção. Evidentemente, na sessão pública e sendo uma carta do presidente da corte, ninguém iria censurá-lo.

"Creio expressar fielmente os sentimentos de justiça dos senhores ministros, afirmando a vossa excelência que todos eles lamentam o inesperado afastamento do companheiro que, durante quatro anos, honrou esta corte pela probidade, inteligência, cultura e dedicação aos maiores ideais inspiradores de nossas instituições jurídicas e políticas", escreveu. "Sem exceção, tributam a vossa excelência admiração e respeito por uma vida de lutas e sacrifícios, consagrada a esses ideais que sempre tiveram e continuam a ter no Supremo Tribunal Federal o reduto incorruptível e intimorato", acrescentou Baleeiro na única homenagem que pôde fazer.

A mágoa dos ministros com Adaucto permaneceria mesmo com o passar do tempo. Mais de um ano depois do ocorrido, em agosto de 1972, o assunto volta à baila e provoca uma discussão ríspida entre Baleeiro e Eloy da Rocha.

O presidente do Supremo chegou ao tribunal no dia 21 de agosto de 1972 exatamente às 12h05. Juntou-se aos colegas para o cafezinho antes da sessão às 13h. E contou a eles que esteve no Rio e disse para Adaucto Lúcio Cardoso que a toga dele era *res derelicta* [coisa abandonada] desde que a abandonara no recinto. Nesse caso, pertencia à União, e ele, Adaucto, devia devolvê-la ao STF. O ex-ministro concordou imediatamente e entregou a Baleeiro duas togas e o barrete para que levasse ao Supremo. O amargor voltava a se manifestar.

Luiz Gallotti e Eloy da Rocha ponderaram que a toga pertencia a Adaucto, que pagara por ela. Baleeiro retrucou, ressaltando que foi o ex-ministro que a entregou para que fosse depositada no STF.

Eloy fechou o semblante. O STF não podia aceitá-las, enfatizou. Nesse ínterim, soou o horário da sessão e todos se dirigiram para a entrada do plenário. Já perto da porta e na presença de Bilac Pinto e Djaci Falcão, Eloy da Ro-

Brasília, 18 de março de 1971.

Prezado amigo
Presidente Aliomar Baleeiro

    Venho rogar-lhe que receba e transmita ao Supremo Tribunal Federal estas minhas palavras de despedida, agora que, publicado o decreto da aposentadoria por mim requerida, deve ser consumada a nossa separação.
    Quero acentuar a estima em que tenho cada um dos membros dessa excelsa Côrte, não só por causa das altas virtudes que possuem, como pelo excelente convívio que com êles tive, nos meus quatro anos de exercício no Supremo Tribunal Federal.
    Conservarei na minha lembrança o muito que aprendi com homens do mais notável saber jurídico e darei permanente testemunho da probidade e da austera conduta com que desempenham seus cargos os dignos magistrados com os quais tive a honra de atuar no serviço da Justiça, durante êsse tempo.
    A V. Exa., Sr. Presidente, e a todos os membros do Supremo Tribunal dos quais me orgulho de ter sido colega, apresento a minha comovida homenagem e expresso a minha profunda saudade.
Do seu velho amigo e companheiro

ADAUCTO CARDOSO

14
A carta de despedida de Adaucto Lúcio Cardoso, lida em plenário como homenagem do ministro Aliomar Baleeiro.

cha sentenciou, imperioso, que Baleeiro deveria devolver as togas. A atitude de Adaucto não permitia que o Supremo aceitasse sua doação. Ainda calmo, Baleeiro disse que a iniciativa fora dele e, como presidente, detinha essa atribuição. "Se ele insistisse, eu estava pronto para renunciar logo à presidência, pois não devolveria as togas", anotou o presidente do Supremo.

Episódios como esse se popularizaram no passado recente porque as sessões do Supremo passaram a ser transmitidas ao vivo pela TV Justiça. Os episódios mais marcantes foram travados pelo ministro Joaquim Barbosa em diferentes momentos e com diferentes ministros. Insinuou que Gilmar Mendes era um "coronel" ao pedir que não o tratasse como "um de seus capangas". Acusou o ministro Lewandowski, durante o julgamento do caso do "mensalão", de atuar como advogado de defesa e de fazer chicanas para atrapalhar a sessão. Mas houve episódios também reservados, na mesma sala onde Baleeiro discutiu com Eloy da Rocha. Joaquim Barbosa, após uma sessão, chamou o colega Eros Grau de "velho patético". O relato daquele entrevero, ocorrido em 1972, demonstra que os conflitos num órgão colegiado são comuns.

Diante da afirmação de Baleeiro de que renunciaria à presidência do Supremo, Eloy da Rocha recalcitrou. O presidente acrescentou que não gostava de coisas miúdas e hostis, que não eram dignas de um ministro do Supremo. Eloy enfureceu-se, berrou que o colega o chamara de indigno.

— Sem elevar a voz, expliquei o sentido de minhas palavras, que se referiam a atos e não a pessoas, e concluí: "Presto-lhe minhas homenagens e retiro a expressão" — contou Baleeiro.

O resultado foi pior. Agora Eloy queria que o presidente do Supremo lhe pedisse desculpas. Tinha as mãos erguidas e o ar ameaçador.

— Nunca me furtei a desculpar-me, quando em consciência acho que deva desculpas. Mas ainda não houve um homem que me obrigasse a pedir desculpas. E não haverá. Só não dou a resposta que merece por sua atitude porque respeito o lugar e o cargo que exerço — respondeu Baleeiro.

Djaci Falcão intercedeu e levou Eloy para o plenário. Gallotti se aproximou para saber o que havia ocorrido. Enquanto Baleeiro lhe contava em detalhes, Eloy da Rocha retornou do pleno e pediu-lhe uma conversa reservada.

Sentaram-se numa das poltronas dispostas no Salão Branco. Eloy disse que desejava dar por encerrado o incidente e lamentava seu descomedimento, mas reclamou que Baleeiro o insultara. O presidente negou que o tivesse insultado, lembrou que havia pedido desculpas e chamou, para um testemunho, o ministro Djaci Falcão, que tudo acompanhara. Depois, chamou os ministros Luiz Gallotti e Oswaldo Trigueiro e, na presença deles, insistiu na ideia de renunciar ao cargo e até aposentar-se, porque entendia que um presidente deve estar sempre prestigiado pela confiança e simpatia dos pares.

Eloy, alarmado com a disposição do colega — evidentemente exagerada —, insistiu que esquecessem o ocorrido. "Olhei-o demoradamente em silêncio e, depois, afastando a vista, apertei a mão dele sem palavra, levantando-me", reportou Baleeiro. Assunto encerrado.

Fora do tribunal — e distante dessas discussões —, Adaucto Lúcio Cardoso teve de cumprir uma quarentena. Ex-presidente da Câmara, ex-deputado, ex-ministro do STF, ele não estava acostumado àquela calmaria.

— O Dario de Almeida Magalhães, com quem eu trabalhava, fez uma coisa muito boa para meu pai — contou o filho de Adaucto em 2012. — Disse que meu pai não podia advogar, mas podia receber os amigos. Então reservou uma sala para ele no escritório. Adaucto me ajudava a redigir petições. Entrava na sala e perguntava: "Não tem nada pra eu fazer?". Costumo dizer que nunca escrevi tão bem na minha vida.

Quando a quarentena venceu, Adaucto voltou a advogar. Marcou suas últimas ações combatendo justamente a censura prévia a periódicos. Em 1973, impetraria um mandado de segurança no antigo Tribunal Federal de Recursos contra a censura ao semanário *Opinião*. Por maioria, o TFR concordaria com os argumentos de que a censura só se aplicaria às "publicações e exteriorizações contrárias à moral e aos bons costumes". E não era esse o caso do jornal. No entanto, os integrantes do TFR não declararam inconstitucional a previsão de censura prévia, como pedia a defesa. O tribunal entendeu que o AI-5 dava poderes ao presidente da República para censurar a imprensa. Adaucto ganhou aquela briga, mas não venceu a guerra contra a censura.

Ele morreu no dia 20 de julho de 1974, em consequência da cardiopatia. Nunca se arrependeu do gesto ousado no Supremo. Na verdade, renunciou três vezes, em outras ocasiões, e usava esse ato grave como arma política. Considerava que a repercussão de sua última renúncia e as consequências foram institucionalmente importantes para o país.

Quatro décadas depois, o gesto de colocar a toga sobre a cadeira e deixar o plenário tomou áreas de encenação heroica. Adaucto Lúcio Cardoso não estava mais vivo para ver que a Constituição de 1988 consagraria aquilo que ele, solitariamente, defendeu em 1971: o fim da censura e um modelo de controle de constitucionalidade que permitia a diferentes atores e entidades contestar no Supremo a inconstitucionalidade de uma norma.

Os jornais, no dia da morte de Adaucto, suscitaram diversas versões sobre a toga abandonada pelo então ministro do Supremo. Uma delas era a de que Baleeiro ordenara que a colocassem numa redoma de vidro. "Claro que ficarei em silêncio", anotou Baleeiro em seu diário.

As versões desse episódio, sem dúvida, são mais românticas do que a realidade. O Supremo da época tratou o caso como vexaminoso. Hoje, muitos o classificam como importante gesto de resistência contra o governo militar.

A toga de Adaucto, onde está? No Supremo, ninguém sabe dela.

8. CHICO PINTO

*Você acha que eu acredito que vou ser
absolvido? A mando do general-presidente?*
Chico Pinto

A CONVOCAÇÃO, INFORMAL, foi feita por telefone e no corredor do Supremo Tribunal Federal. Havia uma preocupação institucional clara. Era prudente ajeitar alguns detalhes do julgamento marcado para o dia seguinte, alguns procedimentos mínimos, ou talvez o resultado.

Em 9 de outubro de 1974, os ministros do Supremo organizaram uma sessão secreta para discutir o processo do deputado Francisco Pinto (MDB-BA). Retaliado pelo governo militar cinco anos antes pelo ato institucional nº 5 e composto integralmente de ministros indicados pela ditadura, o STF estava manco, com suas competências desidratadas, o habeas corpus suspenso, sem autonomia e independência. A situação era delicada.

Seria julgada no dia 10 de outubro a ação penal nº 219 contra o deputado por discurso pronunciado da tribuna da Câmara com críticas severas ao ditador chileno Augusto Pinochet. Os fatos eram públicos e notórios, as provas estavam dadas, o processo era razoavelmente simples, mas havia um detalhe que deixava tudo mais complicado: a aplicação ao caso da Lei de Segurança Nacional (LSN) contra um deputado eleito pelo povo e que exercera o direito constitucional de expressar suas opiniões no Congresso Nacional.

Chico Pinto, como era conhecido, nasceu em Feira de Santana, na Bahia, em abril de 1930. Advogado e jornalista, entrou para a política partidária pelo Partido Social Democrático (PSD). O ato institucional nº 2, que implementou o bipartidarismo no Brasil, fez o deputado se filiar ao MDB, legenda que ajudou a fundar na Bahia. Logo divergiu da posição moderada de parte da liderança e juntou-se ao grupo dos autênticos, que adotavam discurso mais contundente contra os militares.

Quando o ditador paraguaio Alfredo Stroessner visitou o Brasil, Chico Pinto aliou-se àqueles que se recusaram a participar da sessão em homenagem na Câmara dos Deputados. O grupo dos autênticos decidiu simplesmente não aparecer. O protesto não passou de uma ausência deliberada.

Os deputados da ala moderada compareceram. E isso confundiu a opinião pública. Afinal, o MDB esteve ou não na homenagem a Stroessner? O partido compactuou com os atos de força que adotou o governo do Paraguai?

Mais tarde, Chico Pinto recordaria:

> Uma carta vinda, se não me engano, do Rio, me dizia: como é que nós participávamos da homenagem a um ditador? Para a população, foi o partido todo. Era um perigo isso, né? Aí, fiquei magoado comigo mesmo: é verdade, nós devíamos ter aproveitado pra denunciar... Foi um protesto que nós pensávamos que tivesse repercussão. E não teve.[17]

A crítica foi assimilada. A atuação moderada dos autênticos seria lembrada na visita que outro ditador fez ao Brasil.

Augusto Pinochet fazia sua primeira viagem internacional desde que assumira o comando da Junta Militar que passou a governar o Chile depois da deposição e morte do presidente Salvador Allende. Veio ao Brasil para prestigiar a posse do presidente Ernesto Geisel, em março de 1974.

No dia anterior à chegada de Pinochet ao Brasil, o deputado Chico Pinto decidiu o que faria depois de ler as matérias publicadas nos jornais sobre a visita: "À noite, li uma entrevista do general Pinochet dizendo que vinha ao Brasil, inclusive, pra organizar um eixo Brasil-Paraguai-Chile. Quando eu li aquilo, rapaz, fiquei assombrado. Estava no hotel. Eu lembrei da crítica e pensei: agora vou aproveitar".

No dia da chegada de Pinochet — 13 de março —, o deputado Chico Pinto subiu à tribuna da Câmara para um discurso em protesto contra a presença do ditador no Brasil e contra a homenagem feita a ele pelo governo brasileiro. Pinochet não deveria ser recebido com honras de Estado, disse ele, e sim como um "Calley" — referência a William Calley Jr., oficial das Forças Armadas dos Estados Unidos condenado pela Corte Marcial daquele país em consequência do massacre de civis em Mỹ Lai, em março de 1968, durante a Guerra do Vietnã.

— O repúdio seria a homenagem justa ao mais truculento dos personagens que, nas duas últimas décadas, esmagaram povos na América Latina — protestou o deputado. — O que desejamos, senhor presidente, é apenas deixar registrado, nos anais, o nosso protesto e a nossa repulsa pela presença indesejável dos vários Pinochets que o Brasil infelizmente está hospedando. Se aqui houvesse liberdade, o povo manifestaria o seu descontentamento e a sua ira santa, nas ruas, contra o opressor do povo chileno.

A chamada "grande imprensa", censurada, nada informou, mas o discurso foi publicado no *Diário do Congresso Nacional*. Resultado: um dos primeiros atos do presidente Geisel foi mandar processar o deputado Francisco Pinto, por ofender o general Augusto Pinochet.

A liberdade de expressão parlamentar, acreditavam os militares, era um perigo e devia ser combatida. Como escrevera Barbosa Lima Sobrinho (1897-2000), a supressão das imunidades legislativas reduzia o mandato "a uma função quase decorativa". Na lógica do governo, a honra de um chefe de Estado, colega de farda e de ditadura, era mais importante do que a liberdade de expressão e o mandato de um deputado legitimamente eleito pelo povo brasileiro.

Antes de ser presidente, Geisel foi ministro do Superior Tribunal Militar (STM). Uma análise dos votos que proferiu em 1968, levada a ministros do STF, mostrava seu caráter punitivo. Não surpreendia ninguém no tribunal o *animus* do presidente da República em relação a Chico Pinto.

Porém, alguns ministros consideravam a decisão uma trapalhada política. Bilac Pinto, indicado para a corte pelo governo militar, procurou seu colega de Supremo, Aliomar Baleeiro, para dizer que a decisão de Geisel era um erro. A consideração dos dois udenistas históricos, no entanto, não fazia a menor diferença naquele momento. Talvez fizesse depois.

Geisel ordenou que seu ministro da Justiça, Armando Falcão, representasse ao procurador-geral da República, José Carlos Moreira Alves, para que o deputado fosse acionado no Supremo. Naquela época, a Procuradoria-Geral da República não dispunha de autonomia. "Era uma repartição do Ministério da Justiça", como dizia o ministro Oswaldo Trigueiro, também com passagem pela PGR.

No dia 26 de março, o procurador-geral recebeu um pedido de análise das "providências cabíveis para a apuração da responsabilidade penal" de Francisco Pinto, por ter feito "afirmações ofensivas a chefe de Estado estrangeiro, o que configura crime contra a segurança nacional".

Chico Pinto só soube da existência do processo por intermédio do então presidente da Câmara, Célio Borja.

— No gabinete, à noite, me telefonam. Era o presidente da Câmara, o Célio Borja, pedindo pra me chamar, queria falar comigo. Eu estava muito ocupado e pedi pra ir no dia seguinte. Mas ele disse que queria falar rápido. Era pra me mostrar o comunicado de Armando Falcão, dizendo que tinha encaminhado um pedido ao procurador-geral para me processar — recordaria depois o deputado.

Célio Borja adotou um tom sereno, como se não quisesse complicar o que, sabia, já era turbulento.

— Você faz sua defesa. É um processo democrático. Pode ser absolvido — ponderou o presidente da Câmara.

— Você acha que eu acredito que vou ser absolvido? A mando do general-presidente? — questionou Chico Pinto, conforme relato feito por ele 34 anos depois.

Difícil acreditar, por todos os fatos subsequentes, que Chico tivesse essa visão fatalista naquele momento ou que estivesse certo de que seu processo já estava decidido desde o primeiro minuto. Fosse como fosse, dois dias depois da representação do ministro da Justiça foi protocolada no Supremo a denúncia assinada por Moreira Alves contra o deputado oposicionista, acusado de ofender publicamente, da tribuna da Câmara, o general Augusto Pinochet. Um trecho da denúncia do procurador-geral detalhava parte do discurso do deputado:

> Comparando o mencionado chefe do governo de uma nação estrangeira a um criminoso de guerra condenado pela Justiça militar dos Estados Unidos; acusando-o de desonrar o Estado a que devia servir e a farda que o agasalha; acusando-o de assassinar, coletivamente, operários, mulheres e crianças, para prender um livre atirador qualquer que, em fuga, em vila operária se homiziara; acusando-o de inventar julgamentos sumaríssimos para matar inocentes; acusando-o de ter cometido crimes para saciar sua sede de poder e para servir a patrões de outras pátrias; acusando-o de criar campos de concentração e de se ter vendido.

De acordo com o andamento normal do processo, Chico Pinto teria quinze dias para responder à denúncia. No Supremo, o processo foi numerado — ação penal nº 219 — e distribuído para Xavier de Albuquerque.

Ministro do Supremo havia dois anos, Albuquerque antecedera Moreira Alves na chefia da Procuradoria-Geral da República. Nomeado ministro do STF pelo presidente Emílio Garrastazu Médici, fora advogado do Banco do Brasil, ministro do Tribunal Superior Eleitoral na vaga dos advogados e não tinha vida partidária, com exceção de uma rápida e desastrada passagem pela UDN em seu estado natal. Quando integrante da UDN, defendeu que o partido proibisse uma prática comum até hoje no Congresso Nacional: aqueles que exercem mandato saem de licença para permitir que os suplentes assumam a cadeira temporariamente. Fazem e faziam jus, pelo exercício fugaz, de vantagens pagas pelo contribuinte. A proposta moralizadora de Xavier de Albuquerque era irrecusável. Foi aprovada. No dia seguinte, o partido assistiu a um êxodo de integrantes: os suplentes abandonaram a legenda.

Por exemplos como esse, não se esperava do ministro uma posição inovadora, uma tese revolucionária, um avanço sobre a jurisprudência. Sua percepção era prática, objetiva, formal: se a lei dizia isso, não havia muito o que inventar. "Eu nunca tive bossa para analisar fatos políticos. Eu sempre fui neutro", definia-se Xavier de Albuquerque. Assim, pouco espaço sobrava para negar os fatos ou impedir a simples e direta aplicação da lei ao caso.

Chico Pinto contou com dois advogados: Josaphat Marinho e Paulo Brossard. Ambos assinaram as 26 páginas da defesa, cuja tese principal focalizava a inviolabilidade parlamentar. Como deputado e da tribuna da Câmara, Chico Pinto estaria protegido, podendo expressar livremente suas opiniões e votar conforme sua consciência. "Não se trata de privilégio pessoal, mas de prerrogativa do corpo legislativo, assecuratória de sua independência", afirmavam Marinho e Brossard.

A Constituição de 1967 abriu, porém, uma exceção à inviolabilidade parlamentar por suas opiniões e votos. Estava no artigo 32: "Os deputados e senadores serão invioláveis no exercício do mandato, por suas opiniões, palavras e votos, salvo nos casos de injúria, difamação ou calúnia, ou nos previstos na Lei de Segurança Nacional".

Assim, precisava a defesa de Chico Pinto mostrar que ele não se enquadrava nessa exceção. E para isso encadearam argumentos no intuito de enfatizar que as palavras proferidas pelo parlamentar não tinham como objetivo ofender o chefe da Junta Militar chilena nem comprometer as relações entre Brasil e Chile.

O deputado fez o pronunciamento da tribuna da Câmara como parlamentar e oposicionista. Era um discurso baseado em fatos públicos, com o claro objetivo de protestar contra a presença de Pinochet no Brasil. As palavras não saíram às ruas, não provocaram estremecimento das relações entre os dois países. Não havia dolo, não ocorria a "vontade consciente e determinada de ofender". Era, enfim, um discurso meramente político e, como tal, não poderia ser criminalizado, alegaram os advogados:

> Palavras consideradas ásperas ou ofensivas, conceitos julgados impróprios, podem ser tidos por inconvenientes ou condenáveis no juízo polêmico da política, mas não configuram crime algum, porque falta, de regra, a quem os profere, a vontade certa e determinada de atingir a dignidade pessoal, de subverter instituições, ou de perturbar relações internacionais.

Se esse argumento não convencesse, se a ponderação de que a denúncia apenas reproduzia e interpretava o discurso sem exibir prova da vontade delituosa do deputado, a defesa buscaria uma terceira alternativa: a desclassificação do delito e a inaplicabilidade para o caso da severa Lei de Segurança Nacional.

Enquadrado na LSN, o deputado Chico Pinto, se condenado, teria de cumprir pena que variava de dois a seis anos de prisão. Desclassificado o delito, ou seja, se não fosse aplicada a Lei de Segurança Nacional mas o Código Penal, a punição seria abrandada — de seis meses a dois anos, podendo ser elevada em um terço por se tratar de calúnia contra chefe de Estado estrangeiro.

Em 21 de maio, o ministro-relator liberou o processo e pediu ao presidente uma vaga na pauta do plenário. Pedido atendido, o julgamento ocorreria na semana seguinte, na quarta-feira, dia 29. O tribunal, sem grandes debates, sem muitas polêmicas, recebeu a denúncia por unanimidade.

No voto, Xavier de Albuquerque enfrentou cada um dos pontos da defesa. Começou pelo argumento inicial da inviolabilidade do deputado por suas palavras, opiniões, votos. Havia recente precedente do Supremo desfavorável à tese em favor de Chico Pinto: em 17 de maio de 1972 o deputado Florim Ferreira Coutinho denunciara da tribuna irregularidades no uso do dinheiro público e acusara o diretor de um hospital por desvios de recursos. O STF concluiu, naquela ocasião, que os deputados são invioláveis no exercício do mandato por suas opiniões, salvo nos casos de injúria, difamação ou calúnia. Assim, o principal argumento do deputado foi derrubado.

"Limitando-me ao exame da viabilidade da acusação, observo que a denúncia atribui ao denunciado conduta que, em tese, configura o crime previsto no artigo 21 do decreto-lei nº 898/69", disse Xavier de Albuquerque. Sendo assim, ao analisar tão somente a existência de indícios mínimos da prática de crime, o ministro votou pelo recebimento da denúncia e pela abertura da ação penal.

Somente durante a instrução da ação seria possível, no entendimento dos ministros, estudar melhor o caso para saber se deviam aplicar o Código Penal, como pedia a defesa, ou a Lei de Segurança Nacional, como defendia o governo.

INSTRUÇÃO PENAL

Na espremida sala de audiências do Supremo, o ministro Xavier de Albuquerque interrogou o deputado Chico Pinto às 8h30 do dia 12 de junho de 1974, na presença do procurador-geral Moreira Alves e de um dos advogados do parlamentar, Josaphat Marinho. O processo era simples e os fatos, mais do que batidos. Havia pouco a perguntar e pouco a dizer. O depoimento do deputado ao STF coube em duas páginas e meia.

Chico Pinto começou por ratificar todas as afirmações que fizera no discurso e explicou ao relator do processo as razões que o levaram a ocupar a tribuna da Câmara naquele dia. Primeiro, a suspeita baseada em notícia de jornal de que o general Pinochet viria ao Brasil com a intenção de celebrar um tratado para formar um eixo político entre Brasil, Chile, Paraguai e Bolívia. A Constituição estabelecia a competência do Congresso para analisar a assinatura de tratados e convenções internacionais. Como parlamentar, argumentou o deputado no interrogatório, era seu dever denunciar o fato, que considerava nocivo aos interesses brasileiros. A segunda razão foi atender às recomendações da Comissão Interparlamentar, que reunia sessenta parlamentos de diferentes países, de que fossem denunciados casos de violência, torturas e assassinatos praticados no Chile. Independentemente das duas razões, acrescentou, era seu dever moral denunciar a violência que a Junta Militar praticava contra o povo chileno.

O interrogatório foi rápido. Mas a concisão do deputado Chico Pinto no Supremo não se repetiu na entrevista que mais tarde concederia à Rádio Cultura de Feira de Santana, sua cidade natal. Certamente o deputado não consultou seus advogados antes de falar; caso contrário, teria entendido que uma entrevista logo depois do recebimento da denúncia poderia ser mal interpretada pelo Supremo e usada pela acusação como argumento para reforçar o pedido de sua condenação.

Chico Pinto não foi prudente. Avançou nos ataques ao general Pinochet e deu mais munição para a Procuradoria-Geral da República.

— O general Pinochet assassinou demasiadamente no Chile, desrespeitou os direitos humanos. O general Pinochet é o que se pode chamar um ser anti-humano — atacou. — Daí por que tenho sempre dito que confirmo o meu discurso em todos os termos, sem dele tirar uma vírgula sequer.

As novas declarações reforçaram a tese da Procuradoria de que o deputado não quis, como sustentou em sua defesa, apenas relatar fatos verdadeiros, públicos e notórios ou manifestar sua posição política. As declarações à rádio foram usadas pelo procurador-geral da República nas alegações finais, para tentar demonstrar a intenção de Chico Pinto de deliberadamente ofender o general:

> O propósito criminoso do réu não se satisfez com as ofensas produzidas antes da instauração da presente ação penal. Foi além. Recebida a denúncia — e, portanto, considerado, por esta Suprema Corte, que o fato, em tese, constituía crime contra a segurança nacional —, persevera na prática do crime, ao voltar a ofender o chefe do governo do Chile, em 12 de julho do corrente ano, em entrevista concedida à Rádio Cultura de Feira de Santana, onde, à pergunta sobre se teve intenção premeditada de ofender ao chefe do governo do Chile, declarou, com outras palavras, que, com relação a homem que, no governo de seu país, se caracterizou por atos criminosos, não é necessário sequer a preocupação ou a intenção de ofendê-lo. O crime está provado. Essa Suprema Corte não deixará impune seu autor, mas o condenará, nos termos da denúncia, como incurso no artigo 21 do decreto-lei nº 898, de 29 de setembro de 1969.

Os advogados do deputado juntaram ao processo os últimos argumentos, insistindo que Chico Pinto não quis ofender o general Pinochet ou perturbar as relações internacionais entre os dois países. "Ainda que se considerasse o texto da entrevista anexada aos autos pelo Ministério Público, ver-se-ia que nela o denunciado considerou a oração de caráter 'ideológico, que definia uma posição no campo das ideias, isto é, contra a violência que se institucionalizou no Chile'", afirmou Josaphat Marinho na petição.

E, indicando não concordar com a decisão de seu cliente de conceder entrevistas naquele momento delicado, acrescentou: "Destarte, podem muitos divergir da atitude por ele assumida; legítimo, porém, não é negar a limpidez da intenção elevada. E esta elimina ou impede o dolo".

A imprensa, que acompanhava como podia o desenrolar do caso, mostrava-se surpresa com o empenho do governo em punir um deputado por um discurso político. Tristão de Athayde escreveu, no *Jornal do Brasil* de 26 de setembro daquele ano, sobre o "trágico direito de punir":

> À medida que crescem diariamente os assaltos, os sequestros, os estupros, os contrabandos, o comércio de drogas etc. com a participação frequente de elementos policiais, tudo isso culminando com a impunidade do famoso Esquadrão da Morte, assistimos a um recrudescimento da violência na pressão dos crimes políticos. Ainda agora estamos presenciando, entre contristados e estarrecidos, a verdadeira e implacável perseguição, pelos órgãos punitivos do governo, contra o deputado Francisco Pinto, pelo simples fato de se ter expressado com exagerada violência, da tribuna da Câmara dos Deputados, contra um chefe de Estado estrangeiro.

Naquele mesmo dia, Chico Pinto sofreu uma derrota antecipada: o Tribunal Regional Eleitoral da Bahia aceitou o pedido de impugnação de sua candidatura para mais um mandato na Câmara. O Ministério Público alegava que o deputado estava sendo processado no STF por crime contra a segurança nacional. Como a denúncia fora recebida, isso necessariamente tornaria o deputado inelegível.

JULGAMENTO

O presidente do Supremo, o gaúcho Eloy da Rocha, marcou o julgamento da ação penal nº 219 para o dia 10 de outubro. Naquela época as sessões se iniciavam às 13h30. Apesar da expectativa sobre o desfecho do caso Chico Pinto, as discussões foram antecipadas em sessão secreta do Conselho, no dia anterior.

A imprensa não soube disso e nada publicou. O que dentro da sala se falava não era divulgado para os jornalistas; hoje talvez fosse impossível garantir a confidencialidade. A portas fechadas, o sempre tão contido Xavier de Albuquerque declarou-se amargurado com as circunstâncias do caso e disse que ainda tinha o voto "em aberto". O ministro não contou a todos, mas confidenciou a pelo menos um colega que recebera uma carta anônima, postada em uma agência dos correios no Paraná, com acusações gratuitas e torpes, como classificou Bilac Pinto, e ameaças de revelar tais torpezas aos demais ministros e aos cidadãos paranaenses.

Apesar da insatisfação com o caso, Xavier admitia que a prova contra Chico Pinto era mais do que contundente. Mas o relator do caso alertara os colegas sobre sua repugnância em aplicar ao caso a Lei de Segurança Nacional. Uma pena que variava de dois a seis anos "por fato sem mais relevo" parecia-lhe um exagero, sem contar as consequências decorrentes: perda de mandato e inelegibilidade.

Havia discordâncias. Os ministros Thompson Flores, Antonio Neder, Rodrigues Alckmin e Luiz Gallotti consideravam que o caso exigia a aplicação da LSN, mas com imposição da pena mínima. A opinião dos quatro não surpreendia.

Neder, por exemplo, era considerado por colegas e por advogados que atuavam no STF como um dos mais conservadores da composição. Com extensa experiência na vida política, mais sensíveis talvez ao momento, Bilac Pinto e Oswaldo Trigueiro permaneciam calados. Também egresso do Congresso Nacional, no entanto menos contido e mais direto, Aliomar Baleeiro abriu a divergência: "Disse-lhes que eu desclassificaria para o artigo 139 do Código Penal, aplicando quatro meses ao todo com sursis [suspensão condicional da pena] e retirei-me, porque tinha serviço grande no meu gabinete", registrou.

Desclassificar o crime era a saída intermediária. Significava que o governo não levaria tudo, mas teria dado seu castigo ao deputado que ousara criticar um ditador em tempos de ditadura. Chico Pinto não perderia seu mandato, mas cumpriria pena pelas verdades que falou da tribuna. O Supremo, por fim, daria um sinal de independência, de altivez, mas sem com isso desafiar o governo militar. O STF, coxo que estava depois do AI-5, não tinha condições de amparar um aleijado, como bem disse um de seus integrantes.

Nada ficou decidido.

No dia do julgamento, pela manhã, Bilac Pinto foi ao gabinete de Baleeiro, seu amigo pessoal. Estava preocupado e desgostoso. Confidenciou que pensava em antecipar sua aposentadoria em razão daquele caso. Sabia que o governo pressionava o Supremo, sem muita discrição, para que o deputado Chico Pinto fosse condenado. Seria importante para o governo como demonstração de força e como recado para quem pensasse em fazer o mesmo.

Dias antes do julgamento, Bilac Pinto recebera — para sua insatisfação — a visita de um general, primo do deputado José Bonifácio (Arena-MG). Demonstrando certo prurido, o general tangenciou o assunto Chico Pinto. Imediatamente o ministro pensou em chamar uma testemunha. Não queria e não podia ter aquela conversa sozinho com o militar naquele momento. Sugeriu que fossem então os dois ao gabinete de Baleeiro. Mas o general recuou, considerando muito radical a sugestão.

Os jornais da época traziam notas com insinuações de que Eloy da Rocha, simpático aos militares, poderia ser reeleito presidente do Supremo. Os ministros interpretavam tais textos como "plantação", como se chama no jargão jornalístico uma nota — muitas vezes falsa — repassada a um jornalista para atingir ou ameaçar alguém.

O alvo parecia óbvio: Djaci Falcão era o sucessor de Eloy da Rocha na presidência do STF. A recondução de Rocha quebraria a tradição do tribunal — apesar de haver precedentes recentes — e significaria que o governo militar não depositava confiança em Djaci Falcão.

Seria uma pressão específica para o caso Chico Pinto? A Bilac Pinto pareceu que sim. Se Djaci Falcão entendesse assim, que votasse, coagido, pela condenação do deputado.

Às 13h30, os ministros iniciaram a sessão para definir o destino de Chico Pinto. No plenário, os advogados de defesa Josaphat Marinho e Paulo Brossard, gripado, estavam preparados.

O ministro Xavier de Albuquerque leu o relatório. Fatos mais do que notórios. Às 13h55, o procurador-geral da República insistiu na condenação; Josaphat Marinho defendeu a absolvição de seu cliente ou, no mínimo, a desclassificação do crime e a aplicação do Código Penal.

Encerrados os debates, às 16h20 os ministros se retiraram para deliberar em sessão secreta, conforme previa o artigo 237 do regimento interno.

Dentro do plenário, agentes do Serviço Nacional de Informações (SNI) mantinham o governo atualizado. Mais cedo, às 10h30, foi transmitida uma estimativa dos votos, baseada em sondagens com os ministros do STF. A informação nº 346, remetida em caráter confidencial, traçava o julgamento da tarde:

1) Votariam contra a tese do governo: Aliomar Baleeiro, Xavier de Albuquerque (relator), Oswaldo Trigueiro e Bilac Pinto.

2) A favor da tese do governo: Antonio Neder, José Rodrigues Alckmin, João Leitão de Abreu e Cordeiro Guerra.

3) Indefinidos: Thompson Flores, Djacye [sic] Falcão e Eloy da Rocha (presidente).

Às 16h20, quando a sessão pública foi suspensa para que os ministros deliberassem em conselho, um informante do SNI passaria o telex 2751/10/ABS/74, "noticiando o desenrolar do julgamento até a suspensão da sessão pública".

Advogados, o procurador-geral da República, jornalistas, parlamentares e outros cidadãos aguardariam por quase quatro horas o resultado do julgamento. O plenário estava lotado. Um agente do SNI havia notado a presença de parlamentares do MDB, como Ulysses Guimarães, Franco Montoro e Fernando Lira, além de advogados, como o presidente da OAB no Distrito Federal, Sigmaringa Seixas, e José Gerardo Grossi, atingido pelo AI-5.

Todos os que lotavam o então minúsculo plenário do Supremo não ouviriam os argumentos pró e contra a condenação. Não saberiam o que convenceu um ou outro ministro. Não teriam nenhuma pista de como foram os debates. Saberiam apenas o resultado.

Às 18h, o governo seria informado de que deveria sofrer uma derrota. Enquanto os ministros permaneciam fechados, discutindo a decisão, um informante do SNI avisaria num telefonema:

— A sessão continua suspensa. Há tendência para desclassificar o crime capitulado, pela acusação na Lei de Segurança Nacional, para crime comum, previsto no Código Penal Brasileiro.

Quem passava essas informações ao governo? Certamente alguém com acesso privilegiado ao tribunal e aos ministros. Quem poderia fazer sondagens junto dos ministros? Hoje, os jornalistas conseguem com alguma segurança mapear previamente o plenário da corte e, vez ou outra, indicar quem vota como. Mas naquela época o contato era mais cerimonioso, menos próximo. Como alguém conseguiria apurar o resultado do julgamento em sessão secreta duas horas antes de definido o resultado? Seria o informante, portanto, alguém de dentro do tribunal? Difícil precisar, mas é possível dizer, com base em documentos, que os militares recebiam a colaboração de assessores dos ministros.

Somente às 20h a sessão seria reaberta. Havia aproximadamente trezentas pessoas no plenário. E todas ouviriam, na voz do presidente do Supremo, Eloy da Rocha, a tão aguardada decisão:

— Acordam os ministros do Supremo Tribunal Federal, em sessão plenária, por maioria de votos [...] desclassificar a imputação, na forma do artigo 383 do Código de Processo Penal, do artigo 21 do decreto-lei nº 141, I, ambos do Código Penal, e nesses termos julgar procedente a denúncia, para condenar o réu a seis meses de detenção e multa de nove cruzeiros, como incurso nos preceitos legais por último indicados.

O presidente do Supremo continuou a leitura da decisão. O crime de ofensa à honra de chefe de governo estrangeiro estava previsto no Código Penal e no decreto-lei nº 898, de 29 de setembro de 1969, que definiu os crimes contra a segurança nacional. A aplicação da pena prevista no decreto-lei só seria aplicada se a ofensa causasse dano à segurança do país. Não era esse o caso; a difamação, porém, estava caracterizada e por isso Chico Pinto era condenado com base no Código Penal.

O Supremo decidiu ainda pela impossibilidade de suspender condicionalmente a execução da pena. Aqui, o fundamento para a decisão foi a entrevista de Chico Pinto para a rádio.

— Embora cabível, em tese, e ainda que primário o sentenciado, não comporta deferimento se sua personalidade e as circunstâncias do crime não autorizam a presunção de que não tornará a delinquir — relatou o presidente.

Enquanto durassem os efeitos da condenação, concluiu o Supremo, os direitos políticos de Chico Pinto permaneceriam suspensos. Um informante do SNI registraria:

> A sentença condenatória causou impacto entre os presentes, que, de início, permaneceram em silêncio, não compreendendo o alcance da decisão e o assédio aos deputados Ulysses Guimarães e Thales Ramalho, os quais se negaram a opinar, enquanto não formassem um juízo a respeito da decisão.

Quando publicado, no dia 16 de outubro, o acórdão trouxe mais detalhes das razões que levaram os ministros, por maioria, a essa decisão. Para eles, a Procuradoria-Geral da República não demonstrara que o discurso de Chico Pinto tivesse afetado as relações diplomáticas entre o Brasil e o Chile a ponto de colocar em risco a segurança nacional. Nem poderia o procurador-geral isso indicar.

— O julgamento do deputado Francisco Pinto foi conduzido de forma política, e a sua condenação, na forma afinal estabelecida, foi um ato político na acepção helênica da palavra — afirmou o ministro Aliomar Baleeiro dois dias depois da sessão, em conferência na Universidade Católica de Goiás. — Mas nem por isso o Brasil vai acabar, apesar dos elogios duros do deputado ao presidente da Junta Militar do Chile e ainda que esses elogios tenham contido algumas verdades sobre o general Augusto Pinochet — acrescentou, em seu estilo irônico.

Tratava-se de um discurso feito na Câmara, com algumas verdades, como disse o ministro do STF, sem apartes, sem debates e que não fora publicado na grande imprensa, censurada que estava. Tratava-se, ainda, de uma entrevista a uma rádio baiana, que só ganharia notoriedade em Brasília e no país em razão do claro interesse persecutório do regime militar.

Chico Pinto queria marcar posição, dizer a seus eleitores que não ficara passivo diante da visita de um ditador. Não queria receber de novo uma carta vinda de algum lugar do país com cobranças ou suspeitas de que havia se coadunado com a homenagem a um facínora. Sua intenção era tão somente essa.

Mas...

— Foi uma demasia do deputado. Ele podia perfeitamente fazer os protestos em prol das liberdades sem ofender o presidente de uma nação amiga. Era também milico? Paciência. Cada qual com a sua contingência — disse quatro décadas depois o relator do caso no STF, Xavier de Albuquerque.

Os ministros vencidos no julgamento consideraram que Chico Pinto cometera o crime tipificado no artigo 21 da Lei de Segurança Nacional. E propunham condená-lo a cumprir dois anos de reclusão.

Quem foram os ministros que, concordando com os argumentos do governo militar, impunham um castigo mais elevado ao deputado? O acórdão não especificava vencidos e vencedores. O *Jornal do Brasil* traria uma primeira lista, certamente confirmada em off por um dos ministros da corte. Teriam votado pelo enquadramento do caso na Lei de Segurança Nacional os ministros Cordeiro Guerra, Antonio Neder, Leitão de Abreu e Thompson Flores. Pela desclassificação do crime, os ministros Xavier de Albuquerque, Aliomar Baleeiro, Bilac Pinto, Oswaldo Trigueiro, Djaci Falcão e Rodrigues Alckmin. Por fim, pela suspensão condicional da pena, os ministros Baleeiro, Bilac Pinto, Trigueiro e Xavier de Albuquerque. Mas, nesse ponto, teriam sido vencidos.

Alguns dias depois, Leitão de Abreu negava a informação. E revelava que votara pela desclassificação do crime. Dispondo do relato da sessão secreta do dia anterior, das sondagens feitas pelos agentes do SNI e da manifestação espontânea do ministro Leitão, a lista parece precisa. O Supremo condenou Chico Pinto a uma pena mais branda por sete votos a três. Ele se tornou o primeiro parlamentar a ser preso por decisão do STF durante o exercício do mandato por crime de opinião.

O Serviço Nacional de Informações avaliou para o governo repercussões e possíveis consequências do julgamento. A condenação do deputado Francisco Pinto podia ser vista sob vários aspectos. Do ponto de vista jurídico: "Houve inteira liberdade de decisão do Poder Judiciário, o que tornará difícil aos setores de oposição lançarem contra o Executivo o ônus da condenação". Além disso, o SNI ponderou que a condenação não podia ser contabilizada como vitória do governo. Diversamente, a decisão do Supremo abria precedente para outros casos semelhantes.

O SNI não se arriscou a avaliar as reais implicações do ponto de vista político. "Entretanto, é de prever a ampla exploração do fato na atual campanha eleitoral pelo MDB, fazendo aumentar a contestação ao regime, no que tange à liberdade de expressão parlamentar", alertou o SNI.

Em 15 de outubro de 1974, o Tribunal Superior Eleitoral (TSE) confirmou a decisão de negar registro à candidatura de Chico Pinto. Foi um freio à carreira política do deputado. Chico, que da Bahia acompanhava o desenrolar dos fatos, chegou a Brasília no dia 16, sendo recebido no aeroporto pelo presidente do MDB, Ulysses Guimarães. Três dias depois, o presidente do Supremo determinou a execução imediata da pena.

Diante da ordem de prisão, o deputado se apresentou ao STF. "Declarou que se apresenta para cumprir o que prometeu e que aqui não estaria, antes de decorrido o prazo de recurso, se não tivesse tomado conhecimento da expedição de mandado de prisão", conforme registrou o termo de apresentação ao tribunal.

Já era noite quando Chico Pinto foi levado para o quartel do 1º Batalhão de Polícia Militar do Distrito Federal para cumprir a pena de seis meses. Seu alojamento localizava-se no primeiro andar, ao final do corredor. Tinha duas janelas basculantes para ventilação, sendo uma no banheiro. Contava com uma cama de solteiro, uma mesa de escritório, quatro cadeiras estofadas, uma poltrona, uma mesa para televisor, mas sem o aparelho, uma geladeira, um armário para guardar objetos de higiene pessoal e um ventilador de pé. Ali, no quartel, ele teria livre acesso às instalações, incluindo as quadras de esporte.

No dia 21 de outubro de 1974, a Mesa da Câmara dos Deputados declarou a perda automática do mandato de Francisco Pinto, como decorrência da condenação.

No ano seguinte, exatamente em 13 de março de 1975, o presidente do Supremo, Eloy da Rocha, convocou uma sessão secreta para discutir como seria o julgamento do segundo inquérito aberto contra Chico Pinto — pela entrevista concedida à Rádio Cultura de Feira de Santana, em que ele repetira as críticas que fizera da tribuna ao general Pinochet.

Novamente, os ministros travaram a portas fechadas uma discussão sobre o enquadramento do crime. Repetiu-se mais uma vez o esforço para que a corte não se dividisse num processo polêmico como aquele.

Xavier de Albuquerque propôs, assim como fizera no primeiro caso, que se desclassificasse o artigo 21 da Lei de Segurança (injúria) para o direito penal. Assim, o tribunal receberia a denúncia e Chico Pinto responderia à ação penal por "intrigar o povo com o governo por notícias falsas". Depois, acrescentou Xavier, o Supremo o absolveria quando fosse julgar a ação penal.

O ministro Cordeiro Guerra discordava. Queria receber a denúncia e enquadrar o deputado na Lei de Segurança Nacional. Francisco Pinto, disse ele, era um instrumento consciente dos comunistas. Se o tribunal decidisse aliviar para o parlamentar, ele pediria vista e interromperia o julgamento. De pensamento semelhante, Thompson Flores disse que Francisco Pinto estava feliz na cadeia, onde até engordara.

Bilac Pinto e Aliomar Baleeiro achavam melhor reconhecer quanto antes que Chico Pinto não havia cometido novo crime. O segundo discurso fora apenas uma recusa em retratar-se. Se havia divisão no mérito, todos queriam dissuadir Cordeiro Guerra de pedir vista do caso ou de abrir divergência em plenário. "A praxe era a decisão unânime em tais casos", consignou Baleeiro.

No dia 18 de abril de 1975, às 12h, Chico Pinto foi posto em liberdade e recebido com festa na Bahia. O Supremo admitiu a segunda denúncia, e o deputado respondeu, portanto, à segunda ação penal. "Pálido, barbudo e fumando muito", conforme descreveu o *Jornal do Brasil* em 10 de maio de 1975, Francisco Pinto foi novamente interrogado no STF, uma mera formalidade.

Somente em 1977 o processo foi levado a julgamento no plenário do STF — sem nenhum alvoroço, sem grande cobertura da imprensa e distante do fato. "Chamou de ditador um ditador; chamou de assassino um assassino", disse Heleno Fragoso na defesa oral que fez em plenário. Novamente, o Supremo rejeitou a acusação de ter o deputado atentado contra a segurança nacional. O crime foi desclassificado. Mas dessa vez, de forma deliberada ou não, o tribunal deixou o crime prescrever. Chico Pinto foi absolvido por unanimidade da acusação de crime contra a segurança nacional por "divulgar, por qualquer meio de comunicação social, notícia falsa, tendenciosa ou fato verdadeiro truncado ou deturpado, de modo a indispor ou tentar indispor o povo com as autoridades constituídas". O Supremo também declarou prescrita eventual pena para a acusação de ter o deputado difamado o presidente do Chile.

Em 1979, Chico Pinto voltou à Câmara, eleito pelo povo da Bahia. Foi deputado federal de 1979 a 1983, de 1983 a 1987 e participou da Constituinte de 1988, que deu ao Supremo poderes mais amplos do que dispunha na década de 1970. Chico Pinto morreu em 19 de fevereiro de 2008, vítima de câncer.

9. SUPREMO EM OBRAS

Em Brasília, você não é uma pessoa, você é um cargo.

Eros Grau

A CHEGADA DO CARNAVAL CRIAVA alguns inconvenientes para Benvindo Fernandes da Silva, homem simples e dedicado a seu ofício de zelador do Supremo Tribunal Federal. Passava as manhãs e as tardes às escondidas em seu pequeno quarto aos fundos do prédio do STF, na avenida Rio Branco, no Rio de Janeiro, e à noite evitava acender as luzes. Não queria ser encontrado; melhor que não soubessem que estava em casa.

Durante o feriado de Carnaval, não havia expediente no tribunal, nos cartórios e nas varas que dividiam o espaço com a Suprema Corte, mas aqueles funcionários que comemoravam as longas férias forenses, alguns deles graduados, eram os mesmos que por lá apareciam durante a festividade. Se os deixasse entrar, sabia perfeitamente Benvindo Fernandes, passariam ali o dia inteiro e varariam a noite atulhados nas varandas. De lá, teriam um camarote VIP para o auge do Carnaval carioca da época: a passagem das sociedades, como os Zuavos Carnavalescos, os Tenentes do Diabo, o Clube dos Democráticos e o Congresso dos Fenianos, todos com suas mulheres lindas e luxuosamente seminuas.

Nessa época do ano, por instruções da presidência do tribunal, o zelador acionava o sistema de segurança máxima do STF: cadeados e correntes resistentes e funcionais eram grampeados às duas grades do prédio para evitar a entrada de funcionários dedicadíssimos ou foliões inveterados. Era tudo o que Benvindo podia fazer. Não havia seguranças a acionar ou corpo técnico preparado para lidar com situações como aquela. Afinal, o STF não contava com funcionários próprios. A estrutura mínima do tribunal sobrecarregava o seu faz-tudo.

Quando chamado a deixar o Rio de Janeiro para cuidar do Supremo em Brasília, Benvindo desabafou:

— Não sei se poderei ir, porque Brasília tem muita altura e eu já estou velho; é uma pena, mas, se me mandarem, seguirei, porque, pelo menos, vou ficar livre dos penetras que querem assistir ao Carnaval das sacadas do edifício. Aqui é a Casa da Justiça, e não poleiro para acolher até gente fantasiada. Que brinquem no diabo que os carregue.

Essa realidade improvisada da Suprema Corte foi a essência em quase cem anos de tribunal: simplicidade, desconforto e uma continência de gastos que muitas vezes comprometia o trabalho, constrangia ministros, obrigava a corte a viver de favores e, por tudo isso, gerava embaraços.

Os primeiros anos da Suprema Corte foram os mais austeros e precários. Entre 28 de fevereiro de 1891 e 6 de janeiro de 1892, os ministros dividiam espaço com juízes no velho edifício do Tribunal da Relação do Rio de Janeiro, na rua do Lavradio. Nessa ocupação conjunta, os privilégios eram de quem chegara primeiro. Os ministros do Supremo lá estavam quase de favor e sofreram com isso. O desconforto e a precariedade eram tais que o magistrado mais velho do tribunal, o visconde de Sabará, propôs aos colegas que fizessem um protesto formal ao governo.

A ata da sessão de 13 de junho de 1891 do STF registrou o queixume. O visconde de Sabará pediu a palavra pela ordem e afirmou:

— Tinha a propor que por meio do senhor presidente se represente ao governo a respeito do estado de indecência, se não de aviltamento do edifício. Além de muitas nódoas, muitos rasgões no processo, e que não só por esta razão, como principalmente porque o tribunal não pode deixar de considerar-se desautorizado, sendo as sedes dos juízes que comparecem à cúpula do Poder Judiciário ocupadas, em todos os quatro dias da semana em que este tribunal não trabalha, por juízes de inferior categoria, e que haviam se apossado das chaves de todas as gavetas, não dispondo os ministros deste tribunal de lugar onde possam guardar os seus papéis.

Ao final, pediu que o presidente da corte, ministro Freitas Henrique, solicitasse ao governo um prédio exclusivo para o STF, "em conformidade com suas atribuições". Proposta nada desarrazoada, mas derrotada pela maioria dos colegas. A sugestão do visconde de Sabará só teve o apoio de dois colegas: Costa Barradas e Pisa e Almeida. Todos tiveram, portanto, de permanecer no prédio, dividindo espaço com juízes de primeiro grau, os donos das gavetas tão cobiçadas naquele momento.

Além dos problemas físicos, alguns ministros reclamavam da localização do prédio, ou melhor, do estabelecimento comercial que ficava defronte ao STF na rua do Lavradio: uma das mais frequentadas pensões da cidade, aberta ao público a partir do meio-dia e, de acordo com os cronistas da época, repleta de beldades internacionais. Somente em 1892, por ordem do ministro da Justiça, os integrantes do STF passaram a ocupar um prédio melhor. Mas ainda teriam de dividi-lo com a Corte de Apelação.

Além das condições físicas insatisfatórias, faltava ao tribunal dinheiro para tudo nos seus primeiros sessenta anos. Ele não tinha orçamento próprio. Os funcionários eram emprestados do Ministério da Justiça e as despesas, pagas pelo Ministério da Fazenda. Diante dessa realidade, a biblioteca enfrentava uma realidade franciscana. O tribunal comprava seus livros a conta-gotas. As faturas eram recebidas ao final de cada trimestre e pagas pela Fazenda.

Em 1946, para adequar seu acervo às inovações da Constituição promulgada naquele ano, o Supremo teve de adquirir uma série de livros, especialmente sobre direito administrativo. As notas não foram pagas e o tribunal tornou-se devedor do livreiro Coelho Branco. Na virada do exercício financeiro do governo, o livreiro, se quisesse receber, teria de protestar e enfrentar um processo fiscal burocrático e lento no Tesouro Nacional. Isso o fez desistir de receber o que lhe era devido. Para alívio do tribunal, a conta acabou por ser perdoada.

Para obter as estantes que armazenariam os livros, o então presidente Bento de Faria, que revelava um apreço especial pela biblioteca, peregrinou por órgãos públicos. Conseguiu que o Arsenal da Marinha, que à época se ocupava com a construção maciça de navios de guerra, fabricasse resistentes estantes de ferro. Depois de prontas, foram instaladas também pela Marinha sem ônus para o tribunal.

O lanche dos ministros, servido nos intervalos das sessões, resumia-se a chá e alguns biscoitos. E mesmo simples e restrito, tinha a verba dosada por José Silvestre, funcionário responsável por preparar a merenda durante doze anos. Água mineral era servida de vez em quando. Alguns, como o ministro Filadelfo de Azevedo, que permaneceu no Supremo de 1942 a 1946, preferiam água da talha, que prestou grandes serviços ao tribunal durante pelo menos vinte anos. A segurança e o serviço de portaria, feitos somente durante o dia, eram de responsabilidade de guardas-civis e de dois policiais militares requisitados pelo STF. O serviço de jurisprudência resumia-se ao fichamento dos acórdãos por um funcionário, disposto numa pequena sala.

Os serviços gerais para manutenção do edifício eram feitos de favor pela prefeitura do Rio de Janeiro. Três vezes por ano, jardineiros arrumavam os canteiros e a garagem. Em casos urgentes, como falta de energia ou problemas na tubulação de água e esgoto, o zelador Benvindo acionava sua rede de contatos para que a Light, a Empresa de Esgotos e a Companhia de Água consertassem o que fosse necessário. E claro: tudo de graça, pois o tribunal, lembremos, não tinha dinheiro. Os tapetes não eram, como deveriam, limpos diariamente. Pelo contrário, recebiam faxina apenas quando o tribunal recebia visitas de chefes de Estado ou de presidentes de cortes de Justiça de outros países.

As paredes, que padeciam à ação dos pombos — as aves, ao contrário dos foliões, venceram essa disputa com Benvindo Fernandes —, só receberam uma segunda demão de tinta quarenta anos depois da instalação da corte, também na gestão de Bento de Faria, de 1937 a 1940. Mais sucesso na manutenção do prédio teve o ministro José Linhares. Valeu-se, por exemplo, dos contatos no Itamaraty, sempre privilegiado no recebimento de verbas, para a reparação das cortinas, passadeiras e alambrados.

O pagamento do pessoal que servia no tribunal, inclusive dos ministros, era feito nos guichês do Ministério da Fazenda. Foi somente depois de os magistrados enfrentarem percalços para receber o salário que o diretor-geral à época conseguiu do governo a designação de um funcionário responsável por pagar os vencimentos. Ele teria de levar o dinheiro envelopado na véspera — inclusive os centavos — para entregar primeiro aos ministros do STF e depois aos demais servidores.

Os magistrados, durante longo período, não possuíam automóveis. Somente o presidente da corte tinha à sua disposição um Packard, que depois foi trocado por um Lincoln, com suas cadeirinhas de armar que davam ao carro a aparência, criticada pelo ministro Orozimbo Nonato, de automóvel usado para levar noivas à igreja.

DE MUDANÇA

A mudança para Brasília prometia melhorias nas condições de trabalho. Alguns, porém, resistiram a deixar o Rio de Janeiro dos anos 1960 — berço cultural do país, com suas belezas, seus confortos e suas praias — para migrar para Brasília, um lugar ainda em construção, sem nada senão a farta terra vermelha suspensa no ar pelo movimento dos caminhões e tratores que povoavam a cidade. Trocar o consolidado pelo novo nunca foi costume do STF.

Na sessão em que foi submetida a voto a proposta de transferência do tribunal para Brasília, quatro ministros votaram contra a mudança: Ari Franco, Luiz Gallotti, Ribeiro da Costa e Barros Barreto. Com seis votos favoráveis — dos ministros Gonçalves de Oliveira, Vilas Boas, Cândido Motta Filho, Nelson Hungria, Hahnemann Guimarães e Lafayette de Andrada — foi aprovada a migração do Supremo.

Explica-se: os ministros não queriam arcar com o custo de desbravar a nova capital. Faltava de tudo na Brasília prestes a ser inaugurada, como salientava o ministro Luiz Gallotti, citando em seu voto o relatório da comissão encarregada de avaliar as condições da nova capital, formada pelos ministros Nelson Hungria, Cândido Motta Filho e Vilas Boas e pelo engenheiro e arquiteto Ademar Marinho.

— Lê-se no relatório do engenheiro Ademar Marinho que as obras do edifício do Supremo Tribunal se acham em fase de acabamento e de reparos na impermeabilização do terraço. E que faltam: piso na sala de sessões, luz e força definitivas, telefones, todo o mobiliário, persianas para controle da luz solar, pavimentação dos acessos ao prédio. Os elevadores estão ausentes, dependendo das ligações da energia elétrica — detalhou Gallotti.

O engenheiro verificou, ao final, que não haveria possibilidade de o Supremo funcionar normalmente na nova capital federal no dia de sua inauguração, em 21 de abril de 1960. Além da precariedade das instalações, outras debilidades da cidade assustavam alguns ministros. Do relatório, Gallotti ainda citou, como exemplo da impossibilidade de mudança para Brasília, o fato de apenas um estabelecimento vender leite in natura.

— O ministro Nelson Hungria, em seu relatório, afirma que o que está em uso em Brasília é o leite em pó ou condensado — acentuou o ministro.

Gallotti votava, assim, para que o tribunal se mudasse para Brasília quando a cidade apresentasse condições mínimas de habitabilidade. Enquanto isso não acontecesse, não existia razão para cumprir a ferro e fogo o prazo estabelecido em lei para a mudança da capital. A preocupação, o futuro mostraria, tinha fundamento. Mas não seria necessário aguardar muito tempo para comprovar esse fato. A comissão do Supremo que foi a Brasília inspecionar as obras teve de adiar uma visita justamente por falta de hospedagem. Mesmo antes da inauguração da cidade, o maior hotel da época, o Grande Hotel, tinha seus 180 apartamentos já lotados.

— Diz-se que há advogados em Brasília [vinte funcionários da Novacap e trinta de institutos], e advogados em lugares próximos, tão bons quanto os do Rio de Janeiro. Podem ser até melhores, mas ninguém os conhece. E quando o jurisdicionado de qualquer ponto do país envia procuração a um Haroldo Valladão, a um Seabra Fagundes, a um Dario Magalhães, a um Saboia de Medeiros, a um Justo de Morais, a um Alcino Salazar, a um João de Oliveira Filho, para citar alguns dos nossos grandes advogados, não é apenas por seu valor moral, intelectual e cultural, mas porque esse valor é conhecido em todo o país. Por outro lado, as dificuldades, a bem dizer insuperáveis, de comparecerem os advogados em Brasília para a defesa de suas causas, tornaria essa defesa, pelo vulto da despesa, um privilégio para os muito ricos. Mas o que importa é que a possibilidade de defesa exista sempre. Porque, onde essa possibilidade não existir, o cerceamento da defesa será flagrante, e, aí sim, se poderá cogitar de decisões nulas, quando provado que a defesa se tornou impossível — apontou Gallotti.

E concluiu:

— Se entenderem fazer [a mudança em 21 de abril], que façam, e saberei acatar o pronunciamento da maioria, mas a minha divergência há de ficar registrada e não tardará que se veja a razão que me assistia.

O STF repetia, assim, o exemplo de quem o modelou: a Suprema Corte dos Estados Unidos. Washington instalou-se como capital daquele país em 3 de junho de 1800. A Suprema Corte só deixou a Filadélfia no ano seguinte, no dia 4 de fevereiro.

Como parecia prever, Gallotti foi derrotado pelos demais colegas. Prevaleceu o que estava definido em lei: o STF, assim como os demais poderes, deveria se mudar para Brasília na data da inauguração da nova capital. Quem assim entendeu, como o ministro Gonçalves de Oliveira, não deixou de lamentar a obrigação de sair do Rio de Janeiro.

— Sei que Brasília não pode ser igual ao Rio de Janeiro. Há desconforto, há desconveniências para todos nós, mas estamos diante de uma lei expressa e peremptória — admitiu o ministro. — A Constituição é expressa: o Supremo Tribunal Federal tem sede na capital da República. De acordo com o eminente ministro Nelson Hungria, de acordo com a comissão composta desse eminente colega, dos ministro Vilas Boas e Cândido Motta Filho, acho que devemos mudar-nos em 21 de abril para a capital da República, para cumprimento da lei.

Definido o rumo do Supremo, dois ministros também decidiram antecipar a aposentadoria: Ribeiro da Costa e Luiz Gallotti. Não trocariam o Rio por Brasília. No dia 21 de abril, na sessão em que o Supremo era instalado na nova capital, nenhum dos dois compareceu.

Tempos depois, voltaram atrás no pedido de aposentadoria. Ribeiro da Costa foi convencido pelo filho Sérgio, procurador da República naquela época:

— Papai, você vai gostar de Brasília. Experimente, faça pelo menos uma viagem de alguns dias para cumprimentar os amigos.

O ministro seguiu a orientação do filho e, ao se deparar com a obra de Niemeyer, decidiu permanecer na cidade:

— Cheguei de carro à tarde e não pretendia fazer outra coisa senão descansar. Mas à noite saí e fui até a Praça dos Três Poderes: fiquei realmente empolgado e resolvi ficar.

Para convencer Luiz Gallotti foi necessária a intervenção do presidente da República, principal entusiasta da nova cidade: Juscelino Kubitschek. Gallotti atendeu o pedido para que permanecesse no STF:

— Foi uma conversa amável, serena. Eu achei que tinha de continuar os meus compromissos.

O ministro seguiu para Brasília, onde ficaria até o final de sua judicatura, aos setenta anos. Mas seus laços com a cidade nunca existiram. Negava-se a tratar como definitiva sua ida para a nova capital: nunca estabeleceu uma moradia nela. Enquanto ali esteve, ficou hospedado no principal hotel, o Brasília Palace. Menos simbólica e mais explícita seria a demonstração de insatisfação, de solidão escrita de punho no dia de finados daquele ano de 1960:

> Nos longes desta Brasília
> De tudo o que mais lamento
> Não são as outras agruras
> Mas o duro esquecimento.
> Eis o que bem nos ensinam
> Estes dias tão sofridos:
> Quem sofre mais do que os mortos
> São os vivos esquecidos.

Direção distinta dos demais ministros percorreu o então presidente Orozimbo Nonato. Em razão da mudança da capital, pediria uma licença para não mais voltar ao tribunal. Não iria para Brasília. Altamente econômico e responsável com os gastos públicos, o ministro chegava a fechar os olhos para as demandas do tribunal para, sempre na primeira semana de dezembro, devolver ao Tesouro Nacional parte da verba recebida pelo STF. A contenção dos gastos durante a presidência de Orozimbo era tanta que até mesmo a liberação de recursos para despesas inevitáveis era um martírio. E a regra valia para todos. O carro oficial que o atendia na presidência do tribunal, por exemplo, passou meses sem conserto; Orozimbo ia ao tribunal de bonde. Com esse perfil, não foi surpresa para os demais ministros a explicação sobre negar-se a mudar para Brasília: a transferência demandaria gastos altíssimos aos cofres do tribunal. E ele, Orozimbo Nonato, era contra esbanjamentos.

Encarregado de comandar a mudança, que deveria ser feita em quarenta dias para que outros órgãos ocupassem o edifício da Cinelândia, o ministro Barros Barreto convocou duas centenas de carteiros para carregar os processos. Mesmo assim, alguns se perderam na mudança. De resto, apenas livros, arquivos, objetos menores, como carimbos, seriam transportados em caminhões do Rio para Brasília. Os móveis, tapetes e quadros deveriam, todos, ser deixados para trás. Os ministros já encontrariam um novo STF equipado pelas mãos do arquiteto Oscar Niemeyer.

O estilo modernista das instalações do novo prédio incomodou alguns ministros. Mais ainda por terem recebido a orientação de que não levassem móveis, quadros e tapetes do antigo prédio. Tudo o que tivesse alguns anos, que pudesse ser datado de décadas anteriores, não combinaria com o novo palácio. No último dia da mudança, alguns magistrados deram uma última volta no prédio e lamentaram deixar para trás os móveis antigos, os retratos dos antigos ministros e os tapetes que, diziam, valiam milhares de cruzeiros.

Condoídos, chamaram o responsável pela conservação do Palácio do Catete, o sr. Navarro. Queriam uma opinião avalizada: aquele constrangimento tinha alguma razão de ser? A resposta foi francamente positiva: ficariam para trás peças raras e tapetes valiosos. Os ministros solicitaram à empresa de mudança dois caminhões extras para carregar a nova bagagem o mais rápido possível. Nessa correria, alguns retratos de ex-ministros se perderam — e até hoje, mesmo com esforços junto das famílias dos aposentados, não foram restabelecidos.

Quando chegaram a Brasília com toda essa carga extra, os ministros explicaram as razões ao presidente Barros Barreto, que, sem titubear, ordenou que se reformulasse a disposição das dependências do tribunal a fim de reservar espaço para a Sala da Saudade. Orgulhoso da desobediência, o ex-diretor-geral do STF Hugo Mósca verbalizou as críticas ao arquiteto:

— Pelos planos draconianos de Niemeyer, de quem muito discordamos, a Sala da Saudade não existiria, mas estamos certos de que cumprimos um dever, desobedecendo à ordem de deixar, no Rio, tanta coisa bonita e de intrínseco valor [...]. Hoje, vários órgãos do governo em Brasília, imitando o Supremo e se emancipando dos grilhões do sr. Niemeyer, também tentam restaurar seus móveis antigos, num culto à tradição que o tempo não destrói nem com o sufrágio de mentiras dos falsos modernistas.

De acordo com Elcio Gomes da Silva, os primeiros estudos para a construção do palácio do Supremo Tribunal Federal datam de outubro de 1957. Inicialmente, não havia no plano de Lúcio Costa e Oscar Niemeyer a determinação de qual lado da Praça dos Três Poderes o STF ocuparia — se o vértice sul ou o norte. Pelo projeto inicial, o prédio teria área aproximada de 8844 metros quadrados. Haveria um subsolo, destinado a abrigar as áreas técnicas, e três níveis acima — o térreo e dois andares.

O que definiria a disposição do tribunal seria a Sala de Julgamentos, que ficaria disposta no térreo e definiria a localização dos salões nobres e das entradas do prédio. No segundo andar estariam todos os gabinetes dos ministros, mais um salão nobre — para reunião com autoridades — e a sala das becas. O centro do terceiro andar seria ocupado pela biblioteca, cercada por salas destinadas aos servidores responsáveis pelos apoios administrativo e judiciário. O palácio estaria assentado em base elevada e provida de uma escadaria perimetral.

Um segundo estudo alterou algumas disposições. Nesse documento, o Supremo já estava localizado no vértice sul da Praça dos Três Poderes. A escadaria deu lugar a uma rampa e o prédio parecia flutuar. As colunas características demarcariam apenas as laterais; não circundariam toda a edificação.

Passados cinquenta anos da mudança do STF para Brasília, os novos ministros, alguns deles crianças àquela época, olhariam para trás e deturpariam a história. A sessão comemorativa do cinquentenário do Supremo na capital federal foi uma ode a Niemeyer, quase como um pedido de desculpas pela resistência de alguns em confiar nos seus traços. Coube a Eros Grau discursar naquela sessão, justamente um ministro que, pelo itinerário de suas frequentes viagens a Paris e por suas pretensões literá-

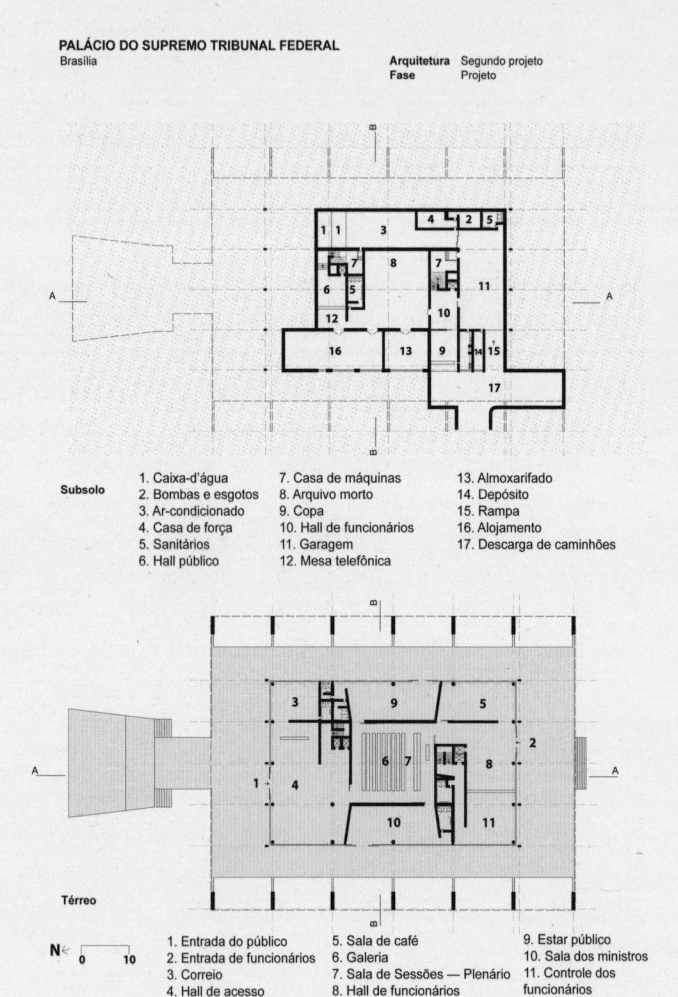

15

PALÁCIO DO SUPREMO TRIBUNAL FEDERAL
Brasília

Arquitetura Segundo projeto
Fase Projeto

Subsolo

1. Caixa-d'água
2. Bombas e esgotos
3. Ar-condicionado
4. Casa de força
5. Sanitários
6. Hall público
7. Casa de máquinas
8. Arquivo morto
9. Copa
10. Hall de funcionários
11. Garagem
12. Mesa telefônica
13. Almoxarifado
14. Depósito
15. Rampa
16. Alojamento
17. Descarga de caminhões

Térreo

N 0 10

1. Entrada do público
2. Entrada de funcionários
3. Correio
4. Hall de acesso
5. Sala de café
6. Galeria
7. Sala de Sessões — Plenário
8. Hall de funcionários
9. Estar público
10. Sala dos ministros
11. Controle dos funcionários

15
A planta do prédio do Supremo, incluindo a disposição antiga do plenário do tribunal, menor do que a sala de hoje.

PALÁCIO DO SUPREMO TRIBUNAL FEDERAL
Brasília

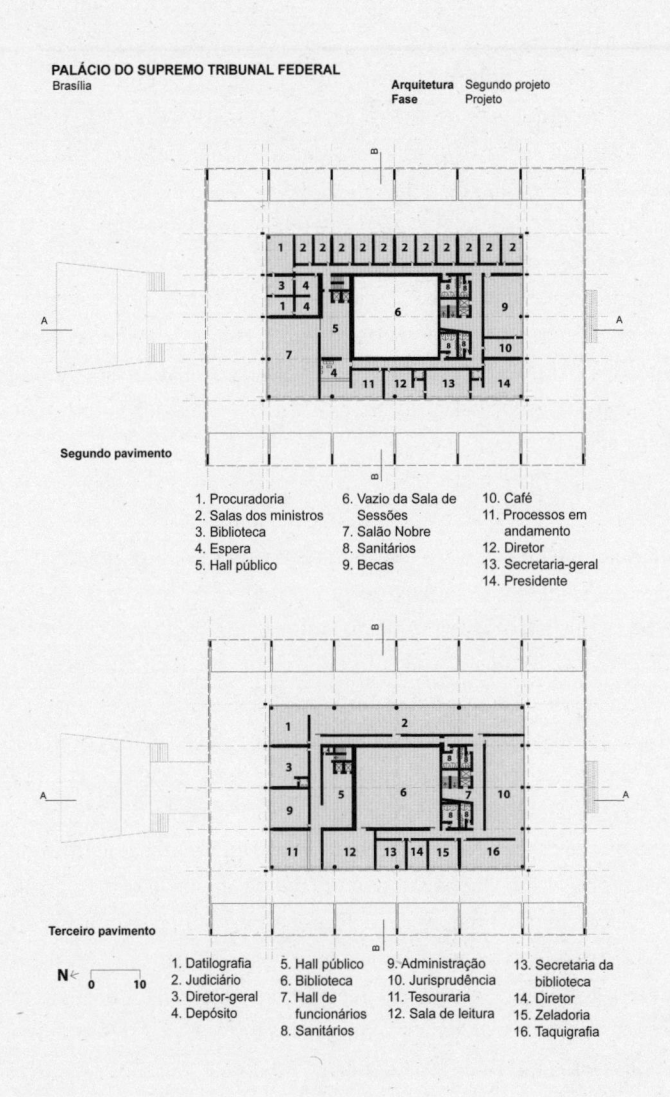

Arquitetura Segundo projeto
Fase Projeto

Segundo pavimento

1. Procuradoria
2. Salas dos ministros
3. Biblioteca
4. Espera
5. Hall público
6. Vazio da Sala de Sessões
7. Salão Nobre
8. Sanitários
9. Becas
10. Café
11. Processos em andamento
12. Diretor
13. Secretaria-geral
14. Presidente

Terceiro pavimento

1. Datilografia
2. Judiciário
3. Diretor-geral
4. Depósito
5. Hall público
6. Biblioteca
7. Hall de funcionários
8. Sanitários
9. Administração
10. Jurisprudência
11. Tesouraria
12. Sala de leitura
13. Secretaria da biblioteca
14. Diretor
15. Zeladoria
16. Taquigrafia

16
Antes da construção dos prédios anexos ao STF, os ministros ocupavam apenas o prédio principal. A planta do palácio mostra a fileira de pequenos gabinetes.

rias, talvez fosse mais afeito ao prédio antigo do STF no Rio de Janeiro, descrito desta forma:

— Na fachada, predominam elementos do classicismo francês. As portas, ricas em detalhes referentes à Justiça, foram talhadas pelo artista português Manoel Ferreira Tunes. A escadaria em mármore de Carrara e ferro trabalhado revela o gosto da art nouveau. As janelas retangulares lembram as góticas e as balaustradas remetem ao Renascimento francês. A Sala de Sessões, o espaço mais suntuoso do edifício, conserva o assoalho original de peroba e pau-roxo. Nas paredes laterais há retratos pintados de juristas de vários períodos históricos. Possui belíssimos vitrais confeccionados pela Casa Conrado Sogenith, de São Paulo. No teto, há dois painéis pintados por Rodolfo Amoedo, um dos mais consagrados artistas da sua geração.

Mas havia uma razão para Eros, talvez o ministro que menos tempo passou em Brasília durante os anos em que permaneceu no STF, ser a voz do tribunal naquele dia. Faltava pouco mais de um mês para a eleição de um imortal na Academia Brasileira de Letras (ABL). E o presidente da ABL, Marcos Vilaça, ministro do Tribunal de Contas da União, foi especialmente convidado para a sessão. Daí se entendem as figuras de linguagem e as citações seguidas de imortais feitas por Eros Grau:

— A vinda para Brasília nos internalizou na federação. A topografia do interior no lugar da topografia do mar. Estamos onde haveríamos de estar, junto a nós mesmos. É bem verdade que se estivéssemos no Rio, poderíamos escapar até o Aterro, ver de perto o mar em Ipanema, caminhar pela Lapa das graças angelicais ou tomar lições de adeus no aeroporto em frente à janela de Manuel Bandeira. Seja como for, senhores, quando declinam as tardes e as sessões plenárias começam a terminar, o poente visto aqui da minha bancada... E não perguntem, à moda de Alberto Caeiro, o que tem a ver o poente com quem aplica a Constituição. Tem tudo a ver. O poente visto aqui da minha bancada, quando as sessões plenárias começam a terminar, é maravilhoso, docemente encantador.

Palavras menos elogiosas, mas de uma sinceridade típica de um homem de sentimentos expressos, foram proferidas por Eros Grau depois de sua aposentadoria, pouco mais de três meses após a sessão comemorativa da mudança para Brasília, já em São Paulo e de malas prontas para Paris:

— Brasília é uma merda. Brasília é uma cidade afogada, seca, onde você não é uma pessoa, você é um cargo.

O procurador-geral da República, Roberto Gurgel, destacou em seu discurso, naquela sessão, a realidade de Brasília nos anos 1960, período pouco lembrado naquele dia. Ao citar uma das conferências do professor Afonso Arinos de Melo Franco na Faculdade Nacional de Direito, reproduziu o clima de alguns em 1960, pouco favorável aos planos de JK.

> Materialmente, além das insuficiências naturais de uma cidade inaugurada há dois meses, outras existem, que se afiguram permanentes. A arquitetura de Niemeyer, de incontestável beleza, carece, a meu ver, de imponência e até de austeridade, quanto aos monumentos que são, ao mesmo tempo, serviços públicos. É possível que seja, somente, falta de hábito, e que a insistência e a propagação destas leves formas novas deem ao espectador do futuro uma outra impressão, menos ligeira e festiva, mais austera e imponente, como convém aos palácios do Estado. A marca deixada pela visão na sensibilidade depende do gosto, e o gosto depende do tempo. Mas a falta de intimidade, quase diria, de recato, no trabalho, dentro desses cubos de vidro, é que me parece defeito grave e difícil de ser sanado. Os edifícios dos ministérios, que se sucedem na avenida do Congresso, além de muito pequenos, velho defeito da arquitetura de Niemeyer, cuja experiência, no Ministério da Educação do Rio, nada ensinou, são ambientes pouco propícios à meditação, ao estudo, às severas decisões dos homens de governo, conscientes das suas tarefas. São caixas de vidro abertas até o solo, à inspeção curiosa dos passantes; abertas ao bulício da rua, sem recolhimento nem privatismo. Somente homens pouco afeitos à vida de gabinete, ao fecundo e demorado contato com o livro, o papel escrito, podem achar possível que se faça um ambiente de trabalho naqueles aquários cintilantes. Se, por um lado, a vida íntima fica defendida apenas pelas cortinas e persianas, por outro a falta

de terraços, sacadas e verdadeiras janelas ajunta ao devassamento a sensação de falta de liberdade. Existimos às claras, como queriam os positivistas, mas só temos contato direto com o mundo externo se saímos para a rua, quer dizer, para a poeira. Não há uma só sacada, uma só varanda em toda a cidade, onde se coloque um pote de gerânio ou uma gaiola dourada de canário cantador. Niemeyer falou-me em necessidade de disciplina, para a vida em comum. Mas eu acho que disciplina não se confunde com prisão, ainda que seja clara. Falta em Brasília individualismo, personalidade, liberdade. Sou de opinião que se deve manter o conjunto urbanístico e o estilo arquitetônico tão bem integrados de Lúcio Costa e Niemeyer. Mas a homogeneidade dos conjuntos não impõe identidade dos aspectos particulares. Harmonia não é monotonia. Nada mais harmônico que uma velha cidade alemã ou uma nova cidade americana, de casas de madeira e jardins sem muros. Mas a personalidade, o gosto, a necessidade de cada qual se exprimem na liberdade das soluções. Minha concepção de ordem e disciplina é verdadeiramente democrática. É esta irredutível sensibilidade democrática que se sente opressa em Brasília.

A nova sede do STF foi aberta aos ministros no dia 21 de abril de 1960, data da inauguração de Brasília. À sessão de instalação do tribunal compareceram o presidente do Supremo à época, Barros Barreto, e os ministros Lafayette de Andrada, Nelson Hungria, Cândido Motta Filho, Vilas Boas, Gonçalves de Oliveira, além dos substitutos de Ribeiro da Costa e Rocha Lagoa, Sampaio Costa e Henrique D'Ávila. Encerrada a sessão, os trabalhos só seriam retomados no dia 15 de junho.

O prédio cheirando a novo, com paredes recém-pintadas, salões de mármore, arquitetura moderna, móveis e equipamentos novos, cadeiras confortáveis, era luxuoso se comparado aos primeiros anos do STF. Cada ministro dispunha de uma pequena sala — de dezesseis metros quadrados — em que ficavam uma secretária e seu telefone, uma datilógrafa e sua máquina e, a partir de 1963, o secretário jurídico, solitário na tarefa de auxiliar na pesquisa de jurisprudência — naquela época, somente o ministro redigia os votos. No total, o novo prédio abrigaria, além dos onze ministros, 330 funcionários.

A mudança para a capital criou outra necessidade. No Rio de Janeiro, os ministros se valiam com facilidade do sistema de transporte coletivo para seguir diariamente para o tribunal. Em Brasília, nos primeiros anos, o transporte público inexistia — e ainda hoje, passados mais de cinquenta anos, permanece precário. Foi preciso comprar carros para que os ministros se deslocassem de sua residência para o STF. A necessidade tomou ares de luxo com o passar das décadas. E, em determinada época, chegaram a cogitar andar de carros blindados, mesmo que Brasília ainda guarde um relativo clima de tranquilidade.

Apesar dessa estrutura riquíssima na comparação com os primeiros anos do Supremo no Rio de Janeiro, o tribunal via sua carga de trabalho decolar ano a ano — em 1960, assustadores 2423 processos foram distribuídos para os ministros (os ministros de hoje costumam rir quando ouvem esses números tão inferiores aos atuais). O projeto pensado por Niemeyer estava aquém das necessidades. Mas a culpa não era dele. A proposta para o novo prédio foi encaminhada ao tribunal. Niemeyer queria receber sugestões justamente para que a obra fosse adequada ao dia a dia da corte que ele desconhecia. Seu pedido de ajuda, sua demonstração de respeito foi ignorado. Pelas explicações do ministro Luiz Gallotti, não houve uma recusa em colaborar com a obra que nenhum dos ministros via com bons olhos. O que teria ocorrido seria um mero acidente.

Os magistrados não se negaram a colaborar como consultores da obra de Niemeyer. Aconteceu que, enviado o projeto ao presidente do tribunal, um funcionário o pôs sobre um armário, onde ficou esquecido. Quando os demais membros da corte tomaram conhecimento do documento, o palácio já estava tão adiantado que já não foi possível examinar-lhe as sugestões.

De uma forma ou de outra, ignorado ou esquecido, Niemeyer teve de pensar sozinho o projeto do novo tribunal. Não soube, por exemplo, da ideia que Barros Barreto levou a sério quando chegou a Brasília: construir na cobertura um quarto e sala para sua moradia. Seria mais cômodo, depois de um longo dia de trabalho, dormir por ali mesmo, como se estivesse na sobreloja de um prédio comercial. Mais grave, porém, foi ter Niemeyer subestimado a carga de trabalho da corte, equivocando-se ao projetar o prédio sem saber exatamente quais eram as necessidades do tribunal, erro cuja responsabilidade devia ser partilhada com os ministros.

Todos os gabinetes, com exceção da sala reservada ao presidente, estavam localizados no segundo andar do palácio. Para entrar em uma dessas saletas, praticamente se tropeçava nas mesas. Não havia condições de receber um advogado, um deputado, um ministro: as montanhas de papéis, processos a serem julgados e causas já decididas, livros e arquivos, ficavam amontoadas pelos cantos. Não havia privacidade. Por isso, era costume que os ministros trabalhassem em casa, encaminhassem os despachos ao tribunal por intermédio de um funcionário e só aparecessem no prédio para as sessões de plenário e de turma. O serviço de jurisprudência, dos mais importantes da corte, resumia-se a um canto de sala.

A incorreção de Niemeyer, anos mais tarde, seria agravada. No dia 27 de outubro de 1965, o presidente Costa e Silva fazia publicar o ato institucional nº 2. Pela norma, cinco novos ministros se somariam aos onze originais, e Niemeyer havia desenhado o prédio com apenas onze gabinetes. Não havia espaço para mais nada. Com a nomeação dos novos ministros, foi preciso comprimir o que já era apertado. Perderam espaço a secretaria, a biblioteca com seus mais de 27 mil volumes e outros serviços.

No plenário, a bancada projetada para onze ministros, mais o procurador-geral da República e o secretário de sessões, ficou curta para os dezesseis magistrados. Cadeiras foram anexadas para que os ministros nomeados em razão do ato institucional pudessem trabalhar, e gabinetes foram improvisados nos moldes de um acampamento de campanha. Deu-se um jeitinho para acolher aqueles que chegavam ao tribunal também pelo jeitinho.

Na presidência do ministro Aliomar Baleeiro, de 1971 a 1973, essa situação estava próxima do insustentável. Era preciso ampliar o espaço do STF. Baleeiro era de uma avareza militar, assim como Orozimbo Nonato. Conduzia as despesas da casa de forma severa. Pagava a conta quem desafiasse sua correta avareza. O ministro Antonio Neder tratou de dar literalidade a essa afirmação.

Juiz de carreira, com mais de 25 anos de judicatura, Neder chegou à mais alta corte e deparou-se com os tacos de madeira de seu gabinete em estado que considerou inapropriado. Quis, portanto, melhorar o ambiente. Foi ao presidente do STF pedir a instalação de um carpete, em substituição aos tacos carcomidos. Prontamente Baleeiro atendeu ao pedido. E na semana seguinte o carpete estava devidamente instalado, cheirando ainda a cola. Satisfeito com o serviço, Neder recebeu do diretor-geral um envelope, entregue a pedido do presidente Aliomar Baleeiro. O ministro abriu a correspondência e encontrou a nota fiscal do serviço. Neder teria de pagar por ele. O tribunal não arcaria com a despesa.

O recém-chegado Neder se agastou. Sem saber como proceder, foi consultar outro ministro. Procurou Bilac Pinto, que dividira cadeiras na Câmara dos Deputados com Aliomar Baleeiro.

— Ministro, o que acha que eu devo fazer?

— Pagar — respondeu Bilac Pinto.

Em outro episódio, Baleeiro irritou-se com os colegas. Em viagem aos Estados Unidos, soube que eles haviam aprovado o pagamento de gratificações e a troca dos carros oficiais. "Gratificação de gabinete e carros no STF, armados na minha ausência", escreveu em seu diário no dia 10 de junho de 1972.

Foi também na gestão de Baleeiro que a decoração do plenário ganhou um quadro do pintor Masanori Uragami (1918-2004), denominado *Bandeirantes de ontem e de hoje*. Foi pendurado atrás da cadeira do presidente. Não é possível saber quando o crucifixo saiu do plenário; o pouco que se sabe é que houve resistência de integrantes da corte à disposição da figura religiosa, que contrariaria a laicidade do Estado. Baleeiro se dizia agnóstico e não admitia a sombra de um crucifixo sobre os julgamentos do tribunal. Parecia, com isso, contar com o apoio de Oswaldo Trigueiro. Quando deixou a presidência, ele e Trigueiro suspeitavam que o ministro Eloy da Rocha tentaria recolocar o crucifixo na parede. "Oswaldo Trigueiro disse que Eloy não sairá da presidência sem pôr um Cristo no pleno", lembrou Baleeiro. O crucifixo dourado — de autoria de Alfredo Ceschiatti (1918-89), datado de 1977 — voltaria às paredes do tribunal após a reforma no plenário. Em 1976, a Sala de Sessões passou a contar com um mural de relevos de Athos Bulcão (1918-2008), em mármore bege Bahia. A cruz foi disposta num dos espaços ao final de 1978, na presidência do ministro Thompson Flores.

A FALTA DE ESPAÇO

Baleeiro concordava que os colegas precisavam de gabinetes mais amplos, de mais assessores, mais recursos. A estrutura do tribunal tinha de se amoldar à nova realidade da Justiça. O primeiro passo para aumentar o espaço acanhado do prédio principal foi utilizar o subsolo: 320 metros quadrados para instalar biblioteca, arquivos, restaurante e almoxarifado. Isso ocorreu em 1971, na gestão do ministro Oswaldo Trigueiro, mas ainda era pouco. Havia necessidade de construir uma nova sede. Aliomar Baleeiro dirigiu-se ao ministro da Justiça, Alfredo Buzaid, para tratar da construção do primeiro anexo do tribunal.

É preciso lembrar que, naquela época, o Supremo não tinha um orçamento independente, como tem hoje. Dependia do Executivo para custear suas despesas.

Buzaid disse que, no melhor dos cenários, seria preferível derrubar o edifício do tribunal e construir outro, mais adequado às demandas reais dos magistrados — algo que ele sabia ser impossível. Recomendou então que Baleeiro procurasse o governador do Distrito Federal para as devidas autorizações burocráticas e depois o arquiteto Oscar Niemeyer.

Dias depois, em 6 de março de 1971, o presidente do STF se reuniu com o governador Hélio Prates da Silveira. Dele ouviu que o DF concordaria com qualquer modificação necessária no edifício e acrescentou que Niemeyer iria a Brasília para estudar o acréscimo que o presidente Médici pretendia introduzir no Palácio do Planalto. Médici queria construir o anexo do palácio na superfície; não desejava que o prédio fosse uma "toca de tatu" subterrânea. Quando Niemeyer chegasse, Baleeiro seria avisado, para se reunir com ele.

Baleeiro e Niemeyer se encontrariam no STF para discutir uma saída. E a impressão que o presidente do tribunal teve do arquiteto foi melhor do que a imagem que os colegas pintaram a ele. Não lhe pareceu que Niemeyer fosse um sujeito intransigente, teimoso. Mas queria colocar o Supremo debaixo da terra. A preocupação de Oscar Niemeyer era de que um prédio ao lado do STF poluiria a vista do cerrado de Brasília.

A área próxima ao Panteão da República seria aterrada. A Praça dos

Três Poderes, que separa Palácio do Planalto, STF e Congresso, seria alargada. E as novas salas do tribunal ficariam a sessenta metros de distância do prédio principal. As projeções do Supremo, porém, indicavam que a obra se mostraria insuficiente em pouco tempo e a um custo elevadíssimo, além da total dependência da iluminação artificial e de aparelhos de ar-condicionado "numa cidade sujeita a frequentes colapsos do serviço de energia elétrica", registrou Baleeiro.

Os ministros concordaram com ele. E a planta inicial foi rejeitada. Baleeiro pediria, quando novamente o encontrasse, que Oscar Niemeyer pensasse uma alternativa mais barata e mais condizente com as necessidades do tribunal.

Enquanto cuidava da ampliação do STF, Baleeiro enfrentaria outro problema burocrático. O governo indicara Antonio Neder para a vaga aberta pela aposentadoria do ministro Adaucto Lúcio Cardoso. O novato queria convidar uma lista de autoridades para a posse, o que não era costume do tribunal, naquela época. Além da desavença de cerimonial, uma questão pessoal alimentou discussões sobre a presença das mulheres dos ministros à posse. Por quê? Os maridos resolveram que elas não poderiam comparecer à posse porque Neder era solteiro. Uma delas, no entanto, comentou: "Mas ele não gosta de mulher". Já Octavio Gallotti, filho de Luiz, "jurou que viu uma mulher bem apresentável entrar no apartamento dele às 22h". Esses foram os registros feitos por Baleeiro depois de jantar com Luiz Gallotti, seu filho Octavio, Bilac Pinto e as respectivas esposas em abril de 1971, num sábado. O problema burocrático se resolveria, mas continuaria o preconceito.

No dia 19 de abril, Niemeyer foi ao gabinete de Baleeiro, e quando o ministro deu a entender que o projeto inicial não lhe agradava, o arquiteto sacou um croqui e desenhou o esqueleto de um edifício escondido atrás do palácio atual, de quatro andares, sendo apenas um no subsolo. O prédio teria dois grandes salões para funcionamento simultâneo das duas turmas, algo que não podia acontecer com apenas um plenário à disposição.

"Estava atencioso, cortês, com boa vontade, bem diferente do sujeito impertinente e intransigente que me pintavam", lembrava Baleeiro. Tudo ficou acertado em 48 minutos. O arquiteto entregaria os desenhos definitivos posteriormente. Estavam guardados em sua casa, em Belo Horizonte.

No dia 31 de março, Baleeiro fez um tour pelo prédio do Supremo com o presidente do Senado, Petrônio Portela, para mostrar a situação precária das instalações: livros enfileirados no chão da biblioteca, gabinetes apertados etc. O que queria Baleeiro ao mostrar sua casa desarrumada? Sensibilizar o senador a trabalhar pela liberação de recursos federais junto dos ministros Leitão de Abreu e Alfredo Buzaid. Menos de 24 horas depois, em jantar oferecido por Leitão de Abreu, Baleeiro pôde fazer o lobby direto e convenceu o governo de que os 7 milhões de cruzeiros pedidos seriam bem empregados.

Em 1971, foram elaboradas as plantas, as subdivisões, os cálculos de estrutura do prédio, a concorrência para a movimentação de terra. A obra seria iniciada em 1972, e a expectativa do tribunal era de que estivesse concluída em 1973. Um projeto barato, 20 milhões de cruzeiros ao preço da época, sem luxos, sem sequer previsão para a instalação de aparelhos de ar-condicionado — uma necessidade em certas estações do ano em Brasília, principalmente para os engravatados. Só depois de algum tempo a demanda foi atendida. Mas Baleeiro já estava fora do tribunal.

Por estar concluída a obra, não foi possível a instalação de um aparelho de ar-condicionado central. Mas o calor de Brasília e as janelas basculantes, que não são a melhor opção para uma boa ventilação, obrigaram o STF a buscar uma solução improvisada. Foram instalados aparelhos nas janelas do prédio, deixando a fachada tomada por cubos barulhentos, certamente uma imagem que em nada agradaria ao cioso Niemeyer.

Em 15 de abril, o então presidente do STF, Eloy da Rocha, inaugurou o prédio anexo. Baleeiro lembrou, sem verbalizar, as dificuldades no trato com Niemeyer. Estiveram presentes à cerimônia Leitão de Abreu, Alfredo Buzaid, o governador Hélio Prates e no máximo outras sessenta pessoas — número pequeno para a ocasião festiva. Em seu discurso, Rocha lembrou que a obra fora iniciada por Baleeiro. E agradeceu o apoio do presidente Médici, de Buzaid, de Reis, de Leitão e do governador de Brasília. "Tanto para domar Niemeyer quanto para a parte financeira", escreveu Baleeiro. E rememorou a recomendação que o presidente da República lhe fez ao iniciar as tratativas com o arquiteto.

— Faça de conta que o professor Niemeyer morreu!

A estrutura nova e o espaço ampliado atraíram os ministros do tribunal. E o prédio principal foi relegado a segundo plano. Somente o plenário era devidamente utilizado. O palácio se transformou num depósito de luxo, abrigando o almoxarifado e as secretarias de material e patrimônio. A sala hoje ocupada pelo presidente do tribunal era da diretoria de documentação e jurisprudência.

Todos os integrantes da corte se mudaram para o anexo. A presidência do STF ficava no terceiro andar. Os outros ministros ocupavam os gabinetes dispostos nos demais pisos. Somente depois de duas décadas a presidência do tribunal voltaria ao terceiro andar do palácio. E surgiria a necessidade de um terceiro prédio, dadas a ampliação dos poderes do tribunal pela Constituição de 1988 e a consequente explosão de demandas. A primeira proposta, defendida especialmente pelo ministro Moreira Alves, foi construir um prédio nos mesmos moldes do primeiro anexo: pequeno, de apenas quatro andares e quadrado. Mas outros ministros consideravam que, na toada em que seguia o STF, a construção de um segundo anexo de pequenas proporções exigiria, no futuro próximo, o erguimento de um terceiro edifício. E assim sucessivamente.

No colegiado, assuntos como esse (ou afins) provocavam discussões entusiasmadas. Neste caso, um grupo, formado por ministros mais novos, como Sepúlveda Pertence, pleiteava uma estrutura maior, mais ampla, definitiva, enquanto outro, encabeçado pelo ministro Moreira Alves, propugnava pela construção de um prédio modesto — o que o colega Carlos Velloso atacava com ironia:

— Se Napoleão pensasse como você, Moreira Alves, a Champs-Élysées seria um beco.

Moreira Alves ficou vencido. Um prédio de cinco andares, cobertura e dois níveis de garagem hoje bloqueia a vista que fascinou os primeiros ministros que chegaram a Brasília na década de 1960. A estrutura espelhada comporta os gabinetes de todos eles. Dispõem de uma estrutura que inclui nove assessores mais dois juízes convocados, além de secretária, chefe de gabinete e outros técnicos e servidores responsáveis por administrar o acervo de processos.

A estrutura modesta do passado já não existe mais. As dificuldades de acomodação dos primeiros anos da República foram superadas. O tribunal tem orçamento próprio e não depende mais das liberações de recursos pelo Executivo. No campo institucional, o Supremo de ontem é distinto do de hoje, empoderado pela Constituição de 1988, captado pela opinião pública, permeável aos movimentos da sociedade e ator de destaque nas disputas que hoje se desenrolam no país.

CONCLUSÃO

A PERGUNTA DIVINAL ESTAMPAVA as páginas dos jornais: afinal, quando começa a vida humana? A resposta varia de acordo com a crença pessoal. Católicos acreditam que ela tenha início no momento da concepção. Há quem afirme que a vida começa quando o embrião é implantado no útero. Outros sustentam que o direito à vida surge com o nascimento do bebê, quando ele vem à luz. A sociedade brasileira, dividida, aguardava uma resposta, mas não a buscava nas igrejas, nos templos, nas universidades. Em março de 2008, era a televisão, sintonizada na TV Justiça, que transmitiria ao vivo a resposta jurídica para essa questão. Do plenário do Supremo, onze ministros indicados por quatro diferentes presidentes da República dariam a resposta da mais alta corte do Judiciário para a pergunta milenar.

Objetivamente, o Supremo deveria responder se os cientistas brasileiros poderiam promover pesquisas com células-tronco usando material genético de embriões humanos — ou se, em contraste, o embrião já é vida e, portanto, detentor de direitos e garantias individuais. A solução para o caso veio após três sessões de julgamento, acompanhadas pela imprensa e televisionadas pelo próprio STF. O resultado parece modesto em seu impacto formal — a lei aprovada pelo Congresso foi mantida e as pesquisas foram liberadas. O caso, quando comparado com a realidade do Supremo de décadas atrás, evidencia a evolução histórica do Brasil, a ampliação do poder do Judiciário na democracia e seu reconhecimento como árbitro para mediar conflitos políticos, econômicos e sociais.

Se no passado, nos anos de ditadura, os militares fecharam as portas da corte e usaram suas armas para conter o tribunal, no presente o Supremo, estimulado pela Constituinte de 1988 — e mais adiante pelas mais diversas forças políticas —, expandiu sua atuação e seu protagonismo. A Constituição reservou lugar de destaque para o STF ao aumentar consideravelmente os mecanismos de proteção judicial e, por conseguinte, potencializar as ferramentas para o controle da constitucionalidade das leis. Além das competências já conferidas em Constituições anteriores, o tribunal recebeu a incumbência de também julgar casos de omissão inconstitucional do Executivo e do Legislativo. O tribunal passou, portanto, a dispor de instrumentos para preencher lacunas inconstitucionais da legislação.

O texto de 1988 ampliou a lista de legitimados a contestar no tribunal a inconstitucionalidade das leis. Até então, apenas o procurador-geral da República, escolhido pelo presidente da República e demissível a qualquer instante, podia fazê-lo. Esse foi um dos motivos da crise que levaram o ministro Adaucto Lúcio Cardoso a colocar a toga sobre o espaldar de sua cadeira e deixar a corte sob protesto. Desde 1988, podem propor ação direta de inconstitucionalidade no Supremo os partidos políticos com representação no Congresso, confederações sindicais ou entidades de classe de âmbito nacional, o Conselho Federal da Ordem dos Advogados do Brasil, os governadores, as mesas da Câmara e do Senado.

Essa engenharia constitucional (1) e as fragilidades do sistema representativo (2), somadas às decisões estratégicas dos ministros (3), situaram o Supremo no centro do sistema político brasileiro. A tripartição de poderes, nitidamente desequilibrada em 1891, 1930 e 1964 até 1988, ganhou uma concretude sem precedentes com a ascensão institucional do poder dos juízes. O STF era coadjuvante, lateral, durante a ditadura. Não figurava sequer como último refúgio da disputa política contra o autocrático Executivo — muito diferente do das últimas décadas, quando o tribunal passou a ser uma importante arena para a solução de conflitos ou árbitro para as questões que dividem a sociedade e que no Legislativo não encontraram saída. O termo "Supremocracia" diz mais hoje sobre o tribunal do que poderiam imaginar os ministros do primeiro tribunal, obrigados a dividir espaços com repartições públicas, ou os magistrados da década de 1930, que tinham de se dirigir a um guichê do Ministério da Fazenda para receber seus salários e precisavam solicitar, ao governo, verbas para a manutenção de seus trabalhos.

Neste início do século XXI o Supremo está diariamente nas páginas dos jornais, é discutido nas ruas com a paixão de quem discute outros temas mundanos, como a novela, o futebol, a vilania dos políticos. Nas primeiras décadas da República, o tribunal não permitia que repórteres registrassem trechos das sessões. Apenas na década de 1970 o Supremo criou um espaço para que jornalistas que cobriam os julgamentos despachassem suas matérias da corte. Entrevistas com ministros eram raridade. O cenário mudou: hoje os ministros são reconhecidos nas ruas, seja pela transmissão ao vivo das sessões pela TV, por rádio ou pela internet, seja pela relação pouco discreta com a imprensa. Raros são os juízes que não concedem entrevistas. Um deles aceitou responder a algumas perguntas na praça de alimentação de um shopping em São Paulo. Para um jornalista? Não. Para uma senhora que o reconheceu e que depois disponibilizou o vídeo na web. Outro usou os jornais para censurar a decisão de um colega e atacá-lo, tachando-o de inimputável: "No Nordeste se diz que não se corre atrás de doido, porque não se sabe para onde ele vai". Também são inúmeros os casos em que ministros antecipam suas posições jurídicas publicamente, antes mesmo dos julgamentos. Tornou-se corriqueiro assistir a ministros dando seus pitacos sobre a política nacional e os caminhos que o governo A ou B deveria seguir ou qual o comportamento adequado para os congressistas.

A superexposição traz consequências positivas e negativas. O tribunal se consolidou no imaginário popular. A sociedade o reconhece como poder legítimo da República, para declarar nula uma lei ou uma emenda constitucional aprovada pelos representantes do povo. Muitos atribuem a ele a última palavra nas questões sensíveis do país, mesmo que isso não seja tão preciso como pensam. Entretanto, os riscos são visíveis. Por suas posições, por seus votos e por suas opiniões, os juízes não são percebidos como agentes públicos imparciais, equidistantes. Alguns já são associados pela opinião pública ao partido A ou à legenda B. Agrava a situação o poder individual dos ministros: um deles, sozinho, pode suspender a eficácia de uma lei aprovada pela maioria do Congresso. Pode impedir a sequência de um julgamento indefinidamente, ao pedir vista do caso. Ou pode, como ocorreu em 2016, determinar liminarmente o afastamento do presidente do Senado.

O debate que antes se fazia, a respeito de um Supremo amesquinhado pelos outros poderes e por si próprio, não condiz com os novos tempos. Hoje, as perguntas feitas no Congresso, no Executivo e na academia vão em outra direção: haverá poder *demais*? O Brasil corre o risco de viver uma ditadura do Judiciário? Quais são os limites da alta corte? Independentemente das respostas, o que as perguntas de hoje revelam é um Supremo livre das amarras da ditadura e responsável por seu próprio destino. Equilibra-se na Praça dos Três Poderes em Brasília com Executivo e Legislativo. A subserviência de tantos anos ficou no passado; a timidez institucional, também. Hoje, mesmo a contenção do tribunal é fruto de escolha, caso a caso — não de necessidade institucional permanente. As decisões do tribunal, atualmente, também ditam o destino do país.

Entretanto, ainda é preciso compreender esse tribunal devassado pelas redes de comunicação de massa. Quem são os onze juízes? Como decidem? Em que medida questões internas e de relacionamento interferem no dia a dia da corte? Como foram indicados? Assumiram compromissos para chegar ao STF? Quais e com quem? O que os votos não mostram sobre os julgamentos mais importantes do tribunal, como o impeachment de Dilma Rousseff, a extradição do italiano Cesare Battisti, as ações penais do "mensalão"?

Durante a ditadura militar, as competências do Supremo foram progressivamente suprimidas. O tribunal passou a ser composto, a partir do ato institucional nº 2, conforme o padrão projetado pelos militares. Pouco lhe restou, pouca disposição havia para ativismos e pouco interesse existia sobre seu funcionamento. Hoje, o Supremo concentra atenções, pauta o noticiário nacional, divide torcidas: cenário muito distinto.

No passado, a falta de instrumentos era um dilema para o Judiciário. No presente, a centralidade do Poder Judiciário é desafio para a política representativa. Mas uma tarefa ainda permanece: compreender e explicar o Supremo. Antes, o STF era o "Outro desconhecido", nas palavras de Aliomar Baleeiro. Hoje, é um "famoso desconhecido".

NOTAS

1. Uma das companheiras de luta armada delatadas por cabo Anselmo foi sua esposa, Soledad, morta pelos militares em consequência dessa delação.
2. Jason Tércio. *A espada e a balança: Crime e política no banco dos réus*. Rio de Janeiro: Zahar, 2002, p. 155.
3. Recurso ordinário criminal nº 1143.
4. *Jornal do Brasil*, 22 nov. 1964, p. 3.
5. RE 48328, julgada em 27 de novembro de 1962.
6. Victor Nunes Leal. *Problemas de direito público e outros problemas*. v. 2. Brasília: Ministério da Justiça, 1997, p. 276.
7. Pelo relato que o ministro Baleeiro faz em seu diário, a palavra usada foi "modelação" e não "modelagem". A diferença é sensível. Se falasse em modelagem, o presidente indicaria que os ministros novos deveriam influenciar os antigos, que os integrantes antigos do tribunal teriam de se comportar como os novos indicados.
8. Daniel Krieger. *Desde as Missões...: Saudades, lutas, esperanças*. Rio de Janeiro: José Olympio, 1976, pp. 332-3.
9. Ibid.
10. *Jornal do Brasil*, 14 dez. 1968.
11. Evandro Lins e Silva. *O salão dos passos perdidos: Depoimento ao CPDOC*. Rio de Janeiro: Nova Fronteira; Ed. Fundação Getulio Vargas, 1997, pp. 378-9.
12. Ver Osvaldo Trigueiro do Vale. *O Supremo Tribunal Federal e a instabilidade político-institucional*. Rio de Janeiro: Civilização Brasileira, 1976, p. 181.

13 Ibid., pp. 206-7.
14 Evandro Lins e Silva, op. cit., p. 401.
15 Ibid., pp. 399-400.
16 Francisco Manoel Xavier de Albuquerque nasceu em Manaus (AM) em 1926 e foi nomeado procurador-geral da República em 6 de novembro de 1969 por meio de decreto assinado pelo presidente Emílio Garrastazu Médici. Em 1972, seria nomeado ministro do STF também por Médici.
17 Disponível em: <http://terramagazine.terra.com.br/interna/0,,OI2168325-EI6578,00.html>. Acesso em: 5 jul. 2017.

ENSAIO BIBLIOGRÁFICO

são inúmeros e valiosos os materiais produzidos no Brasil sobre a ditadura militar pelo prisma da política. São igualmente fundamentais os estudos sobre o Supremo Tribunal Federal naquele período, mas menos numerosos. Em *Tanques e togas: O STF e a ditadura militar*, não se buscou fazer um estudo sobre o direito e o processo decisório do STF de então. A intenção foi relatar como o golpe de 1964, os conflitos políticos e as ameaças dos militares influenciaram o dia a dia da corte pelo olhar do jornalista. Para isso, alguns materiais foram de fundamental importância, a começar pelos diários do ministro Aliomar Baleeiro, disponíveis para consulta no Centro de Pesquisa e Documentação de História Contemporânea do Brasil, o CPDOC da FGV. Nos volumes pesquisados, o então deputado udenista relata com detalhes o desenrolar da crise política que culminou na derrubada de João Goulart — inclusive sua participação nos fatos. Depois, como ministro do Supremo, Baleeiro registra o clima no tribunal no auge da ditadura militar, com destaque para os dias que antecederam a aposentadoria compulsória de três ministros e a saída de outros dois juízes.

Os diários, contudo, contam os fatos pelos olhos de seus donos. Para sopesar argumentos e confirmar versões, foram procurados outros materiais bibliográficos e documentais, como os acórdãos de processos julgados no Supremo e mencionados por Baleeiro, entrevistas concedidas por ministros a jornais da época ou a publicações acadêmicas. Destaque especial para o trabalho de Osvaldo Trigueiro do Vale, *O Supremo Tribunal Federal e a instabilidade político-institucional*. No livro — publicado em 1976, originalmente sua tese de mestrado pela Escola Brasileira de Administração Pública, da Fundação Getulio Vargas —, Vale anexa as entrevistas por escrito que fez com os ministros do Supremo, incluindo aqueles que deixaram a corte depois do ato institucional nº 5.

O depoimento de Evandro Lins e Silva ao CPDOC também ajuda a construir um cenário do Supremo daquela época. Homem de esquerda e ministro do governo João Goulart, Lins e Silva oferece argumentos para checar e equilibrar os fatos. Outra entrevista importante está disponível para consulta no acervo do STF. Nesse curto porém precioso documento, o ministro Luiz Gallotti revela detalhes da aposentadoria dos ministros em 1969 e dos pedidos de aposentadoria de Gonçalves de Oliveira e Lafayette de Andrada.

Os relatórios de atividades produzidos pelo Supremo naquela época e a íntegra dos processos foram igualmente fontes importantes de consulta. Os relatos jornalísticos do período, com destaque para as coberturas feitas por *Jornal do Brasil*, *Correio da Manhã*, *Diário Carioca*, *Diário de Notícias*, *Jornal do Commercio*, *Tribuna da Imprensa* e *Última Hora*, ajudaram a precisar acontecimentos, pormenorizar alguns dos episódios centrais deste livro e analisar as reações a julgamentos do Supremo.

Entrevistas com personagens que viveram o período, dentro e fora do tribunal, contribuíram sobremaneira para o trabalho. Sepúlveda Pertence, assessor de Evandro Lins e Silva no STF de 1965 a 1967 e advogado atuante em Brasília, posteriormente foi nomeado procurador-geral da República e ministro do tribunal. Seu testemunho é importante para compreender, especialmente, as personalidades da época e o desenho do Supremo. Duas entrevistas foram feitas com Xavier de Albuquerque, ministro do STF entre 1972 e 1983. Relator do caso Chico Pinto, que mereceu um capítulo em separado neste trabalho, o magistrado detalhou as razões de seu voto e o clima que cercou o julgamento. O ex-ministro do STF Octavio Gallotti, filho de Luiz Gallotti, concedeu três alentados depoimentos para a pesquisa, assim como o ministro Paulo Brossard, em mais de dez horas de entrevista, e Célio Borja, em duas extensas conversas. Foram também entrevistados e consultados os advogados José Gerardo Grossi, que assessorou Hermes Lima no STF, Sigmaringa Seixas, Arnoldo Wald, o ex-procurador-geral da República Inocêncio Mártires Coelho e os ministros Aldir Passarinho, Celso de Mello, Francisco Rezek, Gilmar Mendes, Ilmar Galvão, Maurício Corrêa, Néri da Silveira, Nelson Jobim e Rafael

Mayer. Os depoimentos prestados ao projeto História Oral do Supremo, da Fundação Getulio Vargas, foram fonte de consulta para a narrativa de fatos e opiniões de ministros de hoje e de ontem.

Além dessa parte documental e testemunhal, vários livros e teses embasaram a produção deste trabalho. Alguns mais focados no Judiciário da época ou na evolução do quadro normativo, como as obras de Oscar Vilhena, José Afonso da Silva, Gilmar Ferreira Mendes, Luís Roberto Barroso, Aliomar Baleeiro, Victor Nunes Leal, Paulo Bonavides e Paes de Andrade. Outros investigaram o período pela ótica da história e da ciência política, começando pelo exaustivo material escrito pelo jornalista Elio Gaspari. Destacam-se ainda nesta pesquisa, entre outros, os livros de Luís Viana Filho, trazendo sua experiência no governo Castelo Branco, Daniel Krieger, Hélio Silva, Flávio Tavares, Lira Neto, Jorge Ferreira, Carlos Chagas, Carlos Castello Branco, Rodrigo Kaufmann, Leonardo Augusto de Andrade Barbosa, Daniel Aarão Reis Filho, Maria Celine de Araújo, Glaucio Dillon Soares e Celso Castro. Somam-se a esta lista os livros que exploraram mais detidamente o Supremo, seu funcionamento e sua história. Material central foi produzido por Lêda Boechat Rodrigues, ex-taquígrafa do tribunal que pesquisou a história da corte até as vésperas do golpe. Livros escritos por ministros do Supremo também contribuíram para a pesquisa, como os testemunhos de Baleeiro, Adalício Nogueira, Hermes Lima, Victor Nunes Leal e Oswaldo Trigueiro.

As referências bibliográficas não foram apostas ao longo do texto para não comprometer a fluidez da leitura.

REFERÊNCIAS BIBLIOGRÁFICAS

AARÃO REIS FILHO, Daniel. "Ditadura e sociedade: As reconstruções da memória". In: _____; RIDENTI, Marcelo; SÁ MOTTA, Rodrigo P. (Orgs.). *O golpe e a ditadura militar: 40 anos depois, 1964-2004*. Bauru: Edusc, 2004.

ABREU, Alzira Alves de; BELOCH, Israel; LATTMAN-WELTMAN, Fernando; LAMARÃO, Sérgio Tadeu de Niemeyer. *Dicionário histórico-biográfico brasileiro*. Rio de Janeiro: Ed. FGV, 2001.

ALBUQUERQUE, A. Pires e. *Culpa e castigo de um magistrado*. 3. ed. Rio de Janeiro: Hunos, 1972.

ALMEIDA, Fernando Dias Menezes de. *Memória jurisprudencial: Ministro Victor Nunes*. Brasília: Supremo Tribunal Federal, 2006.

ALVES JÚNIOR, Luís Carlos Martins. *Memória jurisprudencial: Ministro Evandro Lins*. Brasília: Supremo Tribunal Federal, 2009.

AMARAL JÚNIOR, José Levi Mello do. *Memória jurisprudencial: Ministro Aliomar Baleeiro*. Brasília: Supremo Tribunal Federal, 2006.

ANDRADE, Auro de Moura. *Um Congresso contra o arbítrio: Diários e memórias*. Rio de Janeiro: Nova Fronteira, 1985.

ARAÚJO, Maria Celina de; SOARES, Glaucio Ary Dillon; CASTRO, Celso. *A volta aos quartéis: A memória militar sobre a abertura*. Rio de Janeiro: Relume-Dumará, 1995.

ATAS do Conselho de Segurança Nacional. Livro de Atas n. 4, p. 139. Disponível em: <http://www.docvirt.com/docreader.net/DocReader.aspx?bib= BMN_ArquivoNacional&PagFis=11473>. Acesso em: 6 jul. 2017.

ATO institucional nº 1. Disponível em: http://www.planalto.gov.br/ccivil_03/AIT/ait-01-64.htm. Acesso em: 6 jul. 2017.

ATO institucional nº 2. Disponível em: http://www.planalto.gov.br/ccivil_03/AIT/ait-02-65.htm. Acesso em: 6 jul. 2017.

ATO institucional nº 5. Disponível em: http://www.planalto.gov.br/ccivil_03/AIT/ait-05-68.htm. Acesso em: 6 jul. 2017.

ATO institucional nº 6. Disponível em: http://www.planalto.gov.br/ccivil_03/ait/ait-06-69.htm. Acesso em: 6 jul. 2017.

BALEEIRO, Aliomar. *A política e a mocidade*. Salvador: Progresso, 1954.

_____. *O Supremo Tribunal Federal, esse Outro desconhecido*. Rio de Janeiro: Forense, 1968.

_____. *Diários*. Rio de Janeiro: Fundação Getulio Vargas. Acervo CPDOC.

BARBOSA, Leonardo Augusto de Andrade. *História constitucional brasileira*. Brasília: Câmara dos Deputados, 2016.

BARROS, Hermenegildo Rodrigues de. *Memórias do juiz mais antigo do Brasil*. Rio de Janeiro: Imprensa Nacional, 1942.

BARROSO, Luís Roberto. "Revisão constitucional: Extensão e limites". In: KYRIAKOS, Norma (Coord.). *Seminário Revisão Constitucional*. São Paulo: Centro de Estudos da Procuradoria-Geral do Estado de São Paulo, 1994.

BENEVIDES, Maria Victoria de Mesquita. *A UDN e o udenismo*. Rio de Janeiro: Paz e Terra, 1981.

BOMFIM, Edson Rocha. *Supremo Tribunal Federal: Perfil histórico*. Rio de Janeiro: Forense, 1979.

BONAVIDES, Paulo. *Curso de direito constitucional*. 18. ed. São Paulo: Malheiros, 2006.

_____; ANDRADE, Paes de. *História constitucional do Brasil*. 4. ed. Brasília: OAB, 2002.

BORGES, Mauro. *O golpe em Goiás: História de uma grande traição*. Rio de Janeiro: Civilização Brasileira, 1965.

_____. *Tempos idos e vividos. Minhas experiências*. Goiânia: Ed. do Autor, 2002.

BORJA, Célio de Oliveira. Depoimento ao CPDOC. Marly Silva da Motta (Coord.). Rio de Janeiro: Ed. FGV; Assembleia Legislativa do Estado do Rio de Janeiro, 1999.

BRANCO, Paulo Gustavo Gonet; COELHO, Inocêncio Mártires; MENDES, Gilmar Ferreira. *Curso de direito constitucional*. São Paulo: Saraiva, 2007.

BUZAID, Alfredo. "Rumos políticos da revolução brasileira". In: Arquivos do Ministério da Justiça, ano XXVII, mar. 1970, n. 113. Brasília: Fundação Petrônio Portella. pp. 3-27.

BUZAID, Alfredo. "A crise do Supremo Tribunal Federal". *Revista da Faculdade de Direito da USP*, v. 55. São Paulo, Universidade de São Paulo, 1960. pp. 327-72.

CASTELLO BRANCO, Carlos. *Retratos e fatos da história recente*. 2. ed. Rio de Janeiro: Revan, 1996.

_____. *Os militares no poder*. São Cristóvão: Artenova, 1978.

CATÁLOGO da exposição 20 anos da Constituição cidadã (Salão Negro). Brasília: Congresso Nacional, 7 out.-2 nov. 2008.

CAVALCANTI, Temístocles. "A crise constitucional do nosso tempo". *Revista de Direito Público e Ciência Política*, v. IV, n. 3. Rio de Janeiro: Fundação Getulio Vargas, set.-dez. 1961. pp. 3-22.

CHAGAS, Carlos. *A ditadura militar e os golpes dentro do golpe*. Rio de Janeiro: Record, 2014.

_____. *113 dias de angústia*. 2. ed. Porto Alegre: L&PM, 1979.

CHAVES, Pedro. *Falando: Discursos e conferências*. São Paulo: HM-Prodarte, 1980.

CONSTITUIÇÃO dos Estados Unidos do Brasil (1946). Promulgada em 18 de setembro de 1946. Disponível em: <http://www.planalto.gov.br/ccivil_03/constituicao/constituicao46.htm>. Acesso em: 6 jul. 2017.

CONSTITUIÇÃO da República Federativa do Brasil (1967). Promulgada em 24 de janeiro de 1967. Disponível em: <http:://www.planalto.gov.br/ccivil_03/constituicao/constituicao67.htm>. Acesso em: 6 jul. 2017.

CONSTITUIÇÃO da República Federativa do Brasil (1988). Promulgada em 5 de outubro de 1988. Disponível em: <http://www.planalto.gov.br/ccivil_03/constituicao/constituicaocompilado.htm>. Acesso em: 6 jul. 2017.

CORRÊA, Oscar Dias. *O Supremo Tribunal Federal, corte constitucional do Brasil*. Rio de Janeiro: Forense, 1987.

COSTA, Emilia Viotti da. *O Supremo Tribunal Federal e a construção da cidadania*. São Paulo: Ieje, 2007.

COUTO, Ronaldo Costa. *História indiscreta da ditadura e da abertura: Brasil 1964-1985*. 3. ed. Rio de Janeiro: Record, 1999.

DINES, Alberto et al. *Os idos de março e a queda em abril*. 2. ed. Rio de Janeiro: José Álvaro, 1964.

DULLES, John W. F. *Carlos Lacerda: A vida de um lutador*. Rio de Janeiro: Nova Fronteira, 1992.

_____. *Castelo Branco: O caminho para a presidência*. Rio de Janeiro: José Olympio, 1979.

_____. *Castelo Branco: O presidente reformador*. Brasília: Ed. UnB, 1983.

FALCÃO, Armando. *Tudo a declarar*. Rio de Janeiro: Nova Fronteira, 1989.

FAUSTO, Boris. *História do Brasil*. 8. ed. São Paulo: Edusp, 2000.

FERREIRA, Jorge. *João Goulart: Uma biografia*. Rio de Janeiro: Civilização Brasileira, 2011.

_____; GOMES, Angela de Castro. *1964: O golpe que derrubou um presidente, pôs fim ao regime democrático e instituiu a ditadura no Brasil*. Rio de Janeiro: Civilização Brasileira, 2014. pp. 243-332.

_____. "O golpe faz 50 anos". In: ALONSO, Angela; DOLHNIKOFF, Miriam (Orgs.). *1964, do golpe à democracia*. São Paulo: Hedra, 2015. pp. 43-69.

FICO, Carlos. *Além do golpe: A tomada do poder em 31 de março de 1964 e a ditadura militar*. Rio de Janeiro: Record, 2004.

FIGUEIREDO, Argelina Cheibub. "Conclusão: entre democracia e reformas". In: _____. *Democracia ou reformas? Alternativas democráticas à crise política: 1961-1964*. Trad. de Carlos Roberto Aguiar. São Paulo: Paz e Terra, 1993. pp. 187-202.

FUCK, Luciano Felício. *Memória jurisprudencial: Ministro Nelson Hungria*. Brasília: Supremo Tribunal Federal, 2012.

GASPARI, Elio. *A ditadura envergonhada*. São Paulo: Companhia das Letras, 2002.

_____. *A ditadura escancarada*. São Paulo: Companhia das Letras, 2002.

_____. *A ditadura derrotada*. São Paulo: Companhia das Letras, 2003.

GUEIROS, José Alberto. *O último tenente*. 3. ed. Rio de Janeiro: Record, 1996.

KAUFMANN, Rodrigo de Oliveira. *Memória jurisprudencial: Ministro Ribeiro da Costa*. Brasília: Supremo Tribunal Federal, 2012.

KOERNER, Andrei; FREITAS, Lígia Barros de. "O Supremo na Constituinte e a Constituinte no Supremo". *Lua Nova; Revista de Cultura e Política*. v. 88. São Paulo: Centro de Estudos de Cultura Contemporânea (Cedec), 2013. pp. 141-84.

KOERNER, Andrei. "Sobre a história constitucional". *Revista Estudos Históricos*. v. 29, n. 58. Rio de Janeiro: Fundação Getulio Vargas, maio/ago. 2016. pp. 525-40.

_____. *Judiciário e cidadania na constituição da República brasileira*. São Paulo: Hucitec; Departamento de Ciência Política da Universidade de São Paulo, 1998.

KRIEGER, Daniel. *Desde as Missões...: Saudades, lutas, esperanças*. Rio de Janeiro: José Olympio, 1976.

LEAL, Claudio. "Chico Pinto, o deputado que denunciou Pinochet". *Terra Magazine*. São Paulo, 3 de janeiro de 2008. Disponível em: <http://terramagazine.terra.com.br/interna/0,,OI2168206-EI6578,00.html>. Acesso em: 6 jul. 2017.

LEAL, Victor Nunes. "Atualidade do Supremo Tribunal". *Revista Arquivos do Ministério da Justiça e Negócios Interiores*. v. 92. Brasília: Ministério da Justiça e Negócios Interiores, dez. 1964. pp. 27-34.

_____. *Supremo Tribunal: A questão do número de juízes. Revista dos Tribunais*. v. 359. São Paulo, set. 1965. pp.7-21.

_____. *Sobral Pinto, Ribeiro da Costa e umas lembranças do Supremo Tribunal na revolução*. Rio de Janeiro: Gráfica Olímpica, 1981.

_____. *Problemas de direito público e outros problemas*. v. 2. Brasília: Ministério da Justiça, 1997.

LEMOS, Renato (Org.). *Justiça fardada: O general Peri Bevilacqua no Superior Tribunal Militar (1965-1969)*. Rio de Janeiro: Bom Texto, 2004.

LIMA, Hermes. *Travessia: Memórias*. Rio de Janeiro: José Olympio, 1974.

LIRA NETO. *Castello: A marcha para a ditadura*. São Paulo: Contexto, 2004.

MARQUES DE LIMA, Francisco Gérson. *O Supremo Tribunal Federal na crise institucional brasileira*. São Paulo: Malheiros, 2009.

MARTINS, Odaléa; OLIVEIRA, Jardel Noronha de. *Os IPMs e o habeas corpus no Supremo Tribunal Federal*. São Paulo: Sugestões Literárias, 1967. 3 v.

MELLO, Jayme Portella. *A revolução e o governo Costa e Silva*. Rio de Janeiro: Guavira, 1979.

MELLO FILHO, José Celso de. *Notas sobre o Supremo Tribunal (Império e República): Ministro Celso de Mello*. 4. ed. Brasília: Supremo Tribunal Federal, 2014.

MENDES, Gilmar Ferreira. *Controle abstrato de constitucionalidade: ADI, ADC e ADO: comentários à Lei n. 9868/99*. São Paulo: Saraiva, 2012.

MÓSCA, Hugo. *O Supremo Tribunal ontem e hoje*. Brasília: Gutenberg, 1986.

_____. *O Supremo Tribunal Federal e o meu depoimento*. Rio de Janeiro: CEA, 1975.

MOTTA, Rodrigo Patto Sá. "A figura do gorila nos discursos de esquerda". *Revista ArtCultura*, v. 9, n. 15. Uberlândia: Universidade Federal de Uberlândia, jul./dez. 2007, pp. 195-212. Disponível em: <http://www.artcultura.inhis.ufu.br/PDF15/H&R_Motta.pdf>. Acesso em: 6 jul. 2017.

MOURÃO FILHO, Olympio. *Memórias: A verdade de um revolucionário*. 6. ed. Porto Alegre: L&PM, 1978.

NOGUEIRA, Adalício Coelho. *Caminhos de um magistrado: Memórias*. Rio de Janeiro: José Olympio, 1978.

PAIXÃO, Cristiano. "Autonomia, democracia e poder constituinte no Brasil: disputas conceituais na experiência constitucional brasileira (1964--2014)". *Quaderni per la storia del pensiero giuridico moderno*. v. 43. Florença: Università degli Studi di Firenze, 2014. pp. 415-58.

PAIXÃO, Leonardo André. *A função política do STF*. São Paulo: Faculdade de Direito da Universidade de São Paulo, 2007. Tese (Doutorado em Direito).

PROJETO Brasil Nunca Mais. *Brasil: nunca mais, um relato para a história*. 21. ed. Petrópolis: Vozes, 1988.

RODRIGUES, Lêda Boechat. *História do Supremo Tribunal Federal*. v. I, t. III. Defesa das Liberdades Civis (1891-1898). Rio de Janeiro: Civilização Brasileira, 1991.

_____. *História do Supremo Tribunal Federal*. v. II, t. II. Defesa do Federalismo (1899-1910). Rio de Janeiro: Civilização Brasileira, 1991.

RODRIGUES, Lêda Boechat. *História do Supremo Tribunal Federal*. v. IV, t. I. 1930-1963. Rio de Janeiro: Civilização Brasileira, 2002.

ROSAS, Roberto. *Aliomar Baleeiro no Supremo Tribunal Federal*. Rio de Janeiro: Forense, 1987.

SANTOS, Marcelo Paiva dos. *A história não contada do Supremo Tribunal Federal*. Porto Alegre: Fabris, 2009.

SCHWARCZ, Lilia M.; STARLING, Heloisa M. *Brasil: Uma biografia*. São Paulo: Companhia das Letras, 2015.

SESQUICENTENÁRIO do Supremo Tribunal Federal. Brasília: Ed. UnB, 1982.

SILVA, Elcio Gomes da. *Os palácios originais de Brasília*. Brasília: Câmara dos Deputados, 2014.

SILVA, Evandro Lins e. *O salão dos passos perdidos: Depoimento ao CPDOC*. Rio de Janeiro: Nova Fronteira; Ed. FGV, 1997.

SILVA, Hélio. *1964: golpe ou contragolpe?* Porto Alegre: L&PM, 2014.

SIMAS, Mario. *Gritos de justiça: Brasil, 1963-1979*. São Paulo: FTD, 1986.

SKIDMORE, Thomas E. *Brasil: De Getúlio Vargas a Castelo Branco, 1930--1964*. Rio de Janeiro: Paz e Terra, 1982.

_____. *Brasil: De Castelo a Tancredo*. Rio de Janeiro: Paz e Terra, 1988.

SODRÉ, Nelson. *História militar do Brasil*. Rio de Janeiro: Civilização Brasileira, 1965.

_____. *Vida e morte da ditadura: 20 anos de autoritarismo no Brasil*. Petrópolis: Vozes, 1984.

TAVARES, Flávio. *Memórias do esquecimento: Os segredos dos porões da ditadura*. Porto Alegre: L&PM, 2012.

TEIXEIRA, José Elaeres Marques. *A doutrina das questões políticas no Supremo Tribunal Federal*. Porto Alegre: Fabris, 2005.

TÉRCIO, Jason. *A espada e a balança: Crime e política no banco dos réus*. Rio de Janeiro: Zahar, 2002.

TRIGUEIRO de Albuquerque Mello, Oswaldo. *A política do meu tempo*. Rio de Janeiro: Forense, 1988.

VALE, Oswaldo Trigueiro do. *O Supremo Tribunal Federal e a instabilidade político-institucional*. Rio de Janeiro: Civilização Brasileira, 1976.

VIANA, Francisco. *Daniel Krieger: Um liberal na República*. Brasília: Senado Federal; Dom Quixote, 1982.

VIANA FILHO, Luís. *O governo Castelo Branco*. Rio de Janeiro: José Olympio, 1975.

VIANA FILHO, Luís (Org.). *Castelo Branco: Testemunhas de uma época*. Brasília: Ed. UnB, 1986.

WALD, Arnoldo. "As origens da liminar em habeas corpus no direito brasileiro". *Carta Mensal*, Rio de Janeiro, v. 43, n. 516, pp. 53-60, mar. 1998.

ACERVOS

Correio da Manhã
Diário Carioca
Diário de Notícias
Folha de S.Paulo
Jornal do Brasil
Jornal do Commercio
O Estado de S. Paulo
Tribuna da Imprensa
Última Hora
Realidade
O Cruzeiro
Discursos e notas taquigráficas da Câmara dos Deputados
Centro de Pesquisa e Documentação de História Contemporânea do Brasil (CPDOC)
Biblioteca Nacional
Arquivo Nacional
Acervo de jurisprudência do Supremo Tribunal Federal
Museu do Supremo Tribunal Federal

ENTREVISTAS

Ministros do Supremo Tribunal Federal
    Aldir Passarinho

Carlos Velloso
Cármen Lúcia
Célio Borja
Celso de Mello
Francisco Rezek
Gilmar Mendes
Ilmar Galvão
Luís Roberto Barroso
Maurício Corrêa
Néri da Silveira
Nelson Jobim
Octavio Gallotti
Paulo Brossard
Rafael Mayer
Sepúlveda Pertence
Xavier de Albuquerque

Procuradores-gerais da República
    Antonio Fernando de Souza
    Aristides Junqueira
    Cláudio Fonteles
    Inocêncio Mártires Coelho
    Rodrigo Janot

Ministros do Superior Tribunal de Justiça
    Francisco Falcão
    Maria Isabel Gallotti

Desembargador Federal do Tribunal Regional Federal da 4.ª Região
    Carlos Eduardo Thompson Flores Lenz, neto do ministro Thompson Flores

Outros entrevistados
    Arnaldo Malheiros, advogado

Arnoldo Wald, advogado
Antônio Carlos Gonçalves de Oliveira, filho do ministro Gonçalves de Oliveira
Carlos Chagas, jornalista
Carlos Eduardo Paladini Cardoso, advogado, filho do ministro Adaucto Lúcio Cardoso
Ézio Pires, assessor de comunicação do STF
José Eduardo Alckmin, advogado
José Gerardo Grossi, advogado
Márcio Thomaz Bastos, advogado
Mario Simas, advogado
Pedro Gordilho, advogado
Roberto Rosas, advogado
Sérgio Ribeiro da Costa, advogado, filho do ministro Alvaro Moutinho Ribeiro da Costa
Sigmaringa Seixas, advogado

17
Supremo Tribunal Federal e a
Praça dos Três Poderes ainda
em obras.

— 139 —

SECRETO

de pessoas que, pela situação, parece que deveriam ser cassadas. Por exemplo: reunião na casa de Dona Fulana de Tal e Dona Fulana não é cassada. Não foram cassados porque a participação dêles se cingiu, pràticamente, a oferecer a casa. No caso de Dona Ligia, por exemplo, a não ser a reunião em Brasília, nada apareceu contra ela. É evidente que há o fato negativo do seu marido. Quanto a Dona Julia Steinbruch, sòmente o marido estava seriamente comprometido, ela não.——————

MINISTRO DA MARINHA - (interrompendo) Ela é muito mais perigosa.

PRESIDENTE DA REPÚBLICA - (continuando) Talvez ela seja mais inteligente, porque não se comprometeu e nós só podemos nos basear em fatos, porque, caso contrário, não acabaríamos mais. Eu estou explicando porque não aparecem determinados nomes. Não aparecem porque nós estamos nos baseando em fatos, em atuações, alguns ou algumas discutíveis, mas, de maneira geral, a pesquisa tem sido bem feita. Hoje ainda, vamos tomar, não é para apreciação do Conselho de Segurança Nacional, vou apenas fazer a participação, algumas medidas para sanar uma das maiores omissões da Revolução de 1964 e que foi justamente a de ter se considerado intangível o STF. Nós íamos, naquela ocasião, eliminar alguns ministros, mas o Doutor Francisco Campos sugeriu não o fazermos, para preservar, pelo menos, um dos Podêres. Mas os homens que lá ficaram e que deveriam ter sido aposentados, ou cassados, ou afastados, naquela ocasião, não se comportaram de acôrdo com a devida dignidade, com relação à Revolução. Êles ostentaram muitas e repetidas vêzes suas idéias anti-revolucionárias e contra-revolucionárias. Fizemos um estudo apolítico, examinamos com extremo cuidado e chegamos à conclusão de que três homens precisam ser aposentados. Três homens que, inclusive não vieram da área da magistratura. Foram homens nomeados, talvez, sob o critério político. Vou revelar os nomes porque o Decreto de aposentadoria será assinado ainda hoje: Ministro Evandro Lins, Ministro Hermes Lima e Ministro Nunes Leal. Êsses homens, durante todo êste tempo, foram sistemàticamente contra a Revolução, votando sempre contra, quase mesmo sem estudar o mérito das questões. Sei que outros procederam assim. Vou tomar uma decisão que é séria - importante, e da qual eu assumo inteira responsabilidade. O faço porque já incidi nesse êrro uma primeira vez, e não quero fazê-lo pela segunda vez. Naquela ocasião, já estávamos estudando a cassação, a suspensão, não sei o têrmo da sanção, a ser aplicada a êsses homens, mas atendendo às ponderações de um homem, que muito colaborou na edição do Ato Institucional número 1, Doutor Francisco Campos, não o fizemos. Três ou quatro meses depois, êle me disse: "como erramos, o Senhor é que estava certo". Aquêles homens continuaram não correspondendo ao que esperávamos dêles, que era pelo menos a justiça. Por várias vêzes, o Doutor Francisco Campos referiu-se ao êrro cometido naquela ocasião, ao que eu lhe dizia "não se esqueça que se houver outra oportunidade, êles não escapam". Hoje estou cumprindo o prometido, estou corrigindo um êrro. Sei que

SECRETO

SECRETO

— 140 —

isto vai causar um abalo muito grande, porque a situação de hoje não é bem a mesma de 1964. Naquela ocasião, nós derrubávamos o Governo, agora nós afirmamos o Governo, a situação é diferente. Quanto ao STF, a minha idéia, em princípio, é a seguinte: O nosso Ministro da Justiça já tem um estudo para se fazer uma reforma no Judiciário Nacional, por essa reforma, o Tribunal não precisará contar com dezesseis Ministros. Pretendemos não substituir êsses três Ministros que saem, e ainda aproveitar as vagas de mais dois, que se aposentarão êste ano, para reduzir aquela Côrte a onze membros. A idéia do Ministro é criar mais um Tribunal Superior de Justiça, para ficarmos com o Superior Tribunal Militar, o Superior Tribunal Eleitoral, o Superior Tribunal do Trabalho e o nôvo, o Supremo Tribunal da Justiça Federal, talvez assim, só chegarão ao Supremo Tribunal Federal as causas já bastante estudadas por êsses quatro Tribunais. Nós, então, não substituiremos os Ministros aposentados, para que não se pense que estamos abrindo vagas para a, b ou c. Absolutamente, não. Ainda aproveitaremos as vagas decorrentes, êste ano, da aposentadoria dos Ministros Lafayette de Andrade e Temístocles Cavalcanti, que não serão preenchidas, para ficarmos com os onze Ministros, previstos no STF. Essa reforma, que está sendo estudada, será oportunamente, submetida à apreciação dos homens capazes. Agora mesmo estou lendo, nos jornais, que êste ano o STF já recebeu oitocentos processos. Nos Estados Unidos, a Suprema Côrte estuda, parece que a vigésima parte do número estudado aqui no Brasil.———————————————————————————————

MINISTRO DA JUSTIÇA - Senhor Presidente, com licença. No ano passado o Supremo Tribunal Federal julgou dez mil e oitenta processos, e êste ano êle já recebeu cento e oitenta e seis processos.——

PRESIDENTE DA REPÚBLICA - Mas isso é o cúmulo, afinal aquilo é a cúpula, aquela é a última instância. Assim êle se torna até um órgão político (murmúrios). Êles serão aposentados, nós vamos ferir também a Justiça Militar, nós vamos aposentar o Ministro Pery Bevilácqua.———

MINISTRO DA INDÚSTRIA E DO COMÉRCIO - Êle não cairia na compulsória êste ano?———

PRESIDENTE DA REPÚBLICA - Êle cairia em julho, mas êle tem perturbado demais, êle tem sido um contra-revolucionário..... A própria área militar acha que êle está demais no Superior Tribunal Militar. Precisaríamos fazer outras intervenções naquela Côrte, mas vamos fazer só uma, a título de exemplo. Vou continuar apelando ao Conselho de Segurança Nacional, pois preciso do apoio dos membros dêste Conselho para tomar estas decisões e para continuar o nosso trabalho, no sentido de bem cumprir o nosso dever. Eu não tenho nenhum prazer em exercer essas funções autoritárias, discricionárias, mas sendo elas necessárias para o País, eu as cumpro com tôda a coragem e com um certo

SECRETO

19
Os planos do presidente da República para o STF depois de cassar três ministros.

Carlos Eduardo

Você e Cristina devem ter sabido da minha opção. Verifiquei aos poucos que eu estava inteiramente só, como um negatório na paisagem atual. Uns morreram. E os vivos desertaram o acampamento. Pedro Aleixo, Bilac Pinto, Ballesteros Arinos, Oscar Corrêa, Rodolfo Kelly, Agripino — todos se foram de uma Câmara que dia a dia se torna mais estranha para mim e para as minhas velhas mensagens.

E, depois, cansei-me de ser julgado. Da tensão diária que as opiniões dos jornais representavam para mim. Sou julgar agora. Sei que a adaptação de ~~~ processos de trabalho e a mudança de ambiente não vão ser coisa fácil aos 62 anos.

O convite foi o terceiro. Veio por carta, em termos de respeito. Respondi também por carta. E só irei agradecer pessoalmente quando não for mais membro do Poder Legislativo.

Com quatro anos de mandato

20
Adaucto Lúcio Cardoso
explica aos filhos por que
aceitou o convite para ser
ministro do STF.

SUPREMO TRIBUNAL FEDERAL

Rio, 24.1.1969

Sobral

        Acabo de receber sua carta, datada de 22 do corrente.
        Tenho como respeitável a sua opinião, de que o Supremo Tribunal Federal e o Congresso Nacional deveriam renunciar coletivamente. Outros, entretanto, têm o entendimento, não menos respeitável, de que preferível será continue a instituição, mesmo ameaçada ou atingida, embora sujeitos os seus membros a perigos e sacrifícios, desde que saibam manter uma linha de dignidade. Devo dizer-lhe que no sentido da sua opinião não se manifestou nenhum dos meus colegas, nem, que eu saiba, qualquer outro dos nossos juristas.
        O caso do habeas-corpus concedido a Octavio Mangabeira e Armando de Salles Oliveira foi por mim citado como exemplo, mas poderia citar muitos, tanto do tempo de Getulio Vargas (que até chegou a anular por decreto algumas decisões contrárias ao Govêrno), como do tempo em que foi Presidente o Marechal Castello Branco, no período em que lhe era facultado aposentar juízes, como fôra na vigência da Constituição de 1937. Você sabe muito bem quantas vêzes o Supremo Tribunal

21, 22, 23
Ministro Luiz Gallotti rebate argumento do advogado Sobral Pinto de que todos deveriam renunciar ao STF depois da cassação de três ministros.

proferiu decisões contra o Governo, naquele período.

Alude V. ao protesto feito pelo Ministro Hermenegildo de Barros em 1931 e procura diminuir-me, confrontando-o com as minhas palavras de hoje.

Você foi precipitado e injusto.

O Ministro Hermenegildo de Barros fêz o seu protesto na primeira sessão do Tribunal após as aposentadorias de 1931. Após as aposentadorias de 1969, ainda não houve sequer. Sei que as palavras que vou proferir serão muito modestas em comparação com as pronunciadas pelo Ministro Hermenegildo de Barros. Como pode Você, porém, fazer desde já o confronto impossível? A precipitação é flagrante.

Em 1955, era eu presidente do Superior Tribunal Eleitoral, quando se processaram as eleições presidenciais.

Noticiou-se que os chefes militares pressionariam o Tribunal, para que não fôsse diplomado o Presidente Juscelino Kubitschek de Oliveira.

Declarei, com ampla divulgação pela imprensa e pelo rádio, que, a ter o Tribunal de decidir sob pressão, seria preferível fechasse êle suas portas.

No discurso, com que o Ministro Antonio Gonçalves de Oliveira se empossou na Presidência do Supremo, disse êle, de referência a um período que abrange aquêle em que o Poder Executivo tinha a faculdade de aposentar juízes: "Nunca sofremos aqui nenhuma pressão, nos nossos julgamentos."

Você me conhece bastante, Sobral, e há quarenta anos, para saber que, a ter de julgar um dia sob pressão, eu preferiria deixar as minhas funções de juiz, quaisquer que fôssem as consequências.

- 3 -

SUPREMO TRIBUNAL FEDERAL

Diz você, ao fim de sua carta, que ela não é de natureza privada, o que me faz supor a tenha enviado por cópia a outras pessoas, o que compreendo. Se assim fôr, peço-lhe a fineza de enviar-me a lista daquelas pessoas, a fim de que eu lhes remeta cópia desta resposta.

Um afetuoso abraço do velho amigo

LUIZ GALLOTTI

SUPREMO TRIBUNAL FEDERAL

1.) Eu esperava que o S.T.F. não fosse atingido, porque o Presidente Costa e Silva, quando visitou o Supremo Tribunal, sendo eu presidente deste, ao saudar-nos, afirmou que sempre resistira, desde quando Ministro da Guerra de Castello Branco, aos que insis - tiam pelo afastamento de alguns juízes do Supremo.

2.) Quando Hermes Lima tomou posse, a que estive presente, na Academia Brasileira de Letras, já me havia, dias antes,transmiti do informações pessimistas, que ouvira de um Oficial do Exército, seu amigo, no sentido de que ele e mais alguns ministros seriam a- fastados do Supremo Tribunal.

3.) Os falados eram os que depois tiveram suas aposentado rias decretadas, e mais alguns, cujos nomes prefiro não declinar.

4.) Prejudicado, em face da parte final da resposta ao i tem anterior.

5.) Não era esperada, como consta de uma das minhas car - tas ao dr. Sobral Pinto, e reproduzi na carta com que respondi ao Presidente Gonçalves de Oliveira sua mensagem de despedidas, não tendo havido contestação.

6.) Não encontrei, aqui no Rio, cópia daquela minha car- ta ao Presidente Gonçalves de Oliveira. Mas, como tenho lembrança de que ela foi lida ao Tribunal, chegando em Brasília,procurarei no "Diário da Justiça" e remeterei cópia para o Rio.

7.) Resposta idêntica à do item 4.

8.) Sim. Mas eu entendia que o Regimento, bem interpreta do no seu espírito, não permitiria minha eleição. Embora não se tratasse de reeleição, pois, após o término do meu período presiden cial, houvera a eleição do Presidente Gonçalves de Oliveira, entre - tanto, vedando o Regimento "a reeleição para o período imediato", parecia-me que, dentro do biênio imediato, não deveria ser eleito quem no período anterior, fora o Presidente. Além disso, ponderei que, sendo a Presidência uma honra e um ônus, a um dos meus colegas deveria ela caber, visto serem, todos eles, dignos da investidura.

9.) Anexo a correspondência com o dr. Sobral Pinto. Fal tam as relações de litígios que prometi enviar de Brasília e remeti. Não as encontrei aqui no Rio. Se as encontrar em Brasília,en

CONFIDENCIAL

ao Exmo Sr. Ministro da Justiça para conhecer e tomar as providências cabíveis, no caso.
Em 9.9.68
[assinatura]

Nº 01   BRASÍLIA, DF, 05 de Set de 1968.

EXCELENTÍSSIMO SENHOR PRESIDENTE DA REPÚBLICA

1. O Deputado Federal MARCIO MOREIRA ALVES, em sessão de 2 do corrente, falando a respeito dos lamentáveis e tristes acontecimentos ocorridos na Universidade de Brasília, no seu legítimo direito de adversário do Govêrno, formulou, em têrmos textuais, a seguinte pergunta: "Quando o Exército não será um valhacouto de torturadores?"

O mesmo deputado, na sessão do dia 3 do corrente, verberando as violências praticadas na Universidade de Brasília, ainda sob o clima emocional por elas gerado, antes, mesmo, que fossem apuradas as causas e os responsáveis, assim se pronunciou:

"Vem aí o 7 de setembro. As cúpulas militares procuram explorar o sentimento profundo de patriotismo do povo e pedirão aos colégios que desfilem junto aos algozes dos estudantes. Seria necessário que cada pai, cada mãe se compenetrasse de que a presença de seus filhos nesse desfile é um auxílio aos carrascos que os espancam e os metralham nas ruas. Portanto, que cada um boicotasse êste desfile. Este boicote pode passar também - sempre falando de mulheres - às moças, às namoradas, àquelas que dansam com os cadetes e freqüentam os jovens oficiais".

2. Embora os referidos conceitos, de caráter e de responsabilidade pessoal do deputado em aprêço, no uso da liberdade que lhe é assegurada pelo regime instituido com a Revolução de março, não exprimam o pensamento da Câmara mais representativa do Povo Brasileiro, na sua dignidade intangível e na respeitabilidade do seu próprio decôro, é de considerar-se a ressonância com que êles ecoam no seio do Exército. Porque é êle uma Instituição Nacional que se destina, precisamente, e por juramento de fidelidade, à defesa do regime e das Instituições Nacionais, entre as quais se destaca o Congresso Nacional, pelo papel essencial que lhe cabe no fortalecimento da democracia.

3. Está certo o Exército de que dentro da harmonia e da Independência dos Poderes Constituidos (Art 6 da Constituição do Brasil), que as Fôrças Armadas têm a missão constitucional de garantir (Art 92 da Constituição), a coibição de tais violências e agressões verbais injustificáveis contra a Instituição Militar constitui medida de defesa do próprio regime, sobretudo quando parecem obedecer ao propósito de uma provocação que só poderia concorrer para comprometê-lo.

CONFIDENCIAL

26
Plenário do Supremo em 1971,
sem o crucifixo que hoje está
instalado atrás do presidente
do tribunal; Baleeiro era
agnóstico e não queria
crucifixo no plenário.

27
Ministros do STF preparados
para a primeira sessão depois
da inauguração de Brasília.

28
Presidente Costa e Silva cumprimenta o ministro Oswaldo Trigueiro na visita que fez ao STF em 1967, ciceroneado pelo presidente do tribunal, Luiz Gallotti.

5. 4. 64

Chegamos a Brasília a 1º e todos os deputados da UDN já sabiam de tudo o esperado e que falavam abertamente. — No aeroporto dei carona (eu, Rui, a 1º) a Tancredo e Martins Rodrigues. Este num entusiasmo forte contra JG: bom sinal, pois PSD não aceitou chegar sem fundos nem visa. Não houve sessão na noite a 30. JG falou ao sarg.

A 31, Carlos Lacerda Bª quem que descreve claramente a luta iminente. — O ambiente da Câmara estava nitidamente reduzido ao artigo pelo.

À tarde, Nit Carlos fez o discurso do bem de Jacob. Depois, o PTB começou anunciar

"À tarde de 31, já os telefones não falavam de Brasília para os estados, nem desciam os aviões. Ficamos sem os jornais", escreveu Baleeiro em seu diário sobre o dia do golpe.

31

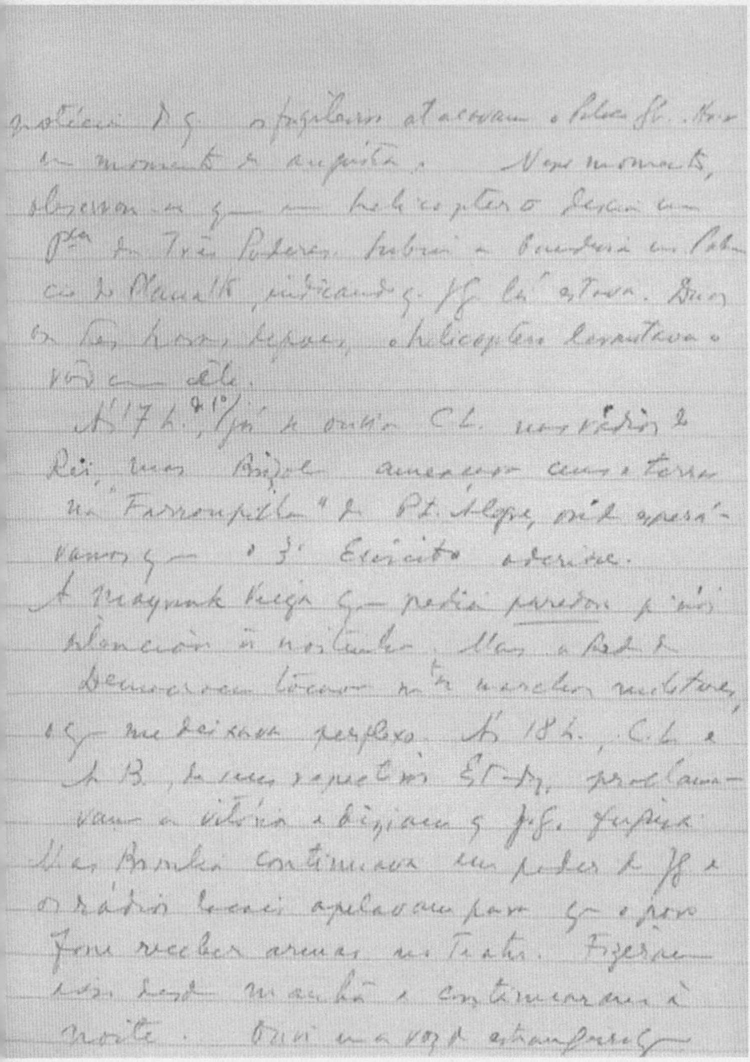

31

Baleeiro descreve no diário as horas que sucederam o golpe de 1964. “Às 18h, Carlos Lacerda e Ademar de Barros, de seus respectivos estados, proclamavam a vitória e diziam que João Goulart fugira.”

32

A composição do STF com as indicações de ministros para as cadeiras criadas pelo AI-2.
Sentados, da esquerda para a direita: Victor Nunes Leal, Vilas Boas, Lafayette de Andrada, Ribeiro da Costa, Cândido Motta, Luiz Gallotti, Gonçalves de Oliveira.
Em pé, da esquerda para a direita: Aliomar Baleeiro, Oswaldo Trigueiro, Prado Kelly, Evandro Lins e Silva, Pedro Chaves, Hermes Lima, Adalício Nogueira, Carlos Medeiros e Hahnemann Guimarães.

JORNAL DO BRASIL

Rio de Janeiro — Quinta-feira, 11 de março de 1971 — Ano LXXX — N.º 286

Adauto Cardoso abandona o plenário, amparado por Elói da Rocha e Osvaldo Trigueiro

Adauto discorda de decisão do Supremo e se aposenta

O Ministro Adauto Lúcio Cardoso renunciou ontem ao Supremo Tribunal Federal, pediu aposentadoria e abandonou imediatamente o plenário, depois que aquela Côrte rejeitou a reclamação do MDB — vencendo o voto solitário do renunciante — contra a atitude do procurador-geral da República, que mandara arquivar a arguição de inconstitucionalidade do Partido ao decreto que estabeleceu a censura prévia.

Depois de dizer que a sua interpretação da lei não excede "a liberalidade dela", o Ministro Adauto Lúcio Cardoso afirmou que "o meu ponto-de-vista, externado nesta sala e que, infortunadamente, ficou solitário é, segundo se viu, segundo se demonstrou, o ponto-de-vista de quem menos conhece a lei."

Quando o Ministro Adauto Lúcio Cardoso se retirava do plenário, o presidente do Supremo Tribunal Federal, Ministro Aliomar Baleeiro, fêz-lhe um apêlo:

— Sr. Ministro Adauto Lúcio Cardoso: peço a V. Exa. que participe desta sessão.

O Ministro renunciante voltou-se para o presidente da Côrte e respondeu: — Sr. presidente: estou de pleno acôrdo com a declaração que fiz. (Página 3 e editorial, página 6)

33
Na primeira página do *Jornal do Brasil* de 11 de março de 1971, a foto de Adaucto Lúcio Cardoso após dizer que renunciava ao cargo de ministro do STF.

Adauto renuncia ao STF por discordar de decisão

34

A extensa matéria do *JB* sobre a aposentadoria de Adaucto irritou os demais ministros e os levou a supor que a renúncia fora premeditada.

Deputado enaltece a ação da Polícia Militar de Minas

Câmara Federal: nota do PSD provoca reação

Presidente da ADP

O presidente do STF saúda Castelo Branco

Suspensa atividade de deputados privados dos direitos políticos

Sigilo sôbre a missão do emb. Jaime Rodrigues em Montevidéu

Goulart passa à condição de refugiado

Cancelado toque de recolher na capital baiana

Lacerda adverte a Ação Católica contra manobras dos comunistas

36
O presidente do STF Eloy da Rocha cumprimenta o recém-empossado presidente da República, Ernesto Geisel.

37
A capa do dossiê do ministro Hermes Lima, cassado pelos militares com base no AI-5.

PRESIDÊNCIA DA REPÚBLICA
SERVIÇO NACIONAL DE INFORMAÇÕES

FICHA INDIVIDUAL

1. Nº 164	2. DATA:

3. NOME: ANTÔNIO CARLOS LAFAYETTE DE ANDRADA

4. FILIAÇÃO:

5. DATA DO NASCIMENTO: 23 MAR 1900

6. NACIONALIDADE: BRASILEIRA

7. NATURALIDADE: BARBACENA/MG

8. PROFISSÃO: ADVOGADO - EX-MIN DO STF

9. ESTADO CIVIL:

10. INSTRUÇÃO: SUPERIOR

11. RESIDÊNCIA: SQS 107 - Bloco "J", Aptº 201 BRASÍLIA/DF - Tel: 42-1610

38
A ficha individual do ministro Lafayette de Andrada, preparada pelo Serviço Nacional de Informações. Andrada se aposentou depois da cassação de três colegas.

Ficha Individual de ANTÔNIO CARLOS LAFAYETTE DE ANDRADA - Fls 2 - Cont.

12. EXTRATO DO PRONTUÁRIO

- Ex-Min do Supremo Tribunal Federal.
- Anti-revolucionário.
- Concedeu habeas-corpus a vários elementos esquerdistas e comunistas.
- Solidarizando-se com os Ministros do STF atingidos pelo AI-5, solicitou aposentadoria, que lhe foi concedida.

13. HISTÓRICO DE ATIVIDADES

1918 - Após ter feito o curso de humanidades no Colégio Santo Inácio e no Colégio Militar de BARBACENA/MG, recebeu o título de Agrimensor.

1923 - Colou grau de Bacharel em Ciências Jurídicas e Sociais, na Faculdade de Direito da Universidade do Rio de Janeiro.

1934/35 - Após ter sido advogado, jornalista, professor e Curador Especial de Acidente do Trabalho, iniciou-se na magistratura em 1934, como Juiz de Direito da 7ª Zona Eleitoral do Rio de Janeiro, passando depois para a 11ª Zona Eleitoral em 1935.

1940 - Exerceu, ainda, função judicante da 2ª Vara de Órfãos e Ausentes.

1943/44 - Nomeado Desembargador do Tribunal de Apelação do antigo DF, tendo assento inicialmente na 2ª Câmara Criminal e, no ano seguinte, na 3ª Câmara Cível.

1945 - Pelo Ministro JOSÉ LINHARES, ocupante temporário da Presidência da República, foi designado para ocupar vaga ocorrida com a aposentadoria do Min EDUARDO SPÍNOLA, do STF.

1947/50 - Compôs, em diferentes oportunidades, o TRIBUNAL SUPERIOR ELEITORAL, cuja Presidência ocupou no período 47/50.

1962/63 - Foi escolhido por seus pares, em 19 Jan 62, para dirigir os destinos do STF no biênio 62/63.

1966 - 1º Vice-Presidente da Confederação Brasileira de Automobilismos, com mandato até 7 Set 67.

- Atestou a favor de EDUARDO BAHOUT, quando êste pleiteou a sua efetivação no cargo de 2º Sub-Procurador Geral da Repú-

CRÉDITOS DAS IMAGENS

1, 2, 3, 4, 5, 6, 7, 8, 14, 21, 22, 23, 24, 25, 26, 28, 32, 36: Acervo Supremo Tribunal Federal – STF
9, 10, 11, 12, 13, 18, 19, 37, 38, 39: Arquivo Nacional
15, 16: Elcio Gomes da Silva, *Os palácios originais de Brasília*. Brasília: Câmara dos Deputados, 2014.
17: Arquivo Público do Distrito Federal/ Fundo NOVACAP
20: Acervo pessoal de Carlos Eduardo Paladini Cardoso
27: Reprodução do Acervo Supremo Tribunal Federal. Fonte: Acervo do Memorial JK, revista Manchete. Fotógrafo: Jáder Navês, 1960
29, 30, 31: Fundação Getulio Vargas/ CPDOC
33, 34: CPDOC/ JB
35: Arquivo/ Estadão Conteúdo

ÍNDICE REMISSIVO

Abreu, Leitão de, 51, 247, 250, 274
Academia Brasileira de Letras (ABL), 266
acórdãos, 9, 20, 89, 154, 187, 249-50, 257
Acre, 74
Advocacia-Geral da União, 45
Aeronáutica, 18, 26, 28, 52, 64, 104, 128, 172, 215, 217; ver militantes de esquerda
Aguiar, Gilberto, 51
AI-1 (ato institucional nº 1), 105, 112
AI-2 (ato institucional nº 2), 22, 32, 57, 68, 102, 105, 107, 110-2, 114, 117, 120-3, 156, 163-4, 170, 200, 206, 208-9, 211, 213, 235, 270, 280
AI-5 (ato institucional nº 5), 21-3, 47, 57-8, 123-4, 144, 153, 155-6, 158, 161, 168, 184, 192-3, 200, 205, 229, 233, 245, 247
Albuquerque, Pires e, 14-5, 33, 196-7
Albuquerque, Xavier de, 50, 220-1, 239, 241-2, 245-7, 250, 252, 282*n*
Alckmin, Rodrigues, 245, 247, 250
Aleixo, Pedro, 52, 55, 69, 105, 138, 201
Alencar, Marcelo Nunes, 215
Allende, Salvador, 236
Almeida, Climério Euribes de, 18
Almeida, Pais de (deputado), 171
Almeida, Pisa e (ministro), 11, 256
ALN (Ação Libertadora Nacional), 52, 54
Alves, José Carlos Moreira, 45, 124, 238-9, 242, 275
Alves, Márcio Moreira, 125-9, 131-43, 195, 197
Amaral, Zózimo Barroso do, 191
Amazonas, 56, 70, 74, 76-7, 86-8, 90-1
Amazônia, 86
América Latina, 237
Amoedo, Rodolfo, 266
Anápolis (GO), 63-4
Andrada, Gonçalves de Oliveira e Lafayette de, 21-2, 119, 122, 147, 161, 172, 174-6, 179, 258, 268
Andrada, José Bonifácio de (presidente da Câmara), 144, 179, 246
Andrade, Auro de Moura, 24, 29, 170, 206, 210
Andrade, Doutel de, 171
Anselmo, cabo ver Santos, José Anselmo dos
aposentadoria compulsória de ministros do STF, 14-6, 47, 94, 123, 172-5, 205
Aragão, Cândido, 161-2

Araguaia, guerrilha do, 193
Arena (Aliança Renovadora Nacional), 25, 125, 138, 140-1, 213, 246
Argentina, 44
Arraes, Madalena, 37
Arraes, Miguel, 35-42, 86, 162, 168-9
Arrouxelas, Avany, 62
Arsenal da Marinha, 256; *ver também* Marinha
assaltos por militantes de esquerda, 48, 52-3
Associação dos Marinheiros e Fuzileiros Navais, 28
Athayde, Tristão de, 244
"ativismo judicial", 23
atos institucionais, 43, 45, 58, 122, 124, 140, 207-8; *ver também* AI-1; AI-2; AI-5
Auditoria Militar de São Paulo, 192-3
Avelino, Joel Antônio, 51
Azevedo, Filadelfo de, 257

Bahia, 74, 186-9, 235-6, 251-3
"Baile da Ilha Fiscal", 143
Baleeiro, Aliomar, 9, 28, 46, 49-50, 53-6, 58, 98-9, 102-7, 111, 113-9, 123, 134-6, 138, 142-6, 155-7, 172-4, 178, 187-8, 195-8, 200-3, 205, 207-13, 225-34, 237, 245-7, 249-50, 252, 270-4, 280, 281*n*
Baleeiro, Darly, 172, 203
Bamerindus (banco), 51
Banco da Bahia, 52-3
Banco do Brasil, 220, 239
"Banda de Música" da UDN, 169, 205-6; *ver também* UDN (União Democrática Nacional)
Bandeirantes de ontem e de hoje (quadro de Uragami), 271
Barbosa, Joaquim, 93, 232
Barbosa, Rui, 10-3, 43, 99
Barbuda, Manuel, 78
Barradas, Joaquim da Costa, 11-3, 17, 256
Barreto, Barros, 190, 258, 262, 268-9
Barreto, Edmundo Muniz, 15, 196
Barros, Hermenegildo de, 15-6, 197
Base Aérea de Brasília, 26
Batalhão de Guarda Presidencial, 65
Battisti, Cesare, 280
Belém (PA), 90
Belo Horizonte (MG), 96, 273
Belo, Newton de Barros, 74
Bevilacqua, Peri, 194
biblioteca do STF, 49, 256, 263, 265, 270, 272, 274
bipartidarismo, 236
Bittencourt, Machado, 14
Bizarria Mamede, Jurandir de, 18-9, 90
Bolívia, 242
Bolsa de Nova York, quebra da, 14
Bond and Share (empresa norte-americana), 29
Borges, José Crispim, 63, 65
Borges, Mauro, 32, 60-5, 67-71, 73-4, 172, 199
Borja, Célio, 146, 171, 238
Brasília, 24, 26-7, 41, 48, 62, 64, 68, 78-9, 86, 89, 96, 104, 125, 173, 175, 179-80, 196, 202, 204, 254-5, 258-60, 262-3, 267-9, 274-5, 280
Brasília Palace Hotel, 143-4, 201, 261
Brito, Fernando de, 54
Brito, Navarro, 211
Brizola, Leonel, 29, 61-2, 93
Brossard, Paulo, 12-3, 240, 246
Bucher, Giovanni, 49

Bulcão, Athos, 271
Bulhões, Otávio, 187
Buzaid, Alfredo, 220, 272, 274

Café Filho, João, 17-20, 25, 33, 57, 107, 188
Caixa Econômica Federal, 65-6, 146
Calado, Antonio, 146
Calley Jr., William, 237
Câmara dos Deputados, 19, 21, 24, 68, 105, 115, 125, 127, 131-2, 134, 138-9, 141-4, 169-71, 195, 197, 204-15, 233, 235-6, 238, 240, 242, 244, 249, 251, 253, 271, 278
Campinas (SP), 213
Campos, Francisco, 68, 174, 188
Campos, Milton, 63, 69, 71, 105, 114-6, 155, 157
Campos, Roberto, 187, 214
Cardoso, Adaucto Lúcio, 24, 69, 104-5, 113-6, 122, 145-6, 153-6, 158, 161, 169-71, 174, 183-5, 198, 200-19, 222-34, 273, 278
Cardoso, Carlos Eduardo Paladini, 204
Cardoso, Joaquim, 210
Carmo, Aurélio do, 86
Carneiro, Levi, 207
carros oficiais de magistrados do STF, 258, 261-2, 269, 271
Carson, Hampton, 12-3
Carvalho, Anfilófio de, 11
Carvalho, José Alípio de, 87-8
Carvalho, Waldemar Lucas Rego, 68
Carvalho Sobrinho, José de, 25
Casa Civil, 51, 63, 69, 74, 103, 105, 112-3, 116, 124, 149, 151-2, 162-3, 173, 211
Casa Militar, 42

casamento de pessoas do mesmo sexo, 23, 58
cassações, 9, 17, 35, 43, 47, 61-2, 74, 82-3, 102, 104, 111, 122, 124, 138, 147, 149, 151-2, 158, 163, 168-75, 177-9, 181-3, 190, 196, 207-14, 219
Castello Branco, Carlos, 139, 146, 201, 204
Castelo Branco, Humberto de Alencar, 22, 30-2, 34, 38-43, 61-4, 68-71, 73-4, 80-4, 87, 92, 98-9, 102-6, 111-5, 117, 120, 147-9, 152, 155, 157, 169-72, 183, 187-8, 206-14
Castro, Fidel, 168
Castro, Rui (coronel de artilharia), 102-3
Cavalcanti, Temístocles, 19, 32, 120, 122, 154, 174, 178, 201-3, 208
Cavalheiro, Aimoré Zoch, 26
CCJ (à Comissão de Constituição e Justiça), 139-41
Ceará, 74
Cenimar (Centro de Informações da Marinha), 28, 162-3
censura, 9, 42, 58, 138, 144, 205, 219, 223-4, 227, 233-4
Cerqueira Filho, Edgard Pedreira de, 74
Ceschiatti, Alfredo, 271
Chagas, Carlos (jornalista), 58, 155
Chammas, Adib, 171
Chaves, Pedro, 44-5, 95, 119
Chile, 236, 240, 242-3, 249, 253
civis perseguidos pela ditadura, 216, 218
Clube Militar, 18, 29, 40
Clube Naval, 40
Codi (Centro de Operações de Defesa Interna), 48, 56

Código da Justiça Militar, 88, 153-4, 166, 215, 218
Código Penal, 241, 245-8
Coelho, Nilo, 212
Coelho, Paulo (deputado), 78
Coelho, Plínio, 56, 70, 76-8, 84-91
Colégio Militar, 29, 52
Collor, Fernando, 75
Comando-Geral dos Trabalhadores (CGT), 30
Comissão Geral de Investigações (CGI), 76, 86
Comissão Interparlamentar, 242
Comitê Democrático de Copacabana, 163
Companhia de Energia Elétrica Rio--Grandense, 29
comunismo/comunistas, 61, 76-7, 83, 93, 152, 161-5, 168, 252; *ver também* Partido Comunista Brasileiro (PCB)
Congresso Nacional, 14, 16, 19-21, 23-5, 29-31, 47, 57-9, 61, 74, 92, 105-7, 109, 111-3, 117-8, 131, 134, 138-44, 171, 182, 192, 207-10, 212-3, 235, 237, 239, 242, 245, 254, 267, 273, 277-80
Conselho de Segurança Nacional (CSN), 113, 163, 168-70, 172-5, 179, 192, 213-4
Conselho Permanente de Justiça da Auditoria de Guerra, 166-7
Constituição brasileira de 1824, 11, 131
Constituição brasileira de 1891, 10-2, 131
Constituição brasileira de 1934, 15, 72, 131
Constituição brasileira de 1937, 16
Constituição brasileira de 1946, 16, 20-1, 26, 43, 108, 131, 207, 256
Constituição brasileira de 1967, 116, 122, 131, 207-8, 216, 219, 222-3, 240
Constituição brasileira de 1988, 17, 23, 40, 45, 57-8, 109, 220, 234, 275-6
Constituinte de 1946, 188
Constituinte de 1988, 253, 277
Cony, Carlos Heitor, 146
Correia, Joaquim Simões, 51
Correio da Manhã (jornal), 62, 69, 92, 191
corrupção, 35, 76, 87, 91, 113, 122, 193
Corte de Apelação, 256
Corte Marcial dos Estados Unidos, 237
Costa e Silva, Artur da, 22, 30, 32, 42, 52, 55, 68, 74, 93-4, 96, 98, 100-1, 103, 106, 109, 111, 120, 126-7, 132-3, 139, 144-7, 173-5, 178-9, 183, 197-8, 203, 207, 220, 270
Costa, Alfredo Ribeiro da, 29
Costa, Álvaro Moutinho Ribeiro da, 9, 19-21, 24-5, 29-30, 33-4, 36-43, 66, 75, 80-5, 92, 94-101, 108-9, 115, 118, 146, 150-1, 154-5, 162, 169, 199, 214, 258, 260, 268
Costa, Lúcio, 263, 268
Costa, Nelson Luís Lott de Morais, 52-3
Costa, Orlando Moutinho Ribeiro da, 29, 66
Costa, Sérgio Ribeiro da, 94, 260
cotas raciais, 58
Couto, Jarbas, 175
Covas, Mário, 138-9, 142, 144
crimes políticos, 22, 47, 192, 244
crucifixo do plenário do STF, 271

Cuba, 168
Cunha, Godofredo, 15, 17, 176, 196
Curvelo (MG), 206

Daflon, Jorge, 51
decreto-lei nº 1077 de 1970 (instituição da censura), 219; *ver também* censura
Delegacia de Homicídios de São Paulo, 50
democracia, 30, 34, 61, 81-2, 106, 125-6, 277
Denys, Odílio, 19
Departamento de Telefones Urbanos e Interurbanos, 26
Departamento Federal de Segurança Pública (DFSP), 26, 62, 70
Diário de Notícias (jornal), 41
Dirceu, José, 192-3
direitos humanos, 56, 182, 242
direitos políticos, 22, 62, 74, 76-7, 86, 102, 113, 122, 131, 162, 168, 170, 249
"ditadura do Judiciário", 23, 280
ditadura militar (1964-85), 9, 16, 21-2, 31, 42-3, 47, 50, 52, 57-8, 61-2, 80, 84, 105, 111, 118, 124, 138, 144, 149, 165, 174, 181, 189-90, 192, 197, 205-6, 235, 237, 245, 277-8, 280
DOI (Destacamento de Operações de Informações), 48, 56
Dops (Departamento de Ordem Política e Social), 50, 54-5, 163, 179-80, 192, 210, 215
Dória, Sampaio, 188
Dória, Seixas, 35, 86

Elbrick, Charles Burke, 195
eleições de presidentes do STF, 15, 17, 97-8, 176, 183, 189-91, 196-8, 200-2, 205
eleições estaduais, 187
eleições indiretas, 30, 35, 104, 187
El-Jaick, Humberto, 171
"episódio das chaves", 79-80, 146
Escobar, Décio Palmeira, 41
Escola de Comando e Estado-Maior do Exército (Praia Vermelha), 61
Escola Superior de Guerra, 18-19, 200
escolha de ministros do STF, processo de, 114
Espíndola, José, 66
Esquadrão da Morte, 49, 55, 244
esquerda, 25, 29, 33, 44, 83, 152, 161, 163, 169; *ver também* militantes de esquerda
Esquerda Democrática, 163
estabilização econômica, programa de, 187
Estação Central da Rádio Patrulha, 26
Estádio Esportivo Pedro Ludovico (Goiânia), 64
estado de direito, 31, 58, 144
Estado de S. Paulo, O (jornal), 58, 82, 146, 149-50
estado de sítio, 11, 13-4, 19-20, 120, 217
Estado Novo, 16-7, 57, 117, 206
Estado-Maior das Forças Armadas, 149, 150; *ver também* Forças Armadas
Estados Unidos, 10, 12, 48, 50, 69, 98, 107, 111, 115, 187, 237, 239, 260, 271
estudantes perseguidos pela ditadura, 49-50, 53-5, 125, 131, 166-7, 192, 215; *ver também* movimento es-

tudantil, líderes do; UNE (União Nacional dos Estudantes)
Executivo, Poder, 16, 20-3, 30-2, 35, 43, 45, 52, 57, 81-2, 92, 108-9, 111, 141, 161, 182-3, 189, 191, 193, 199-200, 208, 250, 272, 276, 278, 280
Exército, 19-20, 28, 36-9, 41, 48, 52, 56-7, 60, 63-4, 74, 76, 87-90, 93, 101-4, 125-7, 140, 153, 171-2, 180, 183, 212-3, 218

FAB (Força Aérea Brasileira), 64, 68
Faculdade de Direito da Universidade da Bahia, 188
Faculdade de Direito da Universidade de São Paulo (Largo de São Francisco), 45, 99
Faculdade de Direito do Recife, 12
Faculdade de Direito do Rio de Janeiro, 206
Fagundes, Miguel Seabra, 208, 259
Falcão, Armando, 238
Falcão, Djaci, 123, 228-30, 232-3, 246, 250
Faria, Bento de, 256-7
Fayal, Jorge, 52
Feira de Santana (BA), 235, 242-3, 251
Fernandes, Hélio, 146
Fernando de Noronha, ilha de, 35
Ferraz, Aydano Couto, 161
Ferreira, Artur César, 87
Fiel Filho, Manoel, 41, 56
Figueiredo, Édson, 37-9, 41-2
Filadélfia (EUA), 12, 260
Fleury, Sérgio Fernando Paranhos, 49-50, 55
Flores, Carlos Eduardo Thompson, 123, 217, 222, 226, 228-9, 245, 247, 250, 252, 271
Fonseca, Deodoro da, 145
Forças Armadas, 18, 22, 28, 30, 32, 52, 64, 71, 112, 125-7, 131-2, 139-42
Fortaleza de Santa Cruz, 37
frades dominicanos, 54
Fragoso, Heleno, 252
Franca, Geminiano da, 15, 196
Franco, Afonso Arinos de Melo, 267
Franco, Ari, 258
Frei Betto (Carlos Alberto Libânio), 54
Freire, Geraldo, 141-2
Freitas Filho, Natalino Rangel de, 51
funcionários públicos, 16, 30, 76, 149, 152

Gallotti, Luiz, 21, 23, 33, 50, 58, 80, 85, 95-9, 119, 134, 152, 155, 174, 176-83, 191, 196-7, 202, 223-4, 226-30, 232-3, 245, 258-61, 269, 273
Gama, Saldanha da, 194
Gama e Silva, Luís Antônio da, 127-8, 131-2, 141, 143, 145-6, 158, 161, 171, 179-80, 183, 197, 219
Geisel, Ernesto, 23, 40-1, 48, 51, 56, 58, 69, 73, 105, 236-8
Goiânia (GO), 61-5, 68, 70, 74
Goiás, 32, 60, 62-5, 67, 69-71, 73-4, 172
golpe militar (1964), 9, 21, 24-6, 28, 30-2, 35, 37, 40, 43, 45-6, 52, 57, 61-2, 74, 76, 81, 93, 103-4, 107, 116-7, 145, 147, 169, 171, 173, 181, 187-8, 198, 206
Gomes, Eduardo, 117
Gonçalves, Ramiro Tavares, 153
Goulart, João, 18, 21-2, 24-6, 28-33, 43, 45, 61-2, 76, 80, 82-3, 93, 111, 117, 122-4, 149, 151-2, 163, 168-9, 171, 208, 218

Goulart, Maurício, 213
governo militar, 21-2, 31, 35, 37, 40-1, 44-5, 49, 56, 59, 65, 68, 80, 84, 86, 91, 96, 102, 114-6, 119, 123, 144-5, 162, 166, 169-70, 183, 187, 191-3, 205-6, 208, 234-5, 237, 245-6, 250
Granja do Ipê, 173
Grau, Eros, 232, 254, 263, 266
Grossi, José Gerardo, 247
Guanabara, estado da, 32, 34, 37, 52-3, 58, 75, 78, 102-3, 114, 122, 186-8, 193, 195
Guerra, Cordeiro, 247, 250, 252
Guimarães, Hahnemann, 34, 85, 116, 119, 151, 202, 258
Guimarães, Ulysses, 247, 249, 251
Gullar, Ferreira, 146
Gurgel, Roberto, 267

habeas corpus, 11-4, 21-2, 31-2, 34-8, 40, 43-4, 50, 56, 58, 60, 63, 65-6, 68-73, 77-9, 85-7, 89-91, 112, 115, 123, 150, 153-4, 163-9, 173, 183, 192-5, 200, 205, 215, 217-8, 235; *ver também* mandados de segurança
Henriques, Freitas, 11, 189-90, 256
Herzog, Vladimir, 41, 56
Hungria, Nelson, 17, 19, 20, 57, 258-60, 268

Ibiúna (SP), 50, 192
Igreja católica, 17, 56
impeachment, processos de, 23, 59, 75, 280
Império do Brasil, 10-1, 131, 176-7
imposto de renda, 16, 180, 197
imprensa, 9, 31, 37, 58, 65-6, 69, 72, 117, 126, 138, 142, 148, 151, 175, 177, 186, 205, 212, 227-8, 233, 237, 244, 249, 252, 277, 279; *ver também* jornais; Lei de Imprensa
imunidades legislativas, supressão das, 237
inconstitucionalidade, 12, 22, 109, 219, 222-4, 234, 278
Intentona Comunista, 163
IPM (inquérito policial-militar), 28, 35, 37-8, 42, 62, 66, 70-1, 77, 87-91, 123, 153, 166-7, 215, 216, 217-8
Itamaraty, 155, 257
Itapeva (SP), 93, 100

Jango *ver* Goulart, João
João Pessoa (PB), 116, 188
Jobim, Nelson, 186
jornais, 17, 30, 32, 36, 42, 55, 63, 68, 73, 87, 95, 132, 144, 146, 191, 219, 228, 234, 236, 246, 277, 279; *ver também* imprensa
Jornal do Brasil, 36-7, 104, 112, 138-9, 141, 146, 191, 244, 250, 252
jornalistas, 18, 36, 41-2, 56, 58, 64, 73, 100, 104, 139, 155, 177, 192, 194, 201, 225, 227, 235, 245-8, 279
Judiciário, Poder, 12, 15-6, 21-4, 26, 30, 32, 37, 39, 41, 43, 45, 51, 57, 69, 72, 98, 105, 108-9, 111, 116, 120, 132, 139, 148, 153, 161, 167-8, 181, 189, 192, 199-200, 202, 250, 255, 277, 280
Juiz de Fora (MG), 28, 49, 64, 161, 166
Julião, Francisco, 162, 171
Junta Militar, 55, 240, 242, 249
jurisprudência, 13, 51, 107, 110, 121-2, 131, 239, 257, 268, 270, 275
Justiça comum, 17, 22, 70, 72, 87, 122
Justiça militar, 35-8, 54, 63, 66, 72, 88, 92, 105, 166, 168-9, 216, 218-9

Kelly, Octavio, 117
Kelly, Prado, 107, 114-5, 117, 118-20, 164-6, 187-8, 209
Kennedy, John, 69
Kosmos, livraria, 12
Kozobudsk, Simão, 62
Krieger, Daniel, 105, 126, 138, 214
Kruel, Riograndino, 62-4, 71
Kubitschek, Juscelino, 18-9, 22, 32-3, 61, 102, 111, 115-7, 146, 162, 172, 178, 193, 208, 261, 267

Lacerda, Carlos, 18, 32-4, 78, 102-3, 107, 146
Lago, Mário, 146
Lagoa, Rocha, 115, 268
Leal, Victor Nunes, 21-2, 27-8, 31, 33, 44, 46, 73, 75, 86, 94, 99-100, 107, 116, 119, 122, 145-8, 150, 152, 155-6, 161-3, 173-6, 178-80, 217
"legalidade revolucionária", 31
Legislativo, Poder, 16, 21, 30, 88, 108-9, 139, 141-2, 170, 213, 278, 280
Lei de Anistia, 58
Lei de Imprensa, 23, 59, 116; *ver também* imprensa
Lei de Segurança Nacional, 52-3, 116, 122, 154, 194, 216, 235, 240-1, 245, 247, 250, 252; *ver também* segurança nacional
Leite, Eraldo Gueiros, 36
Leme, Kardec, 52
Lesbaupin, Yves do Amaral, 54
Lessa, Pedro, 93, 214
Levi, Edmundo, 78
Lewandowski, Ricardo, 232
liberdade de expressão, 22, 47, 237, 251
Ligas Camponesas, 171

Lima, Hermes, 21-2, 27, 31, 33, 46, 72, 75, 80, 82-3, 86, 94, 96-7, 120-2, 145-6, 149-52, 155-7, 161, 163-8, 173-5, 178-9, 217, 229
Lima, Negrão de, 102-3
Lima Sobrinho, Barbosa, 237
Linhares, José, 16, 96, 257
Lins, Edmundo, 16
Lins e Silva, Evandro, 21-2, 27, 33, 35, 39-40, 43-4, 72, 75, 80, 83-4, 86, 102, 110, 118-9, 121, 124, 144-5, 149-52, 155-7, 161, 163, 168-9, 174, 178-81, 200, 218
Lira, Fernando, 247
Lira, Roberto, 181
Lomanto Júnior, Antônio, 74
Lott, Edna, 52
Lott, Henrique Teixeira, 18-9, 25
Lott, Nelson *ver* Costa, Nelson Luís Lott de Morais
Lúcia, Cármen (ministra), 172
Lula *ver* Silva, Luiz Inácio Lula da
Luz, Carlos, 19, 188

Machado, Ronaldo Dutra, 52
Magalhães Jr., Juracy, 186-7
Magalhães, Antonio Carlos, 103, 105
Magalhães, Dario de Almeida, 107, 233, 259
Magalhães, Juracy, 112, 114, 186-8, 198
Magalhães, Lucy Nogueira, 186
Magalhães, Rafael de Almeida, 146
Manaus (AM), 87, 89, 282*n*
mandados de segurança, 16, 19-20, 72, 115, 153, 223, 233; *ver também* habeas corpus
Mangabeira Unger, Roberto, 49

Mangabeira, Edyla, 49
Mangabeira, João, 57, 60
Mangabeira, Nancy, 49
Manifesto dos Mineiros (1943), 206
Maranhão, 74
Marighella, Carlos, 50
Marinha, 26, 28, 52, 66, 88, 104, 127, 129, 162, 172, 217, 220, 256-7
Marinho, Ademar, 258
Marinho, Djalma, 140
Marinho, Josaphat, 213, 240, 242-3, 246
Mariz, Dinarte, 68-9
Martins, Franklin, 192
Matos, Carlos Meira, 74
Maximiliano, Carlos, 16, 188
Mazzilli, Ranieri, 21, 24-6
MDB (Movimento Democrático Brasileiro), 49, 138-9, 141, 195, 205, 210, 219-21, 235-6, 247, 251
Medeiros, Carlos, 76, 105, 111, 114-6, 119-20, 187-8, 196, 200
Medeiros, Saboia de, 259
Médici, Emílio Garrastazu, 23, 47, 51, 56, 126-7, 219-20, 239, 272, 274, 282*n*
Mello, Correia de, 30
Mello, Danilo Darcy de Sá da Cunha e, 62
Mello, Jayme Portella de, 162, 168-70
Mello, Marcio de Souza e, 52, 128
Melo, Ednardo D'Ávila, 56
Mendes, Gilmar, 93, 232
Meneghetti, Ildo, 74
Menezes, Evandro Moniz Correia de, 65
"mensalão", caso do, 232, 280
Mibielli, Pedro, 15, 196
Michel, Guy, 162

militantes de esquerda, 35, 48, 49-54, 195; *ver também* esquerda
Minas Gerais, 28, 64, 102, 166, 187
Minhas memórias dos outros (Rodrigo Otávio), 189
Ministério da Educação, 145, 267
Ministério da Fazenda, 187, 256-7, 278
Ministério da Guerra, 19
Ministério da Justiça, 114, 116-7, 208, 219-20, 238, 256
Ministério da Marinha, 26
Ministério do Planejamento, 187
Ministério Público, 40, 45-6, 49, 55, 84, 132, 151, 164, 166, 193, 216, 220, 243-4
Miranda, Décio, 132, 134
Mirza, Wilson, 153
Montaigne, Michel de, 21, 181
Monteiro, Raphael de Barros, 49, 123
Montoro, Franco, 247
Montserrat, barão de *ver* Vasconcelos, Joaquim José Pinheiro de
Morais Filho, Antônio Evaristo de, 164, 194
Morais, Justo de, 259
Morais, Prudente de, 14
Moreira, Neiva, 27
Morett, Antônio Carlos, 51
Mósca, Hugo, 195-6, 200, 262
Moscoso, Orlando, 186
Motta Filho, Cândido, 16, 36, 69, 86, 94, 100, 119, 258, 260, 268
Moura, Abraão Fidélis de, 171
Mourão Filho, Olympio, 28
movimento estudantil, líderes do, 192-3, 215; *ver também* estudantes perseguidos pela ditadura

MR-8 (Movimento Revolucionário 8 de Outubro), 49
mudança do STF para Brasília, 196, 258-60, 262-3, 268-9

Neder, Antonio, 245, 247, 250, 270, 273
New Deal, 111
New York Times, The (jornal), 168
Niemeyer, Oscar, 196, 260, 262-3, 267-70, 272-4
Niterói (RJ), 51
Nogueira, Adalício, 114-5, 117, 119, 123, 145-7, 155-6, 174, 178, 183, 186-8, 191-8, 200-3, 212, 219, 222, 228
Nonato, Orozimbo, 107, 207, 258, 261-2, 270
número de ministros do STF, 32, 57, 113, 125, 200, 270, 277, 280
Nunes, Mariana Pereira, 51
Nunes, Petrônio Portela, 74

OAB (Ordem dos Advogados do Brasil), 143, 247-8
Oban (Operação Bandeirantes), 47-8, 50
OEA (Organização dos Estados Americanos), 99-100
ofensa à honra de chefe de governo estrangeiro, crime de, 248
Oliveira Filho, João de, 259
Oliveira, Antônio Carlos de, 172
Oliveira, Gonçalves de, 21, 33, 41, 60-1, 63, 65, 67-8, 70-2, 75, 95-7, 115, 120, 122, 134-5, 142-3, 145-6, 155-7, 161, 166, 172-3, 175-81, 183, 191, 195, 197, 217, 258, 260, 268
Oliveira, Marcos Antônio Cordeiro de, 51

Oliveira, Maria das Mercês, 172, 195
opinião pública, 127, 132, 236, 279

Pacheco, Rondon, 155, 173
Paiva, Ataulpho de, 16
Palácio da Alvorada, 38, 69, 106
Palácio das Laranjeiras, 39-41, 103, 114, 208
Palácio do Catete, 262
Palácio do Planalto, 21, 24, 29, 42, 63, 73-4, 83, 90, 105, 113, 118, 124, 141, 146-7, 207, 272-3
palácio do STF, 263-5, 275
Palmeira, Vladimir, 162, 192-3, 215-7
Pará, 74, 86
parada militar de Sete de Setembro, 125
Paraguai, 193, 236, 242
Paraíba, 116, 188, 191
Paraná, 65-6, 245
Paranaguá (ministro), 114
Paranoá, lago, 27
parlamentarismo, 61, 105
Partido Comunista Brasileiro (PCB), 17, 35, 56, 161, 163-4; *ver também* comunismo/comunistas
Partido Comunista Brasileiro Revolucionário (PCBR), 49
Partido Social Democrático (PSD), 102, 105, 235
Partido Social Progressista (PSP), 17
Partido Social Trabalhista, 35
Partido Trabalhista Brasileiro (PTB), 17, 61
Passarinho, Jarbas, 74
Passeata dos Cem Mil (1968), 215
Paula, Antônio de Prestes, 28
Pedro II, d., 10, 177

Peixoto, Floriano, marechal, 11-4, 43, 145
Pena, Afonso, 214
Península dos Ministros (Brasília), 27, 180
Pernambuco, 35-9, 44, 74, 86, 212
Pertence, Sepúlveda, 24, 29, 162, 169, 175, 180, 275
Pessoa, Epitácio, 93
Pessoa, Paulo, 74
Petrópolis (RJ), 12, 173, 175
Piauí, 74
Pimentel, Barros, 11
Pinheiro, Israel, 102-3
Pinochet, Augusto, 235-8, 240, 242-3, 249, 251
Pinto, Bilac, 103, 105, 222, 225-6, 228, 230, 237, 245-7, 250, 252, 271
Pinto, Francisco (Chico), 235-53
Pinto, Magalhães, 28, 102, 146, 155, 173
Pires, Walter, 48
Poder Moderador, 10
Poderes *ver* Executivo; Judiciário; Legislativo
Polícia Federal, 48, 216
Política geral do Brasil (Santos), 145
ponte Brasil-Paraguai, 193
Portela, Petrônio, 74, 274
Porto Alegre (RS), 12, 106
Praça dos Três Poderes, 29, 63, 73, 79, 261, 263, 272-3, 280
Prates, Hélio, 272, 274
presidência da República, 18-20, 26, 32, 35, 56, 61, 69, 72-4, 76-7, 80, 87, 105, 117, 124, 173, 192, 199, 211
presidência do STF, 21, 100, 162, 172, 197, 202, 246
Prieto, César, 171

Primeira República, 9, 13-4, 16-7, 21, 276
primeiros anos do STF (1891-92), 255-6
prisão preventiva, 64, 154, 166, 215-6
proclamação da República, 10, 143
Procuradoria-Geral da República, 32, 45, 125, 193, 219, 238-9, 242, 249

Quadros, Jânio, 26, 45, 61, 163, 169

Rademaker, Augusto, 30, 52, 127, 129-30
Rádio Cultura de Feira de Santana, 242-3, 251
Rádio Nacional, 26
Ramalho, Thales, 249
Ramos, Leoni, 197
Ramos, Nereu, 19, 188
Rao, Vicente, 111-2
reeleição de presidentes do STF, 97-8, 190-1, 197, 246
Rego, Gustavo de Morais, 56
Reis Filho, Daniel Aarão, 49
Reis, Artur Ferreira, 74
Reis, César Ferreira, 76-7, 90
Reis, Joaquim Silvério dos, 141
renúncia de ministros do STF, 172, 175-8, 182-3, 201, 203, 206, 227, 229, 234
Resende Neto, Estevão Taurino de, 87
Resende, Otto Lara, 100
"Revolução e a Suprema Justiça, A" (editorial do *Estadão*), 82
Rezende, Eurico, 157
Rezende, Murgel de, 194
Rezende, Sérgio Cidade de, 44, 199

Ribas (estudante), 193
Ribeiro, Barata, 13
Ribeiro, Darcy, 153, 173, 218
Rio de Janeiro, 18-9, 28-9, 36, 39, 51, 74, 86, 94-6, 102, 107, 145-6, 155, 174-5, 179-81, 193, 204, 208, 213, 215, 254-5, 257-60, 266, 269
Rio Grande do Sul, 26, 29, 74, 195
Rocha, Eloy da, 123, 155, 165-7, 225-7, 229-30, 232-3, 244, 246-8, 251, 271, 274
Roosevelt, Franklin D., 111
Rosa, João Batista, 166
Rossi, José Arnaldo, 164-5
Rousseff, Dilma, 23, 49, 280

Sá, Mem de Azambuja, 157
Sabará, visconde de, 189, 255-6
Sala da Saudade do STF, 196, 226, 262-3
Sala de Julgamentos do STF, 263
Salão Nobre do STF, 81, 263
salários de ministros do STF, 14-6, 257-8
Salazar, Alcino, 208, 259
Santa Catarina, 34
Santos (SP), 164
Santos, José Anselmo dos (cabo Anselmo), 28, 281n
Santos, José Maria dos, 145
Santos, Moacyr Amaral, 49, 123, 166-7, 197-8, 218-9, 224, 228-9
Santos, Pedro dos, 15, 196
São Paulo, 29, 49-50, 54-6, 150, 163, 192-3, 266-7, 279
Sarmento, Sizeno, 48, 51
Segunda Guerra Mundial, 103
segurança nacional, 22, 52-3, 105, 153-4, 166, 169, 205, 215-6, 238, 243-4, 248-9, 252; *ver também* Lei de Segurança Nacional
Seixas, Sigmaringa, 247
Senado, 10, 13, 19, 24-5, 29, 68, 115, 118, 131, 138, 157, 170, 186, 206, 210, 274, 278-9
sequestros por militantes de esquerda, 48-9, 195
Sergipe, 35, 86
Serviço de Navegação da Amazônia e Portos do Pará, 76, 86
Serviços de Informações dos Ministérios Militares, 170
servidores públicos *ver* funcionários públicos
Sette Câmara Filho, José, 146
Sigaud, Eugenio, 33
Silva Filho, Waldemar Alves da, 125
Silva, Aluisio José da, 51
Silva, Benvindo Fernandes da, 254, 257
Silva, Francisco Atanásio da, 193
Silva, Golbery do Couto e, 40, 68-9, 73, 105
Silva, Luiz Inácio Lula da, 49
Silveira, Carlos Eduardo Fernandes, 54-5
Silveira, Hélio Prates da, 272
Silveira, Joel, 146
Silvestre, José, 257
Simas, Carlos, 203
SNI (Serviço Nacional de Informações), 40, 105, 127, 161-3, 166, 170-1, 173, 247, 249-51
Soares, Macedo, 11
Sobral Pinto, Heráclito Fontoura, 63, 65, 100, 143, 146, 182, 197, 211
Sobral Pinto, Ribeiro da Costa e umas lembranças do Supremo Tribunal

Federal na revolução (Victor Nunes Leal), 100-1
Soledad (esposa do cabo Anselmo), 281*n*
Sousa, Davi Matos Pereira de, 51
Souza, Luciano Alves, 210
Spínola, Orlando, 186
Stroessner, Alfredo, 236
"subversivos", atos e grupos, 35-6, 47, 50, 161-3, 170-1
Superior Tribunal Federal (STF do Império), 177
Superior Tribunal Militar, 29, 35-6, 48, 54, 65-6, 71, 77-8, 86, 91, 153-4, 164, 167, 194, 215, 218, 237
Suprema Corte dos Estados Unidos, 10, 12, 98, 107, 111, 115, 260
Supreme Court of the United States: Its History, The (Carson), 12-3
Supremo Tribunal Federal, esse Outro desconhecido, O (Baleeiro), 46-7
"Supremocracia", 23, 278

Tavares, Aurélio de Lira, 52, 126, 181, 183-4, 219
Tavares, Flávio, 194-5
Távora, Edílson, 144
Távora, Juarez, 193
Távora, Virgílio, 74
Tesouro Nacional, 256, 261
Time (revista), 49
títulos de nobreza, ministros com, 10
Torres, Júlio, 161
Torres, Lima, 194
Torres, Paulo Francisco, 74
tortura, 9, 23, 47, 49-56, 62, 242
transporte público em Brasília, 269

Travassos, Luís, 192-3
Tribuna da Imprensa (jornal), 18
Tribuna Popular (jornal), 163
Tribunal da Relação do Rio de Janeiro, 255
Tribunal de Alçada da Guanabara, 58
Tribunal de Contas da União, 266
Tribunal de Justiça da Bahia, 188-9
Tribunal de Justiça de São Paulo, 49-50
Tribunal de Segurança Nacional, 16
Tribunal Federal de Recursos, 17, 233
Tribunal Regional Eleitoral da Bahia, 244
Tribunal Regional Eleitoral do Rio Grande do Sul, 26
Tribunal Superior Eleitoral, 17, 172, 188, 220, 239, 251
Trigueiro, Oswaldo, 31, 39-40, 48, 73, 114-7, 119-21, 142-3, 174, 178, 187-8, 191, 196-8, 200-2, 225-9, 233, 238, 245, 247, 250, 271-2
Tunes, Manoel Ferreira, 266
TV Justiça, 232, 277

UDB (União Democrática Brasileira), 117
UDN (União Democrática Nacional), 18, 28, 116-7, 169, 188, 205-6, 215, 239
UEE (União Estadual dos Estudantes), 192
UME (União Metropolitana de Estudantes), 192, 215
UNE (União Nacional dos Estudantes), 50, 169, 192
Universidade Católica de Pernambuco, 44

Universidade de Brasília (UnB), 38, 125, 131, 150
Universidade de São Paulo (USP), 99
Universidade Federal Fluminense, 52
Universidade Stanford, 50
Uragami, Masanori, 271

Valladão, Haroldo, 259
Vargas, Getúlio, 14-8, 22, 33, 57, 107, 111, 117, 157, 176, 189, 196, 206
VAR-Palmares (organização de esquerda), 54
Vasconcelos, Joaquim José Pinheiro de (barão de Montserrat), 176-7
Vaz, Rubens Florentino, 18

Veja (revista), 229
Velloso, Carlos, 275
Viana Filho, Luís, 63, 69, 74, 103-7, 112-4, 116-7
Vietnã, Guerra do, 237
Vilaça, Marcos, 266
Vilas Boas, Antônio Martins, 33, 75, 79, 84-6, 89-91, 95, 115, 119, 151, 208, 210-1, 258, 260
Vinhares, Maria Orminda, 193

Wald, Arnoldo, 66, 77-9, 84-5, 87, 91-2
Washington Luís, 14
Washington, D.C., 260
Winograd, Miguel, 77, 87
Wutke, Carlos Maluf, 166

1ª EDIÇÃO [2018] 4 reimpressões

ESTA OBRA FOI COMPOSTA PELA SPRESS EM ABRIL TEXT
E IMPRESSA PELA GRÁFICA BARTIRA EM OFSETE SOBRE PAPEL PÓLEN
DA SUZANO S.A. PARA A EDITORA SCHWARCZ EM AGOSTO DE 2025

A marca FSC® é a garantia de que a madeira utilizada na fabricação do papel deste livro provém de florestas que foram gerenciadas de maneira ambientalmente correta, socialmente justa e economicamente viável, além de outras fontes de origem controlada.